Татьяна Эсмантова

РУССКИЙ ЯЗЫК: 5 ЭЛЕМЕНТОВ

Уровень А1

(элементарный)

7-е издание, дополненное

Санкт-Петербург
«Златоуст»

2021

УДК 811.161.1

Эсмантова, Т.Л.
*Русский язык: 5 элементов : уровень А1 (элементарный). — 7-е изд., доп. —
СПб. : Златоуст, 2021. — 320 с.*

Esmantova, T.L.
*Russian language: 5 elements : level A1 (elementary). — 7th ed., revised —
St. Petersburg : Zlatoust, 2021. — 320 p.*

ISBN 978-5-907123-82-3

Рецензенты:
д.ф.н., профессор кафедры РКИ и методики его преподавания СПбГУ
К.А. Рогова;
к.ф.н. *Л.В. Степанова*

Ответственный редактор: к.ф.н. *А.В. Голубева*
Редактор: *И.В. Евстратова*
Корректоры: *М.О. Насонкина, О.С. Капполь*
Художник: *А.С. Багров*
Оригинал-макет: *Л.О. Пащук*
Обложка: *Д.Ю. Зуев, А.С. Багров*

    Настоящий комплекс представляет собой первое учебное издание по русскому языку как неродному, организованное по модульному принципу — с нуля до уровня, близкого к первому сертификационному.
    Рекомендуется прежде всего для учебных групп открытого типа и разноуровневых групп и представляет материал в соответствии с требованиями к уровням владения языком, описанными в «Общеевропейских компетенциях владения иностранным языком».
    Комплекс включает в себя:
— Учебник для студента, уровень А1 (элементарный) + аудиоприложение;
— Учебник для студента, уровень А2 (базовый) + аудиоприложение;
— Учебник для студента, уровень В1 (первый сертификационный) + аудиоприложение;
— Диагностические тесты для студента (стартовый и итоговый; контрольные матрицы);
— Папку студента (грамматические таблицы, словарные карточки);
— Книгу для преподавателя (рекомендации по работе, карта модулей, поурочный словарь, ключи к контрольным работам, игровые задания — для всех уровней).

Послушать/скачать аудиозапись можно при помощи QR-кода рядом с заданием.

Познакомиться с вебинаром автора можно по ссылке:
https://www.youtube.com/watch?v=V1CkCbEKSik.

© Эсмантова Т.Л. (текст), 2008
© ООО Центр «Златоуст» (редакционно-издательское оформление, издание, лицензионные права), 2008
© Багров А.С. (иллюстрации), 2008
© Эсмантова Т.Л. (текст), 2011, с изменениями
© Эсмантова Т.Л. (текст), 2013, с изменениями
© ООО Центр «Златоуст» (редакционно-издательское оформление, издание, лицензионные права), 2021, с изменениями

Подготовка оригинал-макета — издательство «Златоуст».
Подписано в печать 00.00.20. Формат 60x90/8. Печать офсетная. Печ. л. 40. Тираж 3000 экз. Заказ № 1148.
Код продукции: ОК 005-93-953005.
Санитарно-эпидемиологическое заключение на продукцию издательства Государственной СЭС РФ
№ 78.01.07.953.П.011312.06.10 от 30.06.2010 г.
Издательство «Златоуст»: 197101, С.-Петербург, Каменноостровский пр., д. 24 в, пом. 1-Н.
Тел.: (+7-812) 346-06-68, 703-11-78; e-mail: sales@zlat.spb.ru, editor@zlat.spb.ru; https://zlatoust.store/
Отпечатано в ООО «Аллегро». 196084, Санкт-Петербург, ул. К. Томчака, д. 28. Тел.: (+7-812) 388-90-00.

ОГЛАВЛЕНИЕ

Введение 4

Вводно-фонетический курс 9
   I. Алфавит. Графика (буквы)..10
   II. Интонация (общий/альтернативный вопрос — ответ) 13
   III. Фонетика (звуки). Гласные (редукция в безударной позиции);
      Согласные (твёрдые и мягкие, звонкие и глухие, звук j,
      оглушение звонких в конце слова и перед глухим согласным)....................15
   IV. Интернационализмы (400 слов). Задания для чтения и письма 18
   V. Тест 24

Часть I (уроки 1–5). Содержание 25
   Урок 1 (первый)..26
   Урок 2 (второй) 38
   Урок 3 (третий)...49
   Урок 4 (четвёртый)..63
   Урок 5 (пятый) 74
   Контрольная работа I 87

Часть II (уроки 6–10). Содержание 89
   Урок 6 (шестой) 90
   Урок 7 (седьмой) 100
   Урок 8 (восьмой) 116
   Урок 9 (девятый) 125
   Урок 10 (десятый) 143
   Контрольная работа II 157

Часть III (уроки 11–15). Содержание 159
   Урок 11 (одиннадцатый)...160
   Урок 12 (двенадцатый)...171
   Урок 13 (тринадцатый)...186
   Урок 14 (четырнадцатый)...197
   Урок 15 (пятнадцатый)...206
   Контрольная работа III 220

Часть IV (уроки 16–20). Содержание 223
   Урок 16 (шестнадцатый) 224
   Урок 17 (семнадцатый) 239
   Урок 18 (восемнадцатый)...246
   Урок 19 (девятнадцатый) 259
   Урок 20 (двадцатый) 273
   Контрольная работа IV 283

Приложения:
1. Описание достигнутого уровня.
   Уровень А1/А1+ (по «Европейскому языковому портфелю») 286
2. Словарь к урокам 1–20 287
3. Грамматика 293
4. Задания для аудирования 297
5. Ключи 313
6. Лексико-грамматическое содержание 319
7. Цвета...3-я стр. обложки

Дорогие студенты!

Вы хотите поехать в Россию или просто больше узнать об этой стране, о русской культуре и менталитете, но не знаете, с чего начать?

С русского языка! Язык — это лучший билет в новую страну! И само изучение нового языка — это увлекательное интеллектуальное путешествие.

Надеемся, что наш учебник «Русский язык: 5 элементов» поможет вам в этом путешествии.

Dear students!

Would you like to go to Russia or just to learn more about this country, about Russian culture and mentality but you don't know how to start it?

With Russian Language! Language is the best ticket to a new country! And studing of a new language is an involving intellectual journey.

We hope our book «Russian Language: 5 elements» serves you in this journey.

Дорогие преподаватели!

Учебно-методический комплекс «РУССКИЙ ЯЗЫК: 5 ЭЛЕМЕНТОВ» адресован иностранцам, начинающим изучать русский язык с алфавита. Он может быть использован как в условиях языковой среды, так и вне её; как в рамках интенсивных краткосрочных курсов, так и в программе академического года; в работе с группой (рекомендован также в «открытой» группе, состав которой несколько раз в месяц обновляется) и при индивидуальном курсе, в том числе при работе двух преподавателей с одним студентом.

Пять элементов учебника — это грамматика, чтение, аудирование, говорение, письмо.

Все перечисленные аспекты представлены в учебно-методическом комплексе в сбалансированном виде с учётом постоянно растущего уровня владения языком, что позволяет активно формировать и развивать соответствующие знания, навыки и умения студента.

Методическая модель курса разработана на основе широко известного преподавателям РКИ сознательно-практического метода. Однако ряд структурных инноваций — важнейшей из которых является модульный принцип построения учебника — позволили создать учебно-методический комплекс, более полно соответствующий современным условиям и конечной цели обучения: становлению и развитию коммуникативной компетенции в области русского языка.

Структура учебно-методического комплекса

В учебно-методический комплекс входят:
1) учебник (3 книги уровней А1, А2 и В1);
2) папка студента;
3) вступительный и итоговый тесты;
4) книга для преподавателя;
5) аудиоприложение.

1. УЧЕБНИК

Учебник ориентирован на развитие всех четырёх видов речевой деятельности, необходимых для реализации практических целей в повседневной коммуникации, и содержит основные лексико-грамматические темы первого сертификационного уровня, за исключением деепричастий и причастий.

При определении уровня каждой книги учебника в основу были положены требования общеевропейских уровней языковой компетенции, реализованные, в частности, в Европейском языковом портфеле (ЕЯП)[1].

Структура учебника

Курс состоит из 60 уроков и разделён на три книги по 4 части. В каждой части 5 уроков. Каждая книга адресована студентам соответствующего уровня: первая книга — уровень А1 (начальный — элементарный), вторая — уровень А2 (базовый), третья книга — уровень В1 (первый сертификационный).

Каждую часть учебника заканчивает **контрольная работа**, ключи к которой находятся в книге для преподавателя. А каждую книгу заканчивают **поурочный словарь** (в порядке введения слов в учебнике) и **описание уровня**, достигнутого студентом в конце курса.

Каждая книга рассчитана в среднем на 100–130 часов аудиторной работы, т. е. на 4–6 недель стандартного интенсивного курса (20 академических часов в неделю). **«Избыточность» и модульная подача материала** учебника позволяют:

1) варьировать продолжительность и интенсивность курса,
2) работать в «открытых» группах,
3) работать в группе с разноуровневым составом студентов,
4) менять структуру курса (набор лексико-грамматических тем) в зависимости от индивидуальных способностей и потребностей студентов.

Вводно-фонетический курс построен на базе интернациональной лексики, сопровождается рисунками и состоит из следующих частей:

I. Алфавит (в качестве примеров приведены географические пункты), графика (буквы). Буквы вводятся поэтапно:

а) буквы, обозначающие те же звуки, что и в большинстве европейских языков, б) буквы, имеющие знакомые начертания, но обозначающие в

---

[1] «Общеевропейские компетенции владения иностранным языком: Изучение, обучение, оценка». Совет Европы (французская и английская версии), 2001. Московский государственный лингвистический университет (русская версия), 2005.
www.coe.int/portfolio

русском языке другие звуки (предложенные задания направлены на предупреждение возможной интерференции, для заданий можно использовать карточки с буквами из книги для преподавателя), в) буквы, обозначающие знакомые звуки, но имеющие в русском языке другое начертание, г) характерные только для русского языка буквы, обозначающие специфические звуки.

II. Интонация. В этой части отрабатываются наиболее актуальные интонационные модели (ИК-1, 2 и 3) и вводятся вопросы «Кто это? / Что это?», с работы над которыми начинается первая часть учебника, а также конструкция «кто/что — это кто/что» с опущенной формой настоящего времени глагола *быть* и вопросы «Как по-русски? / Как по-английски?», необходимые уже на самых первых этапах общения на русском языке.

III. Фонетика (звуки). Отдельно представлены гласные (йотированные и нейотированные) и согласные (твёрдые и мягкие, звонкие и глухие) звуки.

IV. Интернационализмы (**400** слов) в алфавитном порядке. В работе со списком интернационализмов рекомендуется использовать три разные модели заданий, приведённые перед списком. Также можно использовать вопросы из книги для преподавателя.

V. Тест. Тест состоит из четырёх заданий и рассчитан на 20 минут. Ответы — в разделе «Ключи к контрольным работам» в книге для преподавателя.

Первая книга (части I–IV, уроки 1–20) — **уровень А1** — начинается с вводно-фонетического курса и содержит основные лексико-грамматические темы начального уровня: единственное число именительного, винительного и предложного падежей; «статичные» глаголы, употребляемые с вопросом «где?», и «динамичные» — с вопросом «куда?», в том числе бесприставочные глаголы движения (*идти — ходить*). Такой минимальный набор тем позволяет студенту, не умевшему в начале курса даже читать по-русски, объясниться в наиболее типичных жизненных ситуациях.

Во **второй книге** (части V–VIII, уроки 21–40) — **уровень А2** — основной акцент сделан на изучении видов глагола, глагольного управления, возвратных глаголов и завершается начатое в первой книге изучение падежной системы существительных единственного числа, глаголов движения без приставок и с приставками *по-, при-, у-*.

В **третьей книге** (части XIX–XII, уроки 41–60) — **уровень В1** — на формах прилагательных единственного числа, существительных и прилагательных множественного числа закрепляются знакомые по первой и второй книгам функции падежей, управление глаголов, изучаются все типы глаголов движения, включая приставочные глаголы движения со значением аннулированного результата; продолжается изучение формообразования и значения глагольных видов, типов сложных предложений и, конечно, рассматриваются новые лексико-грамматические темы этого уровня (неопределённые местоимения, наиболее сложные случаи употребления императива и компаратива, возвратные глаголы, глаголы *ставить, класть, вешать, сажать* и др.).

Структура урока

Каждый урок учебника содержит:

◖ — фонетический блок, в котором отрабатываются фонетические трудности урока (начиная с седьмой части учебника этим знаком отмечены лишь наиболее трудные в фонетическом отношении фразы и словосочетания, фонетическая трансформация, на которую нужно обратить внимание при формообразовании);

■ — новый грамматический материал с заданиями для его усвоения;

⊙ — текст с вопросами и заданиями;

● — диалоги и задания для практики устной речи;

◗ — задания на аудирование, записанные на аудионоситель;

▲ — письменные задания.

В первых уроках вместо текстовых формулировок заданий используются пиктограммы 📖 ⊙ 🎧 ✎, призванные помочь студенту понять суть задания (расшифровку см. на стр. 8).

Особенности учебника

1. Одним из отличий данного учебника от аналогов является то, что он рассчитан на **минимальное использование** преподавателем на уроке **языка-посредника**, а впоследствии и на его отсутствие, поскольку новая информация — как грамматика, так и лексика — циклически наслаивается на старую. Все тексты и задания, вплоть до их формулировок, адаптированы и соответствуют уровню студента на момент представления материала.

2. **Поурочный словарь** также позволяет преподавателю лучше представить уровень студента, в соответствии с которым он должен адаптировать свою речь на уроке, а студенту — самостоятельно повторить изученное, а также восполнить пробелы в знаниях или подготовиться к следующему уроку, заранее сняв трудности в заучивании новых слов.

В первых уроках и некоторых других фрагментах учебника (например, при презентации глаголов с чередованием -ова-/-у-) широко используются интернационализмы. Краткий словарь интернационализмов, приведённый в начале первой книги, состоит из 400 слов. Таким образом облегчается восприятие материала студентами, уже владеющими основными европейскими языками, и расширяется лексическая база студентов, такими языками не владеющих.

Словарь учебника преднамеренно дан без перевода на другие языки, так как это оставляет за студентом свободу выбора: толковать новое слово по-русски или выбрать язык, на который ему удобнее перевести это слово, что соответствует концепции учебника — сведению использования на уроках языка-посредника к минимуму. Каждое новое слово, внесённое в поурочный список слов в конце книги, в учебнике выделено цветом. Новая грамматика вводится, как правило, на уже знакомой по предшествующим урокам лексике.

Словник всех трёх книг учебника на 95 % покрывает требования Первого сертификационного уровня. Дополнительное расширение словарного запаса происходит естественным путём, поскольку во время урока у студентов неизбежно возникает потребность в лексике, продиктованной их индивидуальными и профессиональными требованиями.

С целью сохранения и увеличения активного словаря после окончания курса в папку студента включён словарь-картотека (1500 слов на 240 карточках), систематизирующий лексику, представленную в учебнике. Каждая карточка содержит однокоренные слова или слова определённой лексико-тематической группы. Форма словаря — на карточках — уже хорошо зарекомендовала себя как наиболее удобная и применимая на практике. Таким образом, студент может, используя на разных этапах обучения разные словари (список интернационализмов, словарь в рисунках, словарь-картотеку), самостоятельно заучивать/повторять используемую в учебнике лексику.

3. Наличие **описания уровня** владения языком по ЕЯП, которого студент должен достичь по окончании курса каждой книги учебника, является мощным мотивирующим фактором как цель курса. Текст данного описания адаптирован.

Не менее важны следующие особенности учебника.

4. **Совмещение лексико-грамматического и разговорного аспектов**, порядок презентации которых продиктован коммуникативной целесообразностью. Это значит, что диалоги, речевые задания, тексты построены на грамматическом материале урока, что позволяет сразу вывести в речь новые лексико-грамматические структуры. Благодаря этому принципу темы устной речи не «повисают», а, подкреплённые соответствующей грамматикой, становятся прочным элементом используемой при коммуникации базы студента.

5. Наличие **контрольной работы** к каждой части (5 урокам) учебника. Структура контрольной работы (возможность подсчитать баллы за каждое задание и за всю контрольную в целом) позволяет продемонстрировать студенту и преподавателю как уровень достигнутых успехов, так и «слабые места», нуждающиеся в дополнительной отработке.

6. Большое количество текстов. Все тексты записаны на аудионоситель и имеют название. Последнее, с одной стороны, помогает ориентироваться в учебнике, а с другой стороны, увеличивает возможности обсуждения темы текста.

Тексты учебника являются преломлением наиболее типичных бытовых ситуаций, отражая современный русский речевой обиход. Они построены на лексико-грамматическом материале предшествующих уроков, являясь иллюстрацией изученного, а также речевой моделью, которую студент может использовать в качестве основы для продуцирования собственного высказывания. То же самое можно сказать о диалогах и коммуникативных заданиях.

В работе с текстами преподаватель может использовать как привычные «старые» методы (вопросы к тексту, грамматический комментарий и др.), так и новую интерактивную методику. Структура большинства текстов позволяет, например, использовать такие методы, как «кластер», «сравнительная диаграмма» или «бортовой журнал»[1].

Автор рекомендует также использовать «ролевой пересказ», когда текст пересказывается с позиции одного из его участников или наблюдателей (например, торта, который стоял на столе и «всё видел и слышал»). При групповой работе этот метод плавно перетекает в «ролевой диалог или полилог», участники которого творят на базе текста новые ситуации, развивая не только свою речевую, но и дискурсивную, стратегическую компетенцию.

7. Поэтапное, **модульное введение материала** (всего около 300 лексико-грамматических модулей, которые описаны в карте модулей в книге для преподавателя.

Например, тема «Глаголы движения» разбита на 26 этапов, т. е. представляет собой 26 модулей, которые следуют друг за другом, всё более усложняясь, в среднем каждые 5 уроков. Сначала, чтобы снять трудности с использованием предложно-падежных форм, вводится вопрос «куда?» на частично знакомых «динамичных» глаголах (*смотреть, приглашать, опаздывать, писать, звонить, звать*) в их противопоставлении «статичным» глаголам (*жить, работать, быть, лежать...*)[2]. Далее студенты получают представление о том, что существует несколько пар глаголов движения (*идти — ходить, ехать — ездить, лететь — летать, бежать — бегать, плыть — плавать*), но акцент делается только на первой паре «*идти —ходить*», причём случаи употребления этих глаголов вводятся в двух уроках (уроки 16 и 17). После презентации в уроке 27 вопроса «откуда?» вводится пара *ехать — ездить* (куда, откуда и на чём?) в уроке 29, а в уроке 30 рассматриваются случаи употребления глагола *пойти* (к этому моменту студенты уже знакомы с видами глагола). В уроке 33 добавляется конструкция «*идти/ехать к + dat.*» и далее глаголы совершенного вида *приехать/ уехать* (куда, к кому и откуда, от кого). В уроке 40 — пара *лететь — летать* и т. д., вплоть до переходных глаголов движения с префиксами и их переносных значений.

---

[1] См., например: Интерактивные методы преподавания. Н. Соосаар, Н. Замковая. СПб. Златоуст, 2004.

[2] Идея «статика-динамика» служит базой и для презентации глаголов групп «лежать ↔ класть — ложиться», управления глагола «играть» (на ↔ в), а также конструкций времени: в году («статичное» время, ход которого увидеть и почувствовать труднее ↔ в среду («динамичное» время, длительность которого реально ощутима».

Таким же образом вводятся падежи. Сначала только существительные в единственном числе, причём в одном уроке отрабатывается не больше двух функций одного падежа, включая управление сначала уже знакомых, а затем новых глаголов. После знакомства с существительными во всех падежах единственного числа в нескольких уроках (43, 44, 50) отрабатываются формы прилагательных единственного числа во всех падежах. А через несколько уроков внимание уделяется формам всех падежей существительных и прилагательных множественного числа (уроки 53, 54, 55), что даёт возможность ещё раз повторить управление глаголов. Однако при необходимости более раннего изучения склонения прилагательных некоторые задания на эту тему можно из девятой части учебника перенести в седьмую, пятую и даже третью.

Описанный модульный принцип презентации материала позволяет периодически повторять важнейшие темы, к которым обычно преподаватель вынужден возвращаться в течение курса неоднократно ввиду трудностей в их усвоении и необходимости коррекции типичных ошибок студентов, как пополняющих группу, так и остающихся в ней с начала курса.

Модульная организация материала даёт преподавателю возможность менять структуру курса. Например, глаголы вводятся в третьем уроке после конструкции «у меня есть», но их можно дать и в первом уроке сразу после личных местоимений. Или можно сделать акцент только на глаголах движения, только на видах глагола или на одном из падежей, отбирая из разных уроков содержащие эти темы фрагменты, имея в виду, конечно, усложнение материала. Таким образом, учебник может быть использован для корректировочного курса, что особенно актуально при краткосрочном интенсивном обучении.

Между тем для студента модульный принцип построения учебника практически незаметен, поскольку модули плавно вплетены в канву учебника и, благодаря постоянному усложнению грамматики и включению новой лексики, не воспринимаются ни как повторение, ни как изолированные друг от друга фрагменты.

8. В учебнике несколько большее внимание, чем в аналогичных изданиях, уделяется таким лексико-грамматическим темам, как:
— классификация типов спряжения глаголов с различными чередованиями, представленная также в таблицах;
— образование видовых пар глагола (имеющее чёткую классификацию по типам образования или значениям вида глагола);
— словообразование;
— сравнительная и превосходная степень прилагательных;
— косвенная речь;
— группы глаголов «лежать — класть/положить — ложиться/лечь»;
— порядок слов в предложении;
— отрицательные, неопределённые и относительные местоимения;
— наречия места и направления (внизу — вниз — снизу);
— конструкции выражения времени;
— разные типы возвратных глаголов и др.

9. Учебник содержит «избыточное» количество устных и письменных заданий разного типа, кроссворды, тексты-загадки («кто есть кто?»), игры, задания творческого характера, вопросы для организации общения студентов в группе и, конечно, систематизирующие таблицы разного типа.

10. Иллюстрации, нарисованные талантливым художником-карикатуристом Антоном Багровым, являются дополнительным коммуникативным ресурсом. Рисунки можно использовать как для пояснения описанных в текстах и заданиях ситуаций, так и для предтекстовой работы или перехода к дискуссии на тему текста.

2. ПАПКА СТУДЕНТА

В папке студента собраны следующие учебно-справочные материалы:
— словарь интернационализмов (450 слов);
— словарь в картинках (около 300 слов/карточек);
— словарь-картотека однокоренных слов (около 1500 слов на 240 карточках);
— таблица типов спряжения (около 180 видовых пар);
— список глаголов (500 видовых пар) с указанием управления и типа спряжения;
— схема-таблица управления глаголов (более 100 видовых пар) со ссылкой к таблице типов спряжения;
— таблицы выражения времени;
— плакат для запоминания цветов и вопросов;
— прописи для взрослых;
— задания для обучения письму на компьютере.

3. ДИАГНОСТИЧЕСКИЕ ТЕСТЫ

В учебно-методическом комплексе представлено два многоуровневых теста с множественным выбором: стартовый и итоговый. Каждый тест состоит из 150 вопросов, разбитых на уровни от А1 до В1+/В2. Для каждого вопроса предлагается три варианта ответа. Ориентировочное время выполнения теста — 30 минут, проверки преподавателем по матрице — 2 минуты.

Тесты, представляющие собой отдельное издание, включают в себя единую контрольную матрицу, рекомендации по проверке теста, поуровневое лексико-грамматическое описание теста и экспресс-анкету. Тесты могут использоваться не только в качестве составляющей данного учебно-методического комплекса, но и при определении уровня студентов, которые занимаются по другим учебным изданиям.

4. КНИГА ДЛЯ ПРЕПОДАВАТЕЛЯ

Книга для преподавателя (в трёх частях — к учебнику каждого уровня) содержит:

— описание всех составляющих учебного комплекса;
— методические рекомендации;
— игры (их описание и раздаточный материал к ним), карточки для повторения и др.
— карту модулей учебника, что позволяет преподавателю лучше планировать урок и даёт возможность продемонстрировать студенту объём изученного и планируемого материала;
— карту текстов;
— ключи к контрольным работам.

5. АУДИОПРИЛОЖЕНИЕ

Аудиоприложение содержит тексты и диалоги, отмеченные в учебнике знаком ▶ и номером трека: ♫, где 1 — номер урока, 2 — порядковый номер записи в уроке. Часть текстов для аудирования с пометой ◉ и номером страницы вынесена в специальное приложение в конце книги, с тем чтобы повысить у студентов мотивацию к развитию навыков аудирования. Послушать/скачать аудиозапись можно при помощи QR-кода рядом с заданием.

Использованные знаки и сокращения

■	— грамматика (лексико-грамматическая тема)	nom.	— nominative case / именительный падеж
📖	— Читайте!	gen.	— genitive / родительный падеж
👄	— Говорите!	dat.	— dative / дательный падеж
🎧	— Слушайте!	acc.	— accusative / винительный падеж
✎	— Пишите!	instr.	— instrumental / творительный падеж
◉	— чтение	prep.	— prepositional / предложный падеж
▶	— аудирование	sing.	— singular / единственное число
●	— говорение	pl.	— plural / множественное число
▲	— письмо	verb	— глагол
⚓	— повторение, закрепление материала	noun	— существительное
🗣	— фонетические упражнения; фонетическая трансформация	adj.	— adjective / прилагательное
		adv.	— adverb / наречие
♥	— одушевлённое существительное	pr.	— preposition / предлог
✗	— неодушевлённое существительное	pronoun	— местоимение
⊸	— задания с ключом	m.	— мужской род
∅	— нулевое окончание/согласный	f.	— женский род
↔	— сравнить	n.	— средний род
*	— звёздочкой отмечены задания повышенной трудности, которые можно опустить без ущерба для понимания следующего материала	imp.	— imperfective aspect / несовершенный вид
		perf.	— perfective aspect / совершенный вид

Просьба все замечания и пожелания по работе с УМК направлять автору на электронный адрес **russian_5_elements@yahoo.com**

С уважением,
Татьяна Эсмантова

ВВОДНО-ФОНЕТИЧЕСКИЙ КУРС

I. Алфавит. Графика (буквы)

II. Интонация
(общий/альтернативный вопрос — ответ)

III. Фонетика (звуки)
Гласные (редукция в безударной позиции);
Согласные (твёрдые и мягкие, звонкие и глухие, звук [j], оглушение звонких в конце слова и перед глухим согласным)

IV. Интернационализмы (400 слов)
   Задания для чтения и письма

V. Тест

АЛФАВИТ

А а	[a]	Анкара́		Р р	[r]	Рим
Б б	[b]	Берн		С с	[s]	Сидне́й
В в	[v]	Ве́на		Т т	[t]	То́кио
Г г	[g]	Гаа́га		У у	[u]	Ула́н-Ба́тор
Д д	[d]	Дре́зден		Ф ф	[f]	Фра́нкфурт
Е е	[je][1]	Ерева́н		Х х	[h]	Хе́льсинки
Ё ё	[jo]	Кёльн		Ц ц	[ts]	Цейло́н
Ж ж	[ʒ][2]	Жене́ва		Ч ч	[ch]	Чика́го
З з	[z]	За́греб		Ш ш	[sh]	Шанха́й
И и	[i]	Ирку́тск		Щ щ	[ ][3]	Ще́цин
Й й	[j][1]	Йе́мен		ъ	[ ][4]	
(и краткое)				(твёрдый знак)		
К к	[k]	Каи́р		ь	[ ][5]	Брюссе́ль
Л л	[l]	Ло́ндон		(мягкий знак)		Льеж
М м	[m]	Москва́		ы	[ ][6]	Крым
Н н	[n]	Ни́цца		Э э	[e]	Эдинбу́рг
О о	[o]	О́сло		Ю ю	[ju]	Ю́рмала
П п	[p]	Пра́га		Я я	[ja]	Я́лта

[1] Стр. 15. «Фонетика. Гласные», [j] = short [i].
[2] Voiced [sh], ш → ж.
[3] Soft [sh]; ш + [j] → щ.
[4] No sound.
[5] No sound, previous consonant is soft.
[6] Special sound like «smiling» [u].

Т.Л. Эсмантова. Русский язык: 5 элементов

I. ГРАФИКА (БУКВЫ)

1 | A = A   O = O   E = E   K = K   M = M   T = T

акт, такт, а́том, коме́та, ата́ка, **там**
КТО? ♥ — ма́ма, кот, Том…

Диалог 1

Тук-тук.
— **Кто там?**
— Том!
— Здра́вствуйте, Том!

2

В = [V]	**В**авило́н, **в**а́р**в**ар, **в**ино́, **в**о́дка, **в**ариа́нт
Н = [N]	ка**н**а́л, **н**о́та, витами́**н**, ба**н**а́**н**
Р = [R]	т**р**а́кто**р**, ка́**р**та, **р**ом, ба**р**, ба**рр**ика́да, **Р**им
С = [S]	**с**и́мвол, **с**игна́л, **с**тарт, **с**о́у**с**, **с**орт
Х = [H]	**х**а́ос, **х**ор, **х**ристиани́н, **х**а́ки, **х**улига́н
И = [I]	**и**нсти́нкт, с**и**ро́п, р**и**тм, **и**ндив**и́**д
У = [U]	а**у**дито́рия, ка́кт**у**с, шо́**у**, **у**нисо́н, структ**у́**ра

Диалог 2   Диалог 3

— **Э́**то «Б»?   ДА ≠ НЕТ   — Э́то «Б»?
— **Да**, э́то «Б».   не   — **Нет**, э́то **не** «Б».
         — Что ✖ э́то?
         — Э́то «В».

3

Б	**б**амб**у́**к, **б**о́м**б**а, **б**алко́н, **б**анди́т, **б**анк
Г	**г**и**г**ие́на, **г**и**г**а́нт, **г**ло́бус, **г**ало́п, **г**имн
Д	кан**д**и**д**а́т, мо́**д**а, ка**д**р, **д**анти́ст, **д**а́та
З	па́у**з**а, блу́**з**а, бро́н**з**а, ва́**з**а, ро́**з**а
Л	**л**а́мпа, **л**агу́на, **л**имо́н, б**л**ок, **л**итр
П	**п**а́спорт, су**п**, **п**а́ника, **п**о́за
Ф	**ф**акт, **ф**игу́ра, ко́**ф**е, ка**ф**е́, мара**ф**о́н
Ц	**ц**ари́**ц**а, **ц**или́ндр, **ц**ирк, та́не**ц**
Ч	**ч**ай, ма́**ч**о, **ч**и́псы, **ч**а-**ч**а-**ч**а

Уровень А1. Вводно-фонетический курс

| 4 | Ш Ж Щ Э Ы Й Ё Ю Я |

шок, **ш**кала́, **ш**тамп, **ш**ко́ла, **ш**торм
журна́л, **Ж**а́нна, **дж**аз, **дж**у́нгли, **дж**и́нсы
щи, бор**щ**
э́тика, **э́**хо, **э́**пос, **э́**тнос, ду**э́**т
му́з**ы**ка, макаро́н**ы**, Нидерла́нд**ы**
Ма**й**а́ми, балала́**й**ка, **й**од, **й**о́га, ма**й**
ёлка
ю́мор, Хь**ю́**стон
иде́**я**, симпа́ти**я**, **Я́**ва, **я́**хта

 ЗАДАНИЕ 1. (стр. 297.) **Диктант «Буквы».**

Вариант 1   Вариант 2

 ЗАДАНИЕ 2. Фразы.

а)Данти́ст — э́то до́ктор. Борщ — э́то суп. Вальс — э́то та́нец. Рок **и** джаз — э́то му́зыка. Па́ста — э́то макаро́ны и со́ус. Му́зыка — э́то мело́дия и ритм. Гита́ра — э́то музыка́льный инструме́нт. Ньюто́н — э́то фи́зик. Пифаго́р — э́то матема́тик. Па́спорт — э́то докуме́нт, контра́кт — э́то **то́же** докуме́нт. Репортёр — э́то журнали́ст. Репорта́ж — э́то текст.

б) Актри́са — э́то профе́ссия. Во́дка и вино́ — э́то алкого́ль, ром — э́то то́же алкого́ль. Йод и табле́тки — э́то медикаме́нты. Метро́ — э́то тра́нспорт, авто́бус и трамва́й — э́то то́же тра́нспорт. Лимо́н — э́то витами́н С. Футбо́л и баскетбо́л — э́то спорт, хокке́й — э́то то́же спорт. Бана́н — э́то фрукт.

Т.Л. Эсмантова. Русский язык: 5 элементов

II. ИНТОНАЦИЯ. Вопрос ≠ ответ.

1. ╱ — ?
2. ╲ — .
3. ╱ — ?

— Кто↑ это?	И̶в̶а̶н̶	— Мама, кто это?	п̶а̶н̶т̶е̶р̶а̶
— Это **Иван**.	Ольга	— Это пантера.	зебра
— Иван?↑	Леонид		пингвин
— Да-да. Иван.	Анна		кенгуру
	Андрей		

ЗАДАНИЕ 3. Диалог: вопрос и ответ. 🎧 👄

а) Да ≠ нет

1. — Это Иван?
   — **Да**, это Иван.

   ?: И̶в̶а̶н̶, Инна, Ирина, дельфин.

2. — Это Иван?
   — **Нет**, это **не** Иван.
   — А **кто это**?
   — Это Олег.

   Кто ♥: И̶в̶а̶н̶/О̶л̶е̶г̶
   Кирилл/Сергей
   Архимед/Пифагор
   кот/пантера

3. — Это кофе?
   — **Нет**, это **не** кофе.
   — А **что это**?
   — Это чай.

   Что ✖: к̶о̶ф̶е̶/ч̶а̶й̶, соус/суп
   витамин/антибиотик
   магазин/аптека
   кафе/бар, рок/джаз.

б) (↔Задание 2)

1. — Хирург — это доктор?
   — Да. Это доктор.

   — Йод — это медикамент?
   — Да-да. Это медикамент.

2. — Хирург? **Кто** это? ♥
   — Хирург — это доктор.

   — Йод? **Что** это? ✖
   — Йод — это медикамент.

Х̶и̶р̶у̶р̶г̶ (♥), йод, вальс, метро, дантист (♥), борщ, рок, джаз, гитара, Ньютон (♥), лимон, Пифагор (♥), ром, футбол, репортёр (♥), репортаж, банан, паспорт...

Уровень А1. Вводно-фонетический курс

ИЛИ
(альтернатива)

ЗАДАНИЕ 4. Вопрос → ответ.

а) М о д е л ь: — Сканда́л — э́то гармо́ния **и́ли** агре́ссия?
— Сканда́л — э́то агре́ссия.

Борщ — э́то суп и́ли со́ус? Та́нго — э́то спорт и́ли та́нец? Бана́н — э́то витами́н С [цэ] и́ли витами́н В [бэ]? Во́дка — э́то медикаме́нт и́ли алкого́ль? Йо́га — э́то спорт и́ли филосо́фия? Тра́ктор — э́то инструме́нт и́ли маши́на? Термо́метр — э́то механи́зм и́ли шкала́? Бро́нза — э́то мета́лл и́ли пла́стик?

б) Это правда или неправда?   да   нет

1. Макаро́ны — э́то дие́та.
2. Ви́за — э́то штамп.
3. Революционе́р — э́то хулига́н.
4. Па́ника — э́то ха́ос.
5. Па́уза — э́то релакса́ция.
6. Ко́мпас — э́то механи́зм.
7. Моноло́г — э́то эгои́зм.
8. Инсти́нкт — э́то реа́кция.
9. Канапе́ — э́то **бутербро́д**.
10. Президе́нт — э́то поли́тик.
11. Дире́ктор — э́то де́спот.
12. Компью́тер — э́то прогре́сс.
13. Бо́мба — э́то катастро́фа.
14. Таба́к — э́то нарко́тик.
15. Агре́ссия — э́то эмо́ция.
16. Стресс — э́то адренали́н.
17. Эйнште́йн — э́то ге́ний.

ЗАДАНИЕ 5. Диалоги.

— Как по-ру́сски agent?
— Аге́нт.
— Спаси́бо.

~~agent~~/аге́нт
number/но́мер
system/систе́ма
problem/пробле́ма

— Как по-англи́йски «кот»?
— Cat.
— Спаси́бо.

~~кот~~, кассе́та, сюрпри́з, проце́сс, прогре́сс, результа́т

III. ФОНЕТИКА (ЗВУКИ)

Гласные: А Э О У Ы
Я Е Ё Ю И

!!! е = [э] — Интернéт, кафé, детекти́в, модéль

А — мáма, Áнна, класс, мáска
О — зóна, мóда, пóза
Э — э́хо, э́го, э́кспорт
У — мýскул, институ́т
Ы — шóрты, буты́лка, латы́ш

Я = [j + а] — я, Я́ва, я́хта, макия́ж
Ё = [j + о] — ёлка, ёж
Е = [j + э] — Е́ва, иерóглиф, интерьéр, китáец
Ю = [j + у] — каю́та, юсти́ция, ию́нь, компью́тер
И = [i] — и́мпульс, тигр, индиви́д

Ударение и артикуляция

дóктор, оáзис, пáспорт, Россúя → [а]
мандари́н, шоколáд → [ъ], [ʌ]
идеáл, экономика → [и], Еврóпа → [jи]

ё всегда под ударением

Звук [j]¹ ↗ й
↘ ь

Гласный + й — балалáйка, йóга, йод, чай
Согласный + ь — ноль, роль, Нью-Йóрк, Тайвáнь

Й → И — музéй → музéи, санатóрий → санатóрии, гéний → гéнии,
[j → i]   ковбóй → ковбóи, мой → мои́

Ь → И — медáль → медáли, автомоби́ль → автомоби́ли,
[j → i]   календáрь → календари́

Согласные:

1. Твёрдый ≠ мягкий
(hard ≠ soft)

Индикаторы: твёрдый согласный + А, Э, О, У, Ы, -
мягкий согласный + Я, Е, Ё, Ю, И, Ь

1.1. на-ня [на-н'а]   мэтр — метр [мэ-м'э]
ну-ню [ну-н'у]   сэр — сер [сэ-с'э]
ба-бя [ба-б'а]   мóда — мёд [мо-м'о]
ва-вя [ва-в'а]
до-дё [до-д'о]

---
¹ [j] = [į].

Уровень А1. Вводно-фонетический курс

15

ЗАДАНИЕ 6.

А/Я — ма-мя: ма́ма — мя́у,
та-тя: таба́к — Ка́тя,
ла-ля: ла́мпа — Земля́

О/Ё — то-тё: то́нна — волонтёр, мото́р — актёр,
зо-зё: зо́на — гипнотизёр,
бо-бё: бо́мба — Бёлль,
ло-лё: ло́гика — контролёр,
го-гё: Гонко́нг — Гёте

У/Ю — бу-бю: буты́лка — дебю́т, бульдо́г — бюро́, Бу́нин — бюст,
му-мю: иммуните́т — Мю́нхен,
ту-тю: студе́нт — тюльпа́н

Э/Е — экзо́тика — Еги́пет,
рэ-ре: каре́[э] — апре́ль,
тэ-те: тент — те́ма,
пэ-пе: канапе́[э] — европе́ец

Ы/И — ты-ти: латы́нь — лати́нский, пла́стырь — стиль,
мы-ми: Румы́ния — ми́на, калмы́к — ми́кро,
ры-ри: Крым — Рим, ры́бы — Кари́бы,
бы-би: бы́стро — бистро́

∅/∅ь — н/нь: канка́н — конья́к,
л/ль: мета́лл — меда́ль, кана́л — бана́льный, холл — роль,
т/ть: кот — мать,
с/сь: мусс — Русь,
р/рь: бар — янва́рь

ЗАДАНИЕ 7. Твёрдый или мягкий?

Модель: — Мо. М — твёрдый.
— Почему́?
— Потому́ что + [плюс] «о».

— Почему́?   [пачиму́]
— Потому́ что!   [патаму́шта]

~~мо~~, ма, мя, то, те, ка, ве, су, мю, ту, мь, ку, на, нё, тю

ЗАДАНИЕ 8. (⊙ стр. 297.) Диктант «Пары».

_____
_____

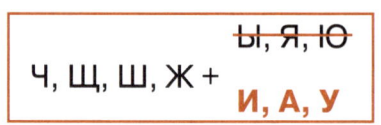

НО: К, Г, Х + Ы / И   Ч, Щ, Ш, Ж + ~~Ы, Я, Ю~~ / И, А, У

▶ ▲ **ЗАДАНИЕ 9.** (⊙ стр. 297.)

Ы или И?

Г___тара, бут___лка, т___гр, К___рг___зия, Тадж___к___стан, муз___ка, Кр___м, Н___дерланд___, К___пр, г___пноз, К___ев, ст___ль, шорт___, энерг___я, ш___к, макарон___, К___тай.

А или Я?

Ч___й, к___рт___, ш___рм, пл___ж, ч___рльстон, ш___рф, Ч___йковский.

■ **1.2.** А-Я-ЬЯ... [а-'а-'ja]
  на-ня-нья [на-н'а-н'ja]: з**на**к — **ня**ня — ма**нья**к
  бу-бю-бью: **бу**тылка — **бю**ро́ — **бью**ик
  да-дя-дья: **да́**та — **дя́**дя — **дья́**вол
  ну-ню-нью: ми**ну́**та — ме**ню́** — **Нью**то́н
  пэ-пе-пье: кана**пе́** — а**ппе**ти́т — **Пье**р
  тэ-те-тье: **те́**ннис — **те́**нор — ран**тье́**
  ро-рё-рьё: **ро́**за — у**прё**к — се**рьё**зный

2. Звонкий ≠ глухой
(voiced ≠ voiceless)

■ **2.1.** **б**а́за — **п**ас, **б**о́мба — **п**о́мпа, **В**о́лга — **ф**олькло́р, **г**о́ды — **к**оты́, **з**у́бы — **с**упы́, ре**г**а́та — ре**к**а́, **в**а́за — **ф**а́за

2.2.

Б → П	Д → Т
В → Ф	Ж → Ш
Г → К	З → С

ара́**б**[п]   реко́р**д**[т]
моти́**в**[ф]   эта́**ж**[ш]
фла**г**[к]   джа**з**[с]

ара́**б** — ара́**б**ы, моти́**в** — моти́**в**ы, фла**г** — фла́**г**и, ма**г** — ма́**г**и, реко́р**д** — реко́р**д**ы, прогно́**з** — прогно́**з**ы, эта́**ж** — этажи́, джа**з** — джа**з**ме́н, сою́**з** — сою́**з**ы, до**ждь** — до**жд**и́
[т]: са**д** — сор**т**
[ш]: бага́**ж** — на**ш**
[ф]: пло**в** — гра**ф**
[п]: ло**б** — кли**п**
[с]: га**з** — клас**с**, сою́**з** — со́у**с**
[шт']: до**ждь**
[ф]: **в**сегда́, **в**сё, за́**в**тра, а́**в**тор, а**в**то́граф, А**в**стра́лия, А́**в**стрия

3. с + с = [с̄], а + а = [аа]

Ро**сс**и́я, ка́**сс**а, ма́**сс**а, А́**нн**а, ва́**нн**а, Голла́ндия
б**ао**ба́б, **оа́**зис, ге́н**ии**, санато́р**ии**

Уровень А1. Вводно-фонетический курс

17

IV. ИНТЕРНАЦИОНАЛИЗМЫ (400 слов)

ЗАДАНИЕ 10.

Модель 1 (транскрипция/перевод): **абстра́кт**но ← abstract/ _____ (ваш язык)
Модель 2 (вопрос): абсолю́тн**о** ← как?
Модель 3 (дефиниция¹): автобу́с — э́то тра́нспорт

А

абсолю́тно _____
абстра́ктно _____
автобу́с _____
автомеха́ник ♥ _____
автомоби́ль _____
а́втор ♥ _____
авторите́т _____
аге́нт ♥ _____
аге́нтство _____
агре́ссия _____
адапта́ция _____
а́дрес _____
актёр, актри́са ♥ _____
акти́вно _____
а́кция _____
алкого́лик ♥ _____
алкого́ль _____
альтруи́зм _____
альтруи́ст ♥ _____
аналоги́чно _____
аппети́т _____
апте́ка _____
арома́т _____
архите́ктор ♥ _____
архитекту́ра _____
ата́ка _____
аудито́рия _____

Б

ба́за _____
бала́нс _____
бана́н _____
банди́т ♥ _____
банк _____
бар _____
барме́н ♥ _____

библиоте́ка _____
библиоте́карь ♥ _____
би́знес _____
бизнесме́н ♥ _____
биле́т _____
биоло́гия _____
био́лог ♥ _____
блонди́н, -ка ♥ ≠ брюне́т, -ка ♥

бокс _____
бо́мба _____
босс ♥ _____
бота́ник ♥ _____
бота́ника _____
бутербро́д _____
буты́лка _____
бухга́лтер ♥ _____
бухгалте́рия _____
бюро́ _____
бюрокра́т ♥ _____
бюрокра́тия _____

В

ва́за _____
вальс _____
вариа́нт _____
ви́за _____
ви́лла _____
вино́ _____
ви́ски _____
витами́н _____
во́дка _____
волейбо́л _____
волейболи́ст ♥ _____

Г

га́мбургер _____

---

¹ Слово-дефиниция: тра́нспорт, профе́ссия, проце́сс, те́хника, организа́ция, докуме́нт, инструме́нт, информа́ция, текст, систе́ма, эмо́ция, му́зыка, алкого́ль, спорт, спортсме́н♥, **челове́к**♥, та́нец, фрукт.

гармо́ния _____
ге́ний ♥ _____
гео́граф ♥ _____
геогра́фия _____
гео́лог ♥ _____
геоло́гия _____
геоме́трия _____
гид ♥ _____
гита́ра _____
гитари́ст ♥ _____
гру́ппа _____

Д

данти́ст ♥ _____
да́та _____
декора́тор ♥ _____
декора́ция _____
демокра́т ♥ _____
демокра́тия _____
де́спот ♥ _____
деспоти́зм _____
детекти́в (♥) _____
джаз _____
джазме́н ♥ _____
джи́нсы _____
диало́г _____
диза́йн _____
диза́йнер ♥ _____
ди́ктор ♥ _____
дина́мика _____
дипло́м _____
диплома́т ♥ _____
дире́ктор ♥ _____
диск _____
дискоте́ка _____
диста́нция _____
до́ктор ♥ _____
докуме́нт _____
дра́ма _____

Ж

жест _____
журна́л _____
журнали́ст, -ка ♥ _____

З

зе́бра ♥ _____
зо́на _____
зоо́лог ♥ _____
зооло́гия _____
зоопа́рк _____

И

идеа́л, иде́я _____
идеали́ст ♥ _____
иммуните́т _____
и́мпорт _____
инжене́р ♥ _____
инсти́нкт _____
институ́т _____
инструме́нт _____
интелле́кт _____
интеллектуа́л, -ка ♥ _____
интере́с _____
интере́сно _____
Интерне́т _____
интона́ция _____
интуи́ция _____
информа́ция _____
исто́рик ♥ _____
исто́рия _____

К

календа́рь _____
калькуля́тор _____
кандида́т ♥ _____
ка́рта _____
ка́сса _____
ка́ссир ♥ _____
кафе́ ≈ рестора́н _____
кенгуру́ ♥ _____
килогра́мм, грамм _____
киломе́тр, метр _____
кино́ _____
клие́нт, -ка ♥ _____
кло́ун ♥ _____
клуб _____
кокте́йль _____
колле́га ♥ _____
коллекционе́р ♥ _____
колле́кция _____
коме́дия _____
компа́ния _____
компаньо́н ♥ _____
компью́тер _____
конкре́тно _____
консульта́нт ♥ _____
консульта́ция _____
конта́кт _____
контра́кт _____
контро́ль _____
концентра́ция _____
конце́рт _____

Уровень А1. Вводно-фонетический курс

коньяк
ко́пия
корре́кция
косме́тика
космето́лог ♥
костю́м
ко́фе
крем
крокоди́л ♥
ксе́рокс
культу́ра

Л

ла́мпа
ле́ктор ♥
ле́кция
ли́дер ♥
ликвида́ция
лимо́н
литера́тор ♥
литерату́ра

М

магази́н
ма́ксимум ≠ ми́нимум
ма́ска
масса́ж
массажи́ст ♥
матема́тик ♥
матема́тика
маши́на
ме́бель
медикаме́нт
мело́дия
ме́неджер ♥
меню́
мета́лл
механи́зм
меха́ник ♥
милиционе́р ♥
мили́ция = поли́ция
миллио́н
миллионе́р ♥
ми́на
мину́та
моде́ль (♥)
модельє́р ♥
моме́нт
моноло́г
мо́ре

мотоци́кл
мотоцикли́ст ♥
му́зыка
музыка́нт ♥

Н

национа́льность
но́мер
но́рма
норма́льно

О

объе́кт
организа́тор ♥
организа́ция
о́фис

П

панте́ра ♥
партнёр, -ша ♥
парфюме́рия
па́спорт
пасси́вно
па́уза
пацие́нт, -ка ♥
пенсионе́р, -ка ♥
пе́нсия
пиани́но
пиани́ст ♥
пингви́н ♥
пистоле́т
план
пле́йер
по́за
поли́тик ♥
поли́тика
портфе́ль
портмоне́
поэ́зия
поэ́т ♥
пра́ктик ♥
пра́ктика
президе́нт ♥
премье́ра
при́нтер
прогно́з
програ́мма
программи́ст ♥
прогре́сс
проду́кт

прое́кт
профе́ссия
профе́ссор ♥
проце́сс
психо́лог ♥
психоло́гия
пу́блика

Р
ра́дио
реа́кция
реали́ст ♥
реа́льно
регистра́ция
регуля́рно
режи́м
результа́т
рекоменда́ция
рестора́н
реце́пт
риск
ритм
ро́за
рок
роль
рома́н

С
саксофо́н
сала́т
секрета́рь ♥
секу́нда
сига́ра, сигаре́та
сигна́л
симпа́тия
симпто́м
систе́ма
ситуа́ция
ска́нер
ску́льптор ♥
скульпту́ра
со́ус
спекта́кль
спорт
спортсме́н, -ка ♥
старт
ста́тика
стереоти́п
стиль
структу́ра

студе́нт, -ка ♥
субъе́кт
су́мма
суп
сфе́ра
сюрпри́з

Т
таба́к
такси́
такси́ст ♥
тала́нт
та́нго
та́нец
теа́тр, кинотеа́тр
текст
тексти́ль
телеви́зор
телефо́н
темпера́мент
температу́ра
те́ннис
теннисист, -ка ♥
тео́рия
теоре́тик ♥
термо́метр
тест
тира́н ♥
траге́дия
тради́ция
трамва́й
тра́нспорт
трансформа́ция
туале́т
тюльпа́н

У
универса́льно
университе́т
уника́льно

Ф
факт
факс
фантазёр ♥
фанта́зия
фармаце́вт ♥
фигу́ра
фи́зика
фи́зик ♥

филосо́ф ♥
филосо́фия
фильм (кинофи́льм)
финанси́ст ♥
фина́нсы
фи́ниш
флори́ст ♥
фо́рма, унифо́рма
фотоаппара́т
фото́граф ♥
фотогра́фия
фра́за
фрукт
фунда́мент
футбо́л
футболи́ст ♥

Х
хи́мик ♥
хи́мия
хо́бби
хокке́й
хулига́н ♥

Ц
цирк —

Ч
чай
чек
чемпио́н, -ка ♥
чемпиона́т

Ш
шанс
шанта́ж

шанта́жист ♥
шате́н, -ка ♥
шеф ♥
шкала́
шко́ла
шко́ль|ник, -ница ♥
шок
шокола́д
шо́рты
шо́у
шоуме́н ♥
шофёр ♥
штамп

Э
эгои́зм
эгои́ст ♥
эквивале́нт
экза́мен
экзамена́тор ♥
экзо́тика
эконо́мика
экономи́ст ♥
экспериме́нт
эксперимента́тор ♥
э́кспорт
эмо́ция
эне́ргия

Ю
ю́мор

Я
я́хта

континéнты (лю́ди)

Австрáлия (австрали́|ец, -йка ♥)
Амéрика (америкáн|ец, -ка ♥)
Áфрика (африкáн|ец, -ка ♥)
Еврóпа (европé|ец, -йка ♥)
Áзия (азиáт, -ка ♥)

календáрь

зимá: декáбрь, янвáрь, феврáль,
веснá: март, апрéль, май,
лéто: ию́нь, ию́ль, áвгуст,
óсень: сентя́брь, октя́брь, ноя́брь

стрáны

Áвстрия, Амéрика, Бéльгия, Вьетнáм, Гермáния, Дáния, И́ндия, Йéмен, Зимбáбве, Китáй, Мéксика, Никарáгуа, Перу́, Росси́я, Си́рия, Ту́рция, Уругвáй, Фрáнция, Чи́ли, Хорвáтия, Цейлóн, Швéция, Эквадóр, ЮÁР, Япóния…

городá

Анкарá, Багдáд, Венéция, Гаáга, Дéнвер, Еревáн, Женéва, Ирку́тск, Кёльн, Ливерпу́ль, Мадри́д, Неáполь, Óсло, Пеки́н, Рейкья́вик, Сеу́л, Тбили́си, Хéльсинки, Цю́рих, Чикáго, Шанхáй, Эдинбу́рг…

дéньги

рубль, éвро, дóллар, фунт, крóна, франк, иéна, юáнь, ру́пия…

Уровень А1. Вводно-фонетический курс

V. ТЕСТ: Фонетика, алфавит

Результат: ____ / 65 баллов (время — 20 минут)

ЗАДАНИЕ 1. Фонетические пары (____ / 19).

а) Модель: А — ___ → А — Я.

Ы — ___, У — ___, Я — ___, О — ___, Э — ___, Ю — ___, И — ___.
Б — ___, Ж — ___, Д — ___, З — ___, Г — ___, В — ___, Ш — ___, Т — ___, К — ___,
Ф — ___, П — ___, С — ___.

б) Й или Ь? (____ / 14)

Рол___, Та___ван___, ___од, музе___, комп___ютер, Кита___, автомобил___,
Н___ю-___орк, календар___, гени___, П___ер, трамва___.

в) К, Г, Ч, Ж + ? (____ / 5)

Тадж___к___стан, ч___й, г___тара, К___рг___зия, вундерк___нд.

ЗАДАНИЕ 2. Алфавит. + 3 буквы (____ / 9).

Модель: а ___ ___ ___ → а б в г

д ___ ___ ___   ж ___ ___ ___   к ___ ___ ___   т ___ ___ ___
м ___ ___ ___   п ___ ___ ___   ц ___ ___ ___   б ___ ___ ___

ЗАДАНИЕ 3. Кроссворд. (____ / 12)

Вертика́ль:
1. Э́то вальс, фламе́нко, са́мба...
2. Э́то докуме́нт.
3. Э́то та́нец.
6. Э́то ви́ски, конья́к, марти́ни, во́дка, пи́во...
7. Борщ — э́то...

Горизонта́ль:
1. Такси́, трамва́й, метро́, тролле́йбус — э́то...
4. Ке́тчуп — э́то...
5. Э́то му́зыка.
6. Э́то тра́нспорт.
8. Э́то спорт.
9. Э́то эмо́ция.
10. Э́то фрукт. Витами́н С.

ЗАДАНИЕ 4. Чайнворд (____ / 5).

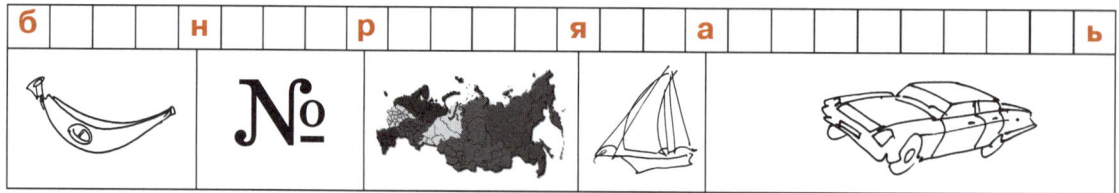

Т.Л. Эсмантова. Русский язык: 5 элементов

ЧАСТЬ I

🗣 фонетика	▪ грамматика ⚓ повторение	● разговор / ситуации общения	▶ текст

УРОК 1 (стр. 26–37)

с — з

1. Структура предложения. Субъект: Кто/что это?
2. Личные местоимения (я… они).
3. Кто он? (профессия).
4. Конструкция «не…, а…».

Семья. Коллеги.
Презентация: Это Иван.
Он менеджер. Это книга.
Я не знаю, кто это.

«Фотографии»

УРОК 2 (стр. 38–48)

н — н'
м — м'

ц,
ш, ж,
щ, ч

5. Род существительных.
   -ость, -адь (f.), -тель, -арь (m.).
6. Множественное число мужского и женского рода без исключений.
7. Где? (здесь ≠ там, вот ≠ вон).
8. Объект: асс. личных местоимений.
9. Цифры, счёт. Сколько?
10. Как (хорошо, плохо, прекрасно, ужасно, отлично).

Ориентация: Где метро?
Я не знаю, где они.
Знакомство: Как кого зовут?
Я его знаю.
— Как дела?
— Хорошо, а у вас?
В ресторане:
— Чай или кофе?
— Всё равно.
На улице: Где дом № 8?

«Студенты»

УРОК 3 (стр. 49–62)

д — д'
т — т'

11. У кого что есть. Есть ≠ нет.
    У меня есть грипп.
12. Глаголы I спряжения на -ать: делать, думать, знать, слушать, спрашивать, отвечать, понимать, изучать, читать, рассказывать — настоящее время.
13. Или / и… и…
14. Тоже.

Отношение к факту:
К счастью ≠ к сожалению.
В аптеке, в магазине: Сколько стоит?
(Так дорого? Как жаль! Да, а что?)
Выражение мнения, согласия/несогласия:
Я думаю, что…; Я тоже так думаю.
Это интересно, важно, легко, трудно, логично…

«Борис — бизнесмен»
«Музыка»
«Экзамен»

УРОК 4 (стр. 63–73)

ч

15. Притяжательные местоимения. Чей?
16. Где? — Слева, справа, наверху, внизу, сзади.
17. а, и или но.
18. Вопрос без вопросительного слова. (Интонация.)
19. Делать + объект (асс. ✱: m., n.; pl.).
20. Глагол работать.

Обычно (Что вы обычно делаете?).
Диалоги: Где мои вещи?
Чьи это вещи?
У тебя есть мой телефон/адрес?

Паспортный контроль.

«Моя семья»
«Наши соседи»
«Французский язык»

УРОК 5 (стр. 74–86)

р — р'
...?
л — л'

21. Сначала ≠ потом.
22. Прошедшее время (раньше, час/год/месяц назад, позавчера).
23. Дни недели.
24. Ещё ≠ уже.
25. Имя, отчество, фамилия.
26. Формы русского имени.
27. Что значит?
28. Параллельные действия.

В магазине.
Анкета (официальные ситуации).
Когда люди спрашивают, я отвечаю.
— Как я изучаю русский язык.
— Ты уже знаешь?
— Нет, я ещё не знаю.

«Я студент»

КОНТРОЛЬНАЯ РАБОТА I (стр. 87–88)

СЛОВАРЬ к урокам 1–5 (стр. 287–288)

Урок 1

1.1 с — з

С — са-ся-сья, сэ-се-сье, со-сё-сьё, сы-си-сьи, су-сю-сью;
с**э**р — с**е́**рия, ре**су́**рсы — **сю**рпри́зы, **сы**р — **Си́**рия.
З — за-зя-зья, зэ-зе-зье, зо-зё-зьё, зы-зи-зьи, зу-зю-зью;
Баль**за́**к — хо**зя́**ин, баль**за́**м — нель**зя́**.
Фра́**за** — ра́**са**, **Зи́м**ба́бве — **сим**па́тия, **зо́**на — **со́**ло, оа́**зис** — **сис**те́ма,
гимна**зи́**ст — так**си́**ст, ба́**за** — **са**лю́т, **зе́**бра — **Се́**рбия;
Ро**сс**и́я, ка́**сс**а, ма́**сс**а, тра́**сс**а, ка**сс**е́та, се́**сс**ия, ма**сс**а́ж[ш].

1.2
— Здра́вствуйте! Я Андре́й.
— О́чень прия́тно! Ива́н.

— Э́то Ни́на, э́то Андре́й, а э́то Никола́й.
— О́чень прия́тно!

СТРУКТУРА ПРЕДЛОЖЕНИЯ

? вопро́с(ы)	**КТО?♥ / ЧТО?✖**	Кто э́то? / Что э́то?	уро́к 1
	ЧТО ДЕ́ЛА(ТЬ)?	Что **он** де́ла**ет**?	уро́к 2, 3
	КАК?	Как дела́?	уро́к 2, 6
	ГДЕ?	Где вы?	уро́к 2, 6
	КОГДА́?	Когда́ конце́рт?	уро́к 5, 7
	СКО́ЛЬКО?	Ско́лько сто́ит? Ско́лько раз?	уро́к 7
	ПОЧЕМУ́?	Почему́ ты спра́шиваешь?	уро́к 1

Функции

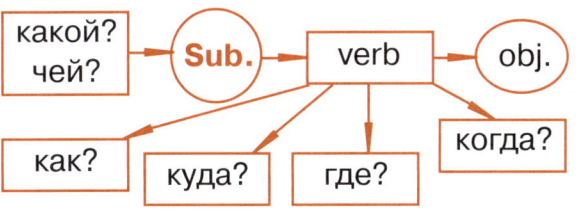

Субъект, объект = noun / pronoun
(существительное / местоимение)
Предикат (действие, акция) = verb (глагол)
Атрибут (какой?) = adjective
(прилагательное)

Характер действия (как?)
Время (когда?)
Место (где? статика)
Направление (куда? динамика)
} = adverb / pr. + noun

СУБЪЕКТ: кто/что?
(nominative case, nouns)

КТО? ♥

Кто это? — Это кот (m.).
Кто это? — Это Катя (f.).
Кто это? — Это студенты (pl.).

ЧТО? ✗

Что это? — Это журнал (m.).
Что это? — Это газета (f.).
Что это? — Это молоко (n.).
Что это? — Это розы (pl.).

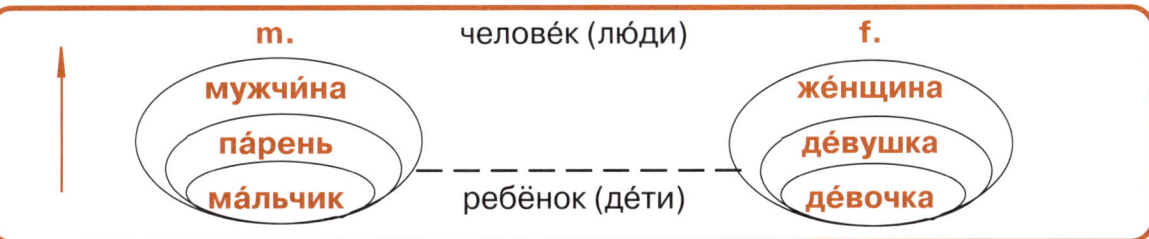

m. — человек (люди) — f.
мужчина — женщина
парень — девушка
мальчик — ребёнок (дети) — девочка

Уровень А1. Часть I. Урок 1

ЗАДАНИЕ 11.

Модель: Это мальчик? — Нет, это девочка.   Это **не** мальчик, **а** девочка.

ЗАДАНИЕ 12. Человек. Имя. Мужчина и женщина.

а) Это человек (люди) или нет?

Модель: — Мальчик — это человек? — Кот — это человек?
— Да. Мальчик — это человек. — Нет. Кот — это **не** человек.

Ребёнок, крокодил, мальчик, кактус, дети, студенты, кот, женщина, зебра, бизнесмены, мужчина, кенгуру, доктор, девочка, девушка, пингвин, Павловск, менеджер, роза, парень, Ярославль, пантера, директор, кассир, Анна и Семён.

б) Мальчик или девочка?

Модель: Михаил — это мальчик.
Мария — это девочка.

Андре, Аннемари, Антуан, Барбара, Беат, Бернард, Герман, Генрих, Давид, Джульетта, Даниель, Жан, Жанна, Катрин, Мишель, Мария, Натали, Поль, Пьер, Патрик, Патрисия, Ричард, Ребекка, Сюзанна, Серж, Теодор, Уильям, Франсуа, Хелен, Чарли, Шарль, Шарлотта, Элизабет, Эдвард.

в) Мужчина или женщина?

Андрей, Антон, Антонина, Анна, Алла, Алексей, Александр, Александра, Борис, Валентин, Валентина, Варвара, Геннадий, Даниил, Елена, Жанна, Иван, Екатерина, Елизавета, Михаил, Мария, Наталия, Николай, Ольга, Павел, Пётр, Роман, Светлана, Сергей, Татьяна, Тимофей, Фёдор, Эдуард, Юлия, Яна, Ян.

28

Т.Л. Эсмантова. Русский язык: 5 элементов

г)* Пары:

Андре́ = Андре́й, Антуа́н = Анто́н, Ба́рбара = _____, Даниэ́ль = _____, Жан = _____, Катри́н = _____, Мише́ль, Майкл = _____, Мари́я = _____, Натали́ = _____, Пьер = _____, Серж = _____, Теодо́р = _____, Э́двард = _____, Джу́лия = _____, Элизабе́т = _____ .

ЗАДАНИЕ 13. Кто это или что это?

_____? — Это ребёнок.   _____? — Это мо́ре.
_____? — Это пингви́н.   _____? — Это ро́за.
_____? — Это де́ти.   _____? — Это лю́ди.
_____? — Это ко́фе.   _____? — Это я.
_____? — Это маши́на.   _____? — Это челове́к.
_____? — Это чай.   _____? — Это вино́.
_____? — Это шко́ла.   _____? — Это ма́льчик.
_____? — Это журна́л.   _____? — Это ла́мпа.
_____? — Это же́нщина.   _____? — Это во́дка.
_____? — Это блины́.   _____? — Это мужчи́на.
_____? — Это панте́ра.   _____? — Это тюльпа́н.

ЗАДАНИЕ 14. Кроссворд «Кто это?»

Уровень А1. Часть I. Урок 1

СЕМЬЯ:

▲ **ЗАДАНИЕ 15.**

Модель: Дочь и _____ — это сестра́ и брат. →
          Дочь и сын — это сестра́ и брат.

1. Ба́бушка и _____ — э́то роди́тели.
2. _____ и мать — э́то роди́тели.
3. Внук и _____ — э́то де́ти.
4. Ма́ма и па́па — э́то муж и _____ .
5. Па́па, ма́ма и де́ти — э́то _____ .
6. _____ и дочь — э́то де́ти.
7. Внук и вну́чка — э́то _____ и сестра́.
8. _____ и де́душка — э́то жена́ и муж.
9. Ребёнок + ребёнок — э́то _____ .
10. Челове́к + челове́к — э́то _____ .
11. Сын и дочь — э́то _____ и де́вочка.
12. Семья́ — э́то де́ти и _____ .
13. Муж и жена́ — э́то _____ и же́нщина.

ЗАДАНИЕ 16. Это **правда** или неправда? Почему?

Почему́? → Потому́ что!
[пачиму́]   [патаму́шта]

М о д е л ь: Сын — э́то де́вочка.
→ а) Э́то непра́вда, потому́ что сын — э́то **ма́льчик**.
  б) Э́то непра́вда, потому́ что сын — э́то **не** де́вочка, **а** ма́льчик.

Де́душка — э́то же́нщина. Сын — э́то ма́льчик. Мужчи́ны и же́нщины — э́то лю́ди. Вну́чка — э́то ма́льчик. Брат и сестра́ — э́то де́ти. Па́па — э́то же́нщина. Ба́бушка и де́душка — э́то роди́тели. Мужчи́на — э́то ребёнок. Внук — э́то же́нщина. Сын и дочь — э́то де́ти. Де́вочка и ма́льчик — э́то лю́ди. Панте́ра — э́то же́нщина. Де́вочка — э́то ребёнок. Мари́я — э́то ма́льчик.

ЛИЧНЫЕ МЕСТОИМЕНИЯ
(personal pronouns)

sing.	Я	ТЫ	ОН, ОН**А́**, ОН**О́**
pl.	МЫ	ВЫ[1]	ОН**И́**

ЗАДАНИЕ 17. Группа.

а) 1. Я А́нна. 2. Она́ А́нна, я Том. 3. Она́ А́нна, он Том, я…

1. Я музыка́нт. 2. Она́ музыка́нт, **а** я ме́неджер. 3. Она́ музыка́нт, он ме́неджер, а я гид…

б) Он, она́ или они́?

Ребёнок, же́нщина, де́душка, лю́ди, де́вушка, мужчи́на, внук, ба́бушка, вну́ки, дочь, челове́к, вну́чка, сын, оте́ц, мать, сестра́, брат, де́ти, па́рень.

в) ☺ Математика.

М о д е л ь: ты + ты = вы

я + я = ____	вы + вы = ____	вы + я = ____	она + ты = ____
он + он = ____	она + она = ____	мы + вы = ____	мы + они = ____
ты + ты = ____	я + ты = ____	вы + они = ____	ты + он = ____
она + он = ____	ты + вы = ____	он + я = ____	оно + оно = ____

---

[1] вы — pl., Вы — sing.

ЗАДАНИЕ 18. Диалоги.

1.
«Дзинь-дзинь…»
— Ива́н, э́то Вы?
— Да, э́то я.

2.
— Алло́!
— Пётр, э́то ты?
— Да, э́то я. Здра́вствуй, О́ля.

3.
«Тук-тук…»
— Кто там?
— Э́то мы, Пётр и Серге́й.

КТО ЭТО или КТО ОН?
(профессия, статус)

— Кто э́то? Э́то же́нщина?
— Нет. Э́то мужчи́на.
— Кто **он**?
— **Он** актё**р**.

— Кто э́то?
— Э́то Ка́т**я**.
— Кто **она́** / Ка́т**я**?
— **Она́** студе́нтк**а**.

— Кто э́то?
— Э́то Ян и Татья́на.
— Кто **они́**?
— **Они́** спортсме́н**ы**.

— Кто э́то?
— Э́то кот.
—

● **ЗАДАНИЕ 19. Диалоги.** 👄

Моде́ли:

а) — **Эдуа́рд** Петро́вич, кто Вы?
— Я **профе́ссор**.
— О! Э́то интере́сно!

~~Эдуа́рд Петро́вич[1]~~ /~~профе́ссор~~,
Михаи́л Серге́евич /дире́ктор,
А́нна/экономи́ст, Бори́с/бизнесме́н,
Ната́лья Ива́новна /юри́ст,
Светла́на/ме́неджер…

б) — **О́ля**, ты студе́нтка?
— Да, я **студе́нтка**.

~~О́ля/студе́нтка~~, Ната́ша/программи́ст,
Ми́ша/аге́нт, Све́та/спортсме́нка

??? Кто ты/вы? Кто я? Кто мы?

---
[1] Отчество (см. стр. 83).

Уровень А1. Часть I. Урок 1

ЗАДАНИЕ 20. (○ стр. 297.)

ФОТОГРА́ФИИ

Текст 1. Дом

де́душка
пенсионе́р

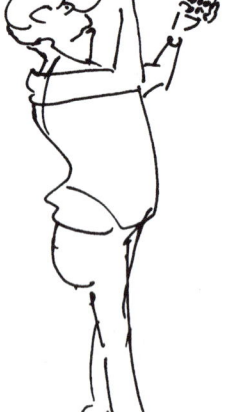

??? Де́душка — экономи́ст?
Ма́ма — пенсионе́рка?
Дочь — студе́нтка?
Кто де́душка?
Кто преподава́тель?
Кто пенсионе́рка?
Кто па́па?
Кто студе́нты?
Кто дочь?

1.7 (⊙ стр. 297.) **Текст 2. Работа**

??? Влади́мир — дире́ктор? _____
Ни́на — дизáйнер? _____
Кто дире́ктор?
Кто Никола́й Петро́вич?
Кто Влади́мир?

ЗАДА́НИЕ 21. Семья́.

1. М о д е л ь: — Кто А́нна и Никола́й?
— Они́ мать и сын.

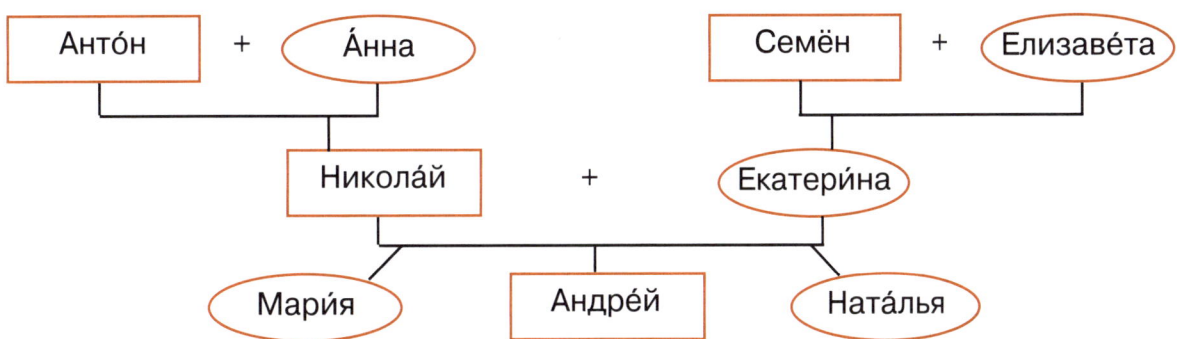

~~Кто А́нна и Никола́й?~~ Кто Антóн и А́нна? Кто Мари́я и А́нна? Кто Ната́лья и Андре́й? Кто Семён и Андре́й? Кто Никола́й и Екатери́на? Кто Елизаве́та и Мари́я?..

2. Да или нет?

Антóн и Никола́й — оте́ц и сын? Андре́й и Екатери́на — сын и мать? Мари́я и Андре́й — муж и жена́? А́нна и Андре́й — ба́бушка и внук?..

Уровень A1. Часть I. Урок 1

35

ЗАДАНИЕ 22. Диалоги. Где № 2, 3, ... 7?

а) М о д е л ь: 1. Викто́рия, журнали́стка?, фотомоде́ль, фотоаппара́т

— Кто э́то?
— Э́то **Викто́рия**.
— Она́ **журнали́стка**?
— Нет, она́ **не** журнали́стка.
— А **кто она́**?
— Она́ **фотомоде́ль**.
— **Что э́то**?
— Э́то **фотоаппара́т**.

1

2. Дании́л, бизнесме́н?, поли́тик, ноутбу́к.
3. Никола́й, барме́н?, хи́мик, спирт.
4. Ната́лья, студе́нтка?, аспира́нтка, дипло́м.
5. Татья́на, бота́ник?, диза́йнер, ро́зы.
6. Оле́г, аге́нт?, дире́ктор, калькуля́тор.
7. А́лла, балери́на?, актри́са, косме́тика

б) Я ЗНАЮ ≠ Я **НЕ** ЗНАЮ

Модель 1:
— Кто это?
— Я **не зна́ю**, **кто э́то**.
— Что это?
— Я **не зна́ю**, **что э́то**.

Модель 2:
— Кто это?
— Э́то Викто́рия.
— Кто она́?
— Я **не зна́ю**, **кто она́**.

ЗАДАНИЕ 23. Тест (максимум 18 баллов).

Вопрос «что это» / «кто это» или «кто он»?

Модель: Кто он? — Он пило́т.
Кто э́то? — Э́то Алексе́й.

1. _____ — Э́то компью́тер.
2. _____ — Он такси́ст.
3. _____ — Э́то мы.
4. _____ — Она́ преподава́тель.
5. _____ — Э́то ра́дио.
6. _____ — Она́ студе́нтка.
7. _____ — Мари́я — юри́ст.
8. _____ — Э́то зе́бра.
9. _____ — Ты спортсме́н.
10. _____ — Э́то тюльпа́н.
11. _____ — Вы роди́тели.
12. _____ — Э́то де́ти.
13. _____ — Э́то кот.
14. _____ — Э́то де́душка.
15. _____ — Я студе́нтка.
16. _____ — Мы экономи́сты.
17. _____ — Э́то Са́ша и Ма́ша. _____ — Они́ муж и жена́.

— До свида́ния!
— Пока́! До **за́втра**!

Уровень А1. Часть I. Урок 1

37

Урок 2

2.1

🗣 Н, М

Н — на-ня-нья, нэ-не-нье, ны-ни-ньи, но-нё-ньё, ну-ню-нью;
нуль — ме**н**ю́ — **Нь**ю-Йо́рк,
е¹ = [э]: **Не́[э]**лли — **Не**ва́, Интер**не́[э]**т — **не**т — инъе́кция,
но́мер — ма**нё**вр, **не**гати́в**ны**й;
А́**нн**а — А́**ня**, Татья́**на** — Та́**ня**, ва́**нн**а — Ва́**ня**
ОН, ОНО́, ОНА́, ОНИ́

М — ма-мя-мья, мэ-ме-мье, мы-ми-мьи, мо-мё-мьё, му-мю-мью;
МЫ — **ми**́ни, **ма**́ма — се**мья**́, **м**эр — **ме**ню́, **му**́мия, Ка**мю**́, **му**ндштук —
Мю́нхен, **Мё**ртвое **мо**́ре, **м**этр — **ме**тр,
Ме́**кс**ика, **ми**́**кс**тура, **ма**сса́ж, **мо**ноло́г, **ме**ридиа́н, мра́**мо**р

ОН, ОНА, ОНО или ОНИ?
(noun: m., f., n. — sing. или pl.)

Субъект (nominative)

ОН**О**	**-О / -Е**	n.:	вин**о́** / мо́р**е**
О**Н**	**∅ / -Ь, -Й**	m.:	актё**р** / секрета́р**ь**, музе́**й**
ОН**А**	**-А / -Я, -Ь**	f.:	пробле́м**а** / сем**ья́**, неде́л**я**, рол**ь**
↓ ↓			
ОН**И**	**-Ы / -И**	m., f. pl.:	актёр**ы** / секретар**и́**, музе́**и**; пробле́м**ы** / се́мь**и**, неде́л**и**, ро́л**и**

ЗАДАНИЕ 24. Он, она или оно? Почему?

Мо́ре (оно), сюрпри́з (____), раке́та (____), до́ллар (____), кассе́та (____), систе́ма (____), метро́ (____), тюльпа́н (____), вино́ (____), чай (____), шампа́нское (____), во́дка (____), конья́к (____), музе́й (____), Росси́я (____), маши́на (____), **стул** (____), **окно́** (____), Кита́й (____), семья́ (____), рабо́та (____), пробле́ма (____), ра́дио (____), **сло́во** (____).

ЗАДАНИЕ 25. Он, она, оно или они?

а) Зада́ние (____), рубль (____), ю́мор (____), календа́рь (____), Земля́ (____), зо́ны (____), со́ус (____), ноль (____), абсу́рдность (____), алкого́ль (____), ко́шка (____), любо́вь (____), кот (____), ва́рвары (____), структу́ра (____), неде́ля (____), **це́рковь** (____), музе́и (____), янва́рь (____), **ночь** (____), абстра́ктность (____).

---
¹ е = [э] в слове-интернационализме.

Т.Л. Эсмантова. Русский язык: 5 элементов

m. ОН	← -Ь →	f. ОНА
-ь (-тель ♥, -арь)		-ь (-ость, -овь, -ать/-адь, -знь)
преподава**тель**, секре**тарь**		жи**знь**, абстрактн**ость**, люб**овь**, кров**ать**, тетр**адь**, но**чь**

б) Роза (____), автомобиль (____), кровать (____), словарь (____), эхо (____), танец (____), танцор (____), бутылка (____), преподаватель (____), акция (____), система (____), кафе (____), стиль (____), гений (____), корабль (____), **день** (____), люди (____), дверь (____), секретарь (____), море (____), жизнь (____), эмоция (____), **деньги** (____), трамвай (____).

ЗАДАНИЕ 26. (⊙ стр. 297.) 🎧

а) Где на фото брат и сестра? Где психолог?

СТУДЕНТЫ

б) Правда или неправда?   да   нет

1. Психолог — швейцарка.   ☐   ☐
2. Программист — немец.   ☐   ☐
3. Аннемари — спортсменка.   ☐   ☐
4. Андре — актёр.   ☐   ☐
5. Александр — чех.   ☐   ☐
6. Канадец — юрист.   ☐   ☐
7. Ян — сестра, а Яна — брат.   ☐   ☐

в) **???** Кто Аннемари?
Кто брат и сестра?
Кто преподаватель?
Кто Ян?
Кто спортсменка?
Кто психолог?
Кто Александр?
Кто канадец?

Уровень А1. Часть I. Урок 2

ЗАДАНИЕ 27. Таблица.

мужчина	женщина	они (pl.)
швейцáр|ец[1]	швейцáр|ка	швейцáрц|ы
?	канáд|ка	?
нéм|ец	?	?
?	спортсмéн|ка	?
брат	?	брáт**ья** и сёстр**ы**
?	юрúст	?
программúст	?	?
?	преподавáтель|ница	?
студéнт	?	?
?	актрúса	?
?	психóлог	психóлоги*

* pl.: К, Г, Х, Ч, Ж, Ш, Щ + **И** (Ы)

ЗАДАНИЕ 28. (стр. 298.) Диктант «Профессия».

m. ОН   f. ОН**А**   pl. ОН**И**

1. _____   1. _____   1. _____
2. _____   2. _____   2. _____
3. _____   3. _____   3. _____
4. _____   4. _____   4. _____

ОН и ОНА

1. _____   2. _____   3. _____

!!! Исключения

ОН: мужчи́н**а**, пáп**а**, дéдушк**а**, дя́д**я**;
Вáн**я** (← Ивáн), Кóл**я** (← Николáй), Пéт**я** (← Пётр)...
кóф**е**

ОНО: и́**мя**, врé**мя**, такс**и́**, вúск**и**

---
[1] См. национальности (стр. 145).

ЗАДАНИЕ 29. Ориентация.

ГДЕ?
здесь ≠ там

а) М о д е л ь:
— Извините, где кассета?
— Она[1] **здесь**.
— Спасибо.

~~кассета~~, вино, студенты, кровать, такси, мужчина, компьютеры, дедушка, директор, море, дядя, преподаватель

вот ≠ **вон**

б) Модель:
— Извините, где музей?
— **Вот** он[1].

~~музей~~, метро, банк, **дверь**, календарь, аудитория, деньги, карта, тетрадь, кафе, кофе, результаты, автомобиль, театр

вот → O   (близко, контакт)
вон → --- O (далеко, дистанция)

я знаю ≠ я не знаю

в) Модель:
— Где деньги?
— Я **не знаю**, где они.

~~деньги~~, автомобиль, карта, театр, Мария, ты, такси, вы, мужчина

ОБЪЕКТ: кого/что?
(Accusative case, pers. pronouns)

Это Николай. Я знаю **его**.
Это Мария. Я знаю **её**.
Это Николай и Мария. Я **их** знаю.

субъект — кто?	я	ты	он	она	мы	вы	они	nom.
объект — КОГО?	МЕНЯ	ТЕБЯ	ЕГО	ЕЁ	НАС	ВАС	ИХ	acc.

Вы Ирина? = **Вас зовут** Ирина?
Как вас **зовут**?

---

[1] Оно, он, она, они — ♥ / ✗.

Уровень А1. Часть I. Урок 2

41

▲ **Задание 30. Трансформация.** ✎

а) М о д е л ь: Я + ты (А́нна). → Я **тебя́** зна́ю. **Тебя́ зову́т** А́нна.

Я + Вы (Михаи́л). _____
Я + они́ (И́нна и Ви́ктор). _____
Я + он (Бори́с). _____
Я + ты (Ни́на). _____
Я + она́ (Еле́на). _____
Я + вы (Анто́н и Дми́трий). _____

● **б)** М о д е л ь: Он → Как его́ зову́т? 👄

Она́, вы, ты, он, они́, Вы, я, ты, мы, она́, они́.

в) М о д е л ь: Екатери́на → Её зову́т Екатери́на.

Андре́й, Светла́на, Альбе́рт и Элизабе́т, Никола́й и Михаи́л, О́льга, Ири́на, Оле́г.

●● **ЗАДАНИЕ 31. Диалоги.**

1. Диалог «Компа́ния». 🎧

а) — Как Вас зову́т?
   — Меня́ зову́т **О́льга**. А Вас?
   — Меня́ зову́т **Па́вел**.
   — **О́чень прия́тно**. А как их зову́т?
   — Её зову́т **Светла́на**, а его́ — **Оле́г**.

б) 👄 О́льга + Па́вел (Светла́на, Оле́г).
   Па́трик + Оливье́ (Мо́ника, Пол).
   А́лла + Никола́й (Алекса́ндр, Валенти́на).

Где О́льга?

2. Диалог «Конта́кт». 📖 / 🎧

а) — Здра́вствуйте! Вас зову́т **Ири́на**?
   — Да, Ири́на. Здра́вствуйте. А Вы **Том**?
   — Да, меня́ зову́т Том.
   — О́чень прия́тно.

б) 👄 И̶р̶и̶́н̶а̶/̶Т̶о̶м̶, Андре́й/А́нна,
   Ива́н/Михаи́л,
   Пётр Ива́нович/О́льга Петро́вна

42

Т.Л. Эсма́нтова. Русский язык: 5 элементов

3. Диалог «Оши́бка».

— Здра́вствуйте! Вас зову́т Ири́на?
— Нет, не Ири́на. Ири́на вон там.
— Спаси́бо! Извини́те!

ЗАДАНИЕ 32. + объект.

1. Э́то ба́бушка. _____ зову́т Мари́я.
2. А вот де́душка. _____ зову́т Никола́й.
3. Э́то вну́ки. _____ зову́т Алексе́й и Алекса́ндр.
4. Э́то я. _____ зову́т _____ .
5. Как _____ (ты) зову́т?
6. Э́то я и брат. _____ зову́т Эдуа́рд и Дми́трий.
7. Э́то ма́ма. _____ зову́т Варва́ра.
8. А вон там па́па. _____ зову́т Ива́н.
9. Там студе́нты. _____ зову́т Мише́ль и Мо́ника.
10. Здесь аге́нт. _____ зову́т Джеймс.
11. Где детекти́в? _____ зову́т Ше́рлок Холмс.

*ЗАДАНИЕ 33. Кто → кого́.

Моде́ль: Он Андре́й → ...   **вопро́с 1**: — **Кого́** зову́т Андре́й?
                                ответ: — **Его́**. / **Его́** зову́т Андре́й.
                                вопро́с 2: — **Как** его́ зову́т?
                                ответ: — **Андре́й**.

Она́ Ната́лья.   Я Мари́я.
Они́ Валенти́н и Валенти́на.   Ты Дании́л.
Мы Жера́р и Берна́р.   Вы Пётр.
Вы Флор и Флора́н.   Она́ А́нна.
Он Алекса́ндр.   Он Михаи́л.

ЗАДАНИЕ 34. Схема «Семья́» (урок 1).

+ **и** или **а**
+ как кого зову́т?

1. Вот де́душка **и** ба́бушка. Его́ зову́т Анто́н, **а её зову́т** А́нна.
2. Э́то брат __ сестра́. _____ их _____?
   — _____ зову́т Мари́я, __ _____ Андре́й.
3. Э́то сын __ мать. _____ зову́т Никола́й, __ её _____ А́нна.
4. Вот муж __ жена́. _____ Семён __ Елизаве́та.
5. Э́то сёстры. _____ Мари́я и Ната́лья, и́ли Ма́ша __ Ната́ша.
6. Вот мать и сын. _____ Екатери́на, __ его́ _____ Андре́й.

Уровень А1. Часть I. Урок 2

43

*ЗАДАНИЕ 35. Вопросы.

Модель: **Кто э́то**? — Андре́й.
Кого́ зову́т Андре́й? — Его́.
Кто он? — Бухга́лтер.
Кто Андре́й? — Он. / Бухга́лтер.
Кто бухга́лтер? — Он. / Андре́й.

~~Он — Андре́й — Бухга́лтер.~~
Он — Влади́мир — программи́ст.
Она́ — Наде́жда — ме́неджер.
Они́ — музыка́нты — Джон и Пол.
Вы — преподава́тель — Еле́на.
Я — студе́нт — Мэ́тью.

Ц, Ш, Ж, Щ, Ч

Ц — ца, цо, цу, це [цэ], цы; ац, ец, иц; це-те, цы-ти, цать;
та́не**ц** — та́н**ц**ы, **ц**ари́**ц**а — **ц**ари́**ц**ы, **Ц**ю́рих, **ц**еллюло́за, **ц**ентр, **ц**е́нтнер, **ц**еремо́ния, **ц**ико́рий, **ц**или́ндр, **ц**о́коль, **ц**итаде́ль, **ц**еме́нт, дефи**ц**и́т, ре**ц**е́пт, **ц**уна́ми, **ц**ирк

Ш — ша-шья, шо-шьё, шу-шью, ше[шэ]-шье, ши-шьи;
шаль, **ш**ампу́нь, **Ш**ве́ция, **ш**ёлк, **ш**анс, **ш**офёр, **ш**тамп, **ш**торм, **ш**еф, **ш**оссе́, ча́**ш**ка

Ж — жа-жья, жо-жьё, жу-жью, же [жэ]-жье, жи-жьи;
ре**ж**и́м, **ж**юри́, **ж**урнали́ст, **ж**еле́, **ж**аке́т, гара́**ж**[ш], эта́**ж**, **дж**ем, **дж**аз[с], **ж**аль, по**ж**а́луйста, у**ж**е́

Щ — ща, що(щё), щу, щи;
щи, бор**щ**, **сч**а́стье [**щ**а́стье], **сч**ёт [**щ**ёт], же́н**щ**ина, му**жч**и́на [му**щ**и́на], ещё, пло́**щ**адь

Ч — ча-чья, чу-чью, чо-чьё, чи-чьи, че-чье;
чемпио́н, **ч**ех, **ч**е**ч**е́нец, **ч**у́кча, Камча́тка, **Ч**уко́тка, до**ч**ь, но**ч**ь, ку́**ч**ер, **Ч**а́рли **Ч**а́плин, **Ч**елента́но, ке́т**ч**уп, **ч**арльсто́н, **ч**елове́к, **ч**елове́ческий, **ч**у́ть-**ч**у́ть, **ч**ёрный

— Извини́те, пожа́луйста!
— Счёт, пожа́луйста!

m. ОН	f. ОНА
∅: -ч, -ш, -щ, -ж	Ь: -чь, -шь, -щь, -жь
вра**ч**, ду**ш**, эта́**ж**, пла**щ**	но́**чь**, бро́**шь**, ло**жь**, ве**щь**

44

Т.Л. Эсмантова. Русский язык: 5 элементов

ЦИФРЫ

0 — ноль (нуль)
1 — оди́н (одна́, одно́)   11 — оди́нНАдцать
2 — два (две)   12 — двена́дцать   20 — два́дцать (двадцать один …)
3 — три   13 — трина́дцать   30 — три́дцать
4 — четы́ре   14 — четы́рнадцать   **40 — со́рок**
5 — пять   15 — пятна́дцать   50 — пятьдеся́т
6 — шесть   16 — шестна́дцать   60 — шестьдеся́т
7 — семь   17 — семна́дцать   70 — се́мьдесят
8 — во́семь [во́симь]   18 — восемна́дцать   80 — во́семьдесят
9 — де́вять [де́вить]   19 — девятна́дцать   **90 — девяно́сто**
10 — де́сять [де́сить]   **100 — сто**

200 — две́сти   500 — пятьсо́т   **1 000 — ты́сяча**
300 — три́ста   600, 700, 800   1 000 000 — миллио́н
400 — четы́реста   900 — девятьсо́т   1 000 000 000 — миллиа́рд

ЗАДАНИЕ 36. Математика.

СЧЁТ:
— Ско́лько два + два?
— Два + два = четы́ре
(два плюс два (равно́) четы́ре).

СКО́ЛЬКО?
«+» — плюс
«−» — ми́нус
«=» — равно́

7 + 7…	9 + 1…	21 + 33…
12 − 12…	10 + 5…	18 − 16…
13 + 4…	100 − 25…	20 + 11…
8 − 1…	7 + 1…	14 − 11…
4 − 3…	19 + 3…	30 + 13…
17 − 3…	41 + 57…	32 + 45…

ЗАДАНИЕ 37. Диалоги.

1. Вы — гость.

а) — Чай?   ~~чай~~, ко́фе, сок,
   — Спаси́бо, нет. / Да, спаси́бо.   конья́к, марти́ни, молоко́

б) — Ви́ски и́ли марти́ни?   в) — Ви́ски и́ли марти́ни?
   — Марти́ни, пожа́луйста!   — Всё равно́.

~~ви́ски/марти́ни~~, чай/ко́фе, суп/сала́т, конья́к/ликёр, бутербро́д/га́мбургер, молоко́/йо́гурт, десе́рт/круасса́н

Уровень А1. Часть I. Урок 2

45

2. Ориентация.

а) — Извините, пожалуйста! Где **автобус №** [**номер**] **8**?
— Автобус № 8?
— Да-да, № 8.
— Вон там!
— Спасибо.

~~автобус № 8~~, трамвай № 10, троллейбус № 15

б) — Извините, пожалуйста, где **дом № 3**?
— Дом № 4?
— Нет-нет, № 3!
— Вот он.

~~дом № 3~~, **квартира** № 35, аудитория № 11

ЗАДАНИЕ 38. Диалоги.

РЕСТОРАН

1. Сейчас 19:00

— Официант!
— Здравствуйте! Вот меню.
— Здравствуйте! Пожалуйста, один салат и одно пиво.
— Что **ещё**?
— Это **всё**. Спасибо.

2. 19:30

— Официант! Пожалуйста, **счёт**!
— Вот счёт. Пожалуйста.
— Вот деньги.
— Спасибо. До свидания!
— До свидания.

Диалог «Ресторан».

— _____
— _____
— _____
— _____
— _____

МЕНЮ:

салаты:
«Оливье»,
«Греческий»,
«Фантазия»

хлеб

алкоголь:
пиво, мартини, виски, коньяк, вино

чай, кофе, сок, вода

46

Т.Л. Эсмантова. Русский язык: 5 элементов

ЗАДАНИЕ 39. (⊙ стр. 298.) **Диктант «Цифры».** 🎧 ✎

КАК ДЕЛА?

Приве́т! **Как** у тебя́ **дела́**? (= Как дела́?)

кто?	я	ты	он	она́	мы	вы	они́
кого́?	меня́	тебя́	его́	её	нас	вас	их
у кого́?	у меня́	у тебя́	у **н**его́	у **н**её	у нас	у вас	у **н**их

ЗАДАНИЕ 40. 🎧

а)
— Здра́вствуйте!
— Здра́вствуйте! **Как у вас дела́?**
— Спаси́бо, хорошо́! А у вас?
— Норма́льно.   ☺

👍 (+) **хорошо́** ≠ **пло́хо** (−) 👎
прекра́сно ≠ **ужа́сно**

о́чень хорошо́ = **отли́чно**
непло́хо

б)
— Приве́т! Как **у тебя́** дела́?
— Ужа́сно!
— Почему́?
— У меня́ грипп.   ☹

Уровень А1. Часть I. Урок 2

47

ЗАДАНИЕ 41. Кто → у кого.

а) М о д е л ь: Ты → Как **у тебя** дела?

~~ты~~, он, она, вы, они, мы, ты

б) М о д е л ь: у (он)? — хорошо, у (вы)? →   — Как **у него** дела?
— **У него** всё **хорошо**. А **у вас**?
— Тоже хорошо.

1. у (вы)? — прекрасно, у (ты)?
2. у (она)? — неплохо, у (он)?
3. у (ты)? — отлично, у (она)?
4. у (они)? — ужасно, у (мы)?
5. у (он)? — плохо, у (ты)?

в) М о д е л ь: она ← кто?
у него ← у кого?
её ← кого?

мы ← _____
у нас ← _____
его ← _____
он ← _____
её ← _____
они ← _____
она ← _____
ты ← _____

у меня ← _____
тебя ← _____
нас ← _____
у него ← _____
у неё ← _____
у тебя ← _____
у них ← _____

Урок 3

Д — Т

Д — да-дя-дья, дэ-де-дье, до-дё-дьё, ды-ди-дьи, ду-дю-дью;
депо*, **де**прéссия, **де**кáда*, **де**корáтор, **де**кáн*, **дé**спот;
дéмон, дефéкт, стýдия, дивúзия, демокрáт, дя́дя

Т — та-тя-тья, тэ-те-тье, то-тё-тьё, ты-ти-тьи, ту-тю-тью;
карат**é**[э] — **тé**нор, **ты** — **ти**п, **Тý**ла — **тю**ль, **Ту**нúс — **тю**льпáн,
тé[э]ннис — **те**левúзор, **Тé**мза* — **тé**ма, кто **та**м — **тё**тя, тигр, татáрин, темп, теóрия, те**кс**тúль, тирáн, есть

Здрáвствуйте, дéти! У тебя́ есть тётя и дя́дя? У тебя́ есть тётя и дя́дя.

У МЕНЯ ЕСТЬ…

У меня́ **есть** семь**я́**. У неё **есть** бра**т**. У нас **есть** вин**ó**. У вас **есть** вопрó**сы**?

у + кого + ЕСТЬ + что/кто (субъект)

??? Что у вас есть?

ЗАДАНИЕ 42. Диалог «У тебя есть время?» 🎧

Как по-английски «А что?»

— Да!
— Аллó! Пéтя, э́то ты?
— Да, э́то я.
— Здрáвствуй! Э́то Андрéй. Как делá?
— Спасúбо, хорошó. А у тебя́?
— Спасúбо, тóже хорошó. **У тебя́ есть** врéмя?
— Да, **есть**. **А что**?
— **У меня́ есть** билéты в теáтр.
— Прáвда?! Отлúчно!

👄 у меня́ есть –билéты   в теáтр,
в цирк,
в кинó,
на балéт,
на концéрт,
на футбóл…

Уровень А1. Часть I. Урок 3

ЗАДАНИЕ 43. Как дела и почему?

М о д е л ь: Он? — хорошо́, рабо́та →
— Как **у него́** дела́?
— **Хорошо́**, потому́ что у него́ есть **рабо́та**.

1. Они́? — ужа́сно, пробле́ма. 2. Она́? — прекра́сно, иде́я. 3. Он? — о́чень хорошо́, результа́ты. 4. Вы? — отли́чно, де́ньги. 5. Я? — прекра́сно, шанс. 6. Ты? — непло́хо, прогре́сс.

ЗАДАНИЕ 44.

а) Текст. 🎧 У него есть работа?

БОРИ́С — БИЗНЕСМЕ́Н

б) ??? Кто Бори́с? Как у него́ дела́? Почему́?
Он оптими́ст / пессими́ст / сноб?
У него́ есть жена́? Кто она́? Как её зову́т?
Что у них есть?

в) Сериал «Борис и Вероника». 👄

1. Сейча́с вы — Бори́с. Это ваш моноло́г.

План:

Меня зову́т... я... отли́чно... работа... деньги... дом... вилла... машины... гараж... жена... её зову́т... блонди́нка.... машина... всё... фотомоде́ль... работа... ва́жно, что...

2. Сейчас вы — Вероника. Ваш монолог: «Меня зовут...»

3. Сейчас вы — Борис, **но** у вас амнезия. Ваши вопросы!

г)

БОРИ́С — БИЗНЕСМЕ́Н

Меня́ зову́т Бори́с. Я бизнесме́н. У меня́ всё отли́чно. У меня́ есть рабо́та. И, **коне́чно**, у меня́ есть де́ньги. У меня́ есть дом и ви́лла на мо́ре. У меня́ есть маши́ны: «тойо́та» и «во́льво». И, коне́чно, у меня́ есть гара́ж.

Ещё у меня́ есть жена́. Её зову́т Верони́ка. Она́ блонди́нка. У неё, коне́чно, то́же есть маши́на. У неё есть всё. Она́ фотомоде́ль, и у неё есть рабо́та. **Но** э́то не**ва́жно**. Ва́жно, что у неё есть я...

д) Кто мужчи́на и кто же́нщина?

мужчи́на	**же́нщина**
?_____	блонди́н**ка**
брюне́т	?_____
?_____	шате́н**ка**

Кто вы (брюнет, шатен или блондин)?
У вас есть брат/сестра, друг/подруга, муж/жена? Кто они?

ЗАДАНИЕ 45.

М о д е л ь: (Она́) де́ти — _____ → 1. **У неё** есть де́ти.
  2. У неё есть [↑] де́ти**?**

(Вы) маши́на — _____   (Мы) вре́мя — _____
(Я) семья́ — _____   (Они) рабо́та — _____
(Они) иде́я — _____   (Он) портфе́ль — _____
(Он и она) пробле́ма — _____   (Мы) де́ньги — _____
(Ты) соба́ка — _____   *(Я) ты — _____
(Я) дом — _____   *(Ты) я — _____

ЗАДАНИЕ 46. Диалоги «Реа́кция».

— У вас есть рабо́та?
— **Коне́чно**, есть.
— Э́то хорошо́! (☺)
(Пра́вда? Отли́чно!)

(да) ЕСТЬ ≠ НЕТ

— У вас есть рабо́та?
— Сейча́с нет.
— **Как жаль!** (☹)

??? У вас есть хо́бби? У вас сейча́с есть вре́мя? У вас есть часы́? У вас есть де́ти? У вас есть рубли́? У вас есть пробле́мы? У вас есть друг/подру́га? У вас есть маши́на? У вас есть муж/жена́? У вас есть вопро́сы?

ЗАДАНИЕ 47. Диалог 🎧 → фо́то ✎ → моноло́г 👄.

а) Диало́г 1. 🎧 ✎ (⊙ стр. 298.)

— Кто _____?
— Э́то Пётр.
— У него́ _____ жена́?
— _____. Её зову́т Мари́я.
— Кто они́?
— Он ску́льптор, а она́ флори́ст.
— У _____ есть де́ти?
— Да, __ них есть де́ти: сын и дочь.
— А вну́ки у них есть?
— Нет.

б) Ваш моноло́г. ✎
«Э́то Пётр...» _____

в) Диало́г 2. Ва́ше фо́то! 🎧 ✎¹

— Кто там?
— Мужчи́на и же́нщина.
— Кто они́, брат и сестра́?
— Нет, они́ муж и жена́.
— Как их зову́т?
— Его́ зову́т Леони́д, а её зову́т А́нна.
— У них есть дом?
— Да, есть.
— Что у них есть ещё?
— У него́ есть «а́уди». У неё есть «рено́».

??? У них есть рабо́та? У них есть де́ньги? У них есть пробле́мы?

---
¹ Слу́шайте и рису́йте фо́то в ра́мке сле́ва.

Т.Л. Эсма́нтова. Ру́сский язы́к: 5 элеме́нтов

ГЛАГОЛ (verb)
Действие (акция)

Инфинитив: -ть (-чь, -ти)
Вопрос: ЧТО ДÉЛА|ТЬ? — что я дéла|ю? что ты дéла|ешь? что он/а дéла|ет? что мы дéла|ем? что вы дéла|ете? что они́ дéла|ют?

Настоящее время[1] (present): процесс, факт

тип I: ДÉЛА|ть	тип II: ГОВОР|и́ть
я дéла**ю** ты дéла**Е ШЬ** он/а дéла**Е Т** мы дéла**Е М** вы дéла**Е ТЕ** они дéла**ЮТ**	я говор**ю́** ты говор**И ШЬ** он/а говор**И Т** мы говор**И М** вы говор**И ТЕ** они говор**я́Т**

тип I:

дéла|ть, ду́ма|ть, зна|ть, слу́ша|ть
спра́шива|ть ≠ отвеча́|ть, чита́|ть, расска́зыва|ть, понима́|ть, изуча́|ть

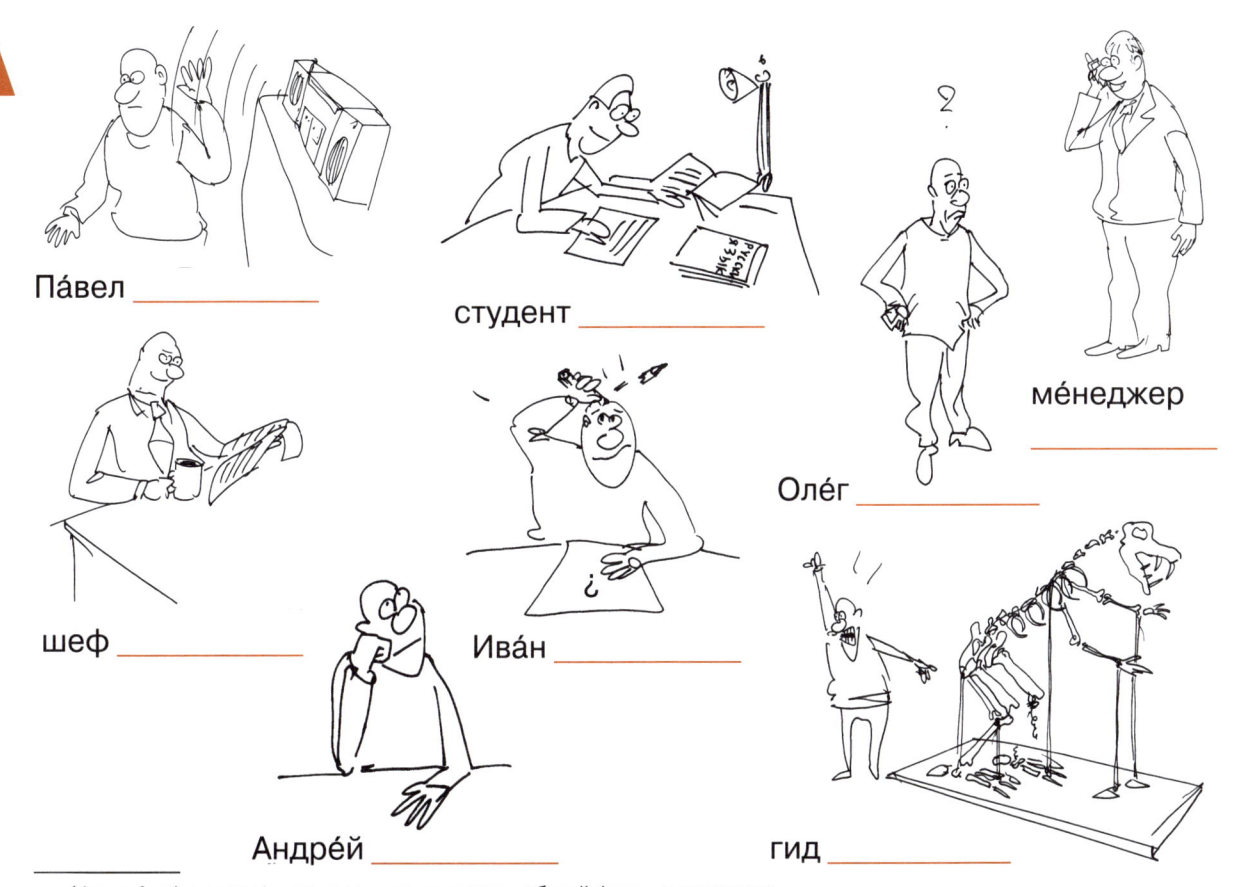

Па́вел _____

студент _____

ме́неджер _____

Оле́г _____

шеф _____

Ива́н _____

Андре́й _____

гид _____

[1] Imperfective aspect: процесс в момент речи; общий факт = в принципе.

Уровень А1. Часть I. Урок 3

ЗАДАНИЕ 48. Диалоги. Отвечаем негативно.

М о д е л ь: _____ спра́шива**ешь** → — **Ты** спра́шива**ешь**?
— Не**т**, **я** не спра́шиваю.

— _____ отвеча́**ет**?
— _____ .

— _____ расска́зыва**ете**?
— _____ .

— _____ отвеча́**ют**?
— _____ .

— _____ зна́**ешь**?
— _____ .

— _____ понима́**ете**?
— _____ .

— _____ изуча́**ем**?
— _____ .

— _____ ду́ма**ете**?
— _____ .

— _____ чита́**ют**?
— _____ .

— _____ спра́шива**ет**?
— _____ .

— _____ слу́ша**ешь**?
— _____ .

— _____ зна́**ю**?
— _____ .

— _____ де́ла**ют**?
— _____ .

ЗАДАНИЕ 49. Спрашиваем и отвечаем на вопросы.

1. — Что _____ студе́нты?
— Они́ сп_____ .

2. — Что _____ профе́ссор?
— Он о_____ .

3. — Что _____ фи́зики?
— Они́ д_____ .

4. — Что _____ гид?
— Он р_____ .

5. — _____ я _____ ?
— Ты ч_____ .

6. — Что _____ пу́блика?
— Пу́блика сл_____ .

7. — _____ ты _____ ?
— Я и_____ ру́сский язы́к.

8. — _____ вы _____ ?
— Мы сп_____ и о_____, мы г_____ .

ЗАДАНИЕ 50.

а) М о д е л ь: **Я** понима́**ю** зада́ние.

1. Студе́нты спра́шива_____, а профе́ссор отвеча́_____ . 2. Я ду́ма_____, что э́то интере́сно. 3. Она́ интере́сно расска́зыва_____ . 4. Ты зна_____, что э́то? 5. Я зна́_____, кто э́то, э́то Бори́с. **Но** я не зна́_____, кто он. 6. Что ты там де́ла_____? 7. Что вы изуча́_____? 8. Она́ чита́_____, но не понима́_____ . 9. Катастро́фа! Мы не зна́_____, что де́лать! 10. Что ты чита́_____?

54

Т.Л. Эсмантова. Русский язык: 5 элементов

б) (⊙ стр. 298.) **Диктант «Глаголы».**

_____
_____
_____

ЗАДАНИЕ 51. Альтернатива или акцент?

Модель: Она́ слу́шает **и́ли** говори́т?
1. Она́ говори́т (= Она́ **не** слу́шает). — *одна акция*
2. Она́ **и** слу́шает, **и** говори́т (= Она́ слу́шает и говори́т). — *две акции*

Студе́нт спра́шивает и́ли отвеча́ет? Вы студе́нт и́ли преподава́тель? Исто́рик зна́ет фа́кты и́ли изуча́ет их? Психо́лог говори́т и́ли слу́шает? Поли́тик ду́мает и́ли де́лает? Вы чита́ете кни́ги и́ли журна́лы? Вы слу́шаете рок и́ли джаз? До́ктор зна́ет симпто́мы и́ли изуча́ет их?

ЗАДАНИЕ 52. (стр. 313)

а) Слу́шаем. Где три ситуа́ции?
б) Чита́ем и расска́зываем диало́ги.

1. — Он отвеча́ет на вопро́с?
   — Нет, он не отвеча́ет. Он ду́мает.

2. — У вас есть вопро́сы?
   — Нет, мы всё понима́ем.

3. — Ты понима́ешь вопро́с? Почему́ ты не отвеча́ешь?
   — Я понима́ю вопро́с, **но** не зна́ю отве́т. Я ду́маю.

4. — Как его́ зову́т?
   — Я не зна́ю.
   — О́чень жаль.

5. — Вы зна́ете ру́сский язы́к?
   — Нет, но я его́ изуча́ю.

6. — Что она́ де́лает?
   — Она́ изуча́ет фолькло́р.
   — О! Пра́вда? Э́то интере́сно!

7. — Он всё зна́ет! Абсолю́тно всё!
   — Что ты говори́шь?! Э́то нереа́льно! Он ге́ний?!
   — Да! Он ге́ний!

8. — Анто́н, ты меня́ слу́шаешь?
   — Коне́чно, слу́шаю. Ты интере́сно расска́зываешь!
   — Спаси́бо **за** комплиме́нт!

Уровень А1. Часть I. Урок 3

в)*Слушаем диалоги ещё раз. Кто говорит?

О т в е т ы: студе́нты, колле́ги, муж и жена́, друг и подру́га, бюрокра́т и клие́нт, роди́тели, ма́ма и сын, до́ктор и пацие́нт, сосе́д и сосе́дка, па́па и дочь, студе́нт и преподава́тель, шко́льник и библиоте́карь, гид и тури́ст...

ЗАДАНИЕ 53. (⦿ стр. 299.) **Слушаем текст и отвечаем на вопросы.**

ЭКЗА́МЕН

??? Это урок?
Кто профессор?
Что он хорошо знает?
Студент знает ответ
на вопрос? Почему?

ЗАДАНИЕ 54. а) Говорим!

Как вы ду́маете, ...?	→ Э́то профе́ссор. А́нна, **как Вы ду́маете**, он **мно́го** зна́ет?
Я ду́маю, **что**...	→ **Я ду́маю, что** он мно́го зна́ет.
Я **так** (не) ду́маю.	→ **Вы так ду́маете?** — Да, **я так ду́маю**.
Я **то́же** так ду́маю.	→ Мы **то́же** так ду́маем.

М о д е л ь: — **Андре́й, как ты ду́маешь**, кто мно́го спра́шивает?
— **Я ду́маю, что** студе́нты и шко́льники мно́го спра́шивают.
 А ты как ду́маешь?
— **Я то́же так ду́маю.** / Я так не ду́маю.

1. Как вы ду́маете, ~~кто мно́го спра́шивает?~~ ...кто слу́шает рок? ...кто отвеча́ет на вопро́сы? ...кто расска́зывает исто́рии? ...кто чита́ет рома́ны? детекти́вы? газе́ты? ...кто чита́ет журна́л «Топ-ме́неджер»? ...кто слу́шает ра́дио? ...кто мно́го ду́мает? ...кто мно́го зна́ет? ...кто **сли́шком** мно́го говори́т?

2. Как вы ду́маете, что де́лает программи́ст? Как вы ду́маете, что де́лает дире́ктор? Как вы ду́маете, что де́лает бизнесме́н? Как вы ду́маете, что де́лают

студе́нты? Как вы ду́маете, что де́лают преподава́тели? Как вы ду́маете, что де́лает библиоте́карь? Как вы ду́маете, что де́лает психо́лог? Как вы ду́маете, что де́лает пу́блика?

б) Ва́ша реа́кция.

Я ду́маю, (что) э́то
- (не)**интере́сно**
- (не)**ва́жно**
- (не)**легко́** ≠ **тру́дно**
- **прекра́сно** ≠ **ужа́сно**
- (не)**логи́чно**
- (не)**до́рого**

М о д е л ь : поли́тика → Я ду́маю, что поли́тика — э́то ва́жно. А вы как ду́маете?

~~поли́тика~~	теа́тр	семья́
де́ньги	кино́	«Фо́рмула-1»
ко́смос	информа́ция	парфюме́рия
мо́да	телеви́дение	ко́фе
«ферра́ри»	пробле́мы	матема́тика
ру́сский язы́к	де́ти	маникю́р
фи́зика	дие́та	рабо́та
жизнь…		

в) Фра́зы сле́ва + фра́зы (реа́кции) спра́ва.

Э́то **сто́ит** 700 е́вро. — Я ду́маю, что э́то нелоги́чно.
Она́ чита́ет детекти́в. Он ду́мает, что рабо́та — э́то ва́жно.
Я не понима́ю, что вы говори́те. Мы ду́маем, что э́то тру́дно.
Он о́чень мно́го рабо́тает. Она́ ду́мает, что э́то интере́сно.
Вы изуча́ете япо́нский язы́к? Преподава́тель ду́мает, что э́то прекра́сно.
У вас есть вопро́сы? Я ду́маю, что э́то до́рого.

ЗАДА́НИЕ 55. + объе́кт: меня́, тебя́, его́, её, нас, вас, их.

1. Он _____ (я) не зна́ет. 2. Я _____ (вы) слу́шаю. 3. Э́то пробле́ма, мы _____ (она́) изуча́ем. 4. Ты _____ (я) понима́ешь? 5. Я _____ (он) зна́ю. 6. Они́ _____ (мы) спра́шивают. 7. Почему́ вы _____ (я) не слу́шаете? 8. Э́то журна́л, вы _____ (он) чита́ете? 9. Э́то колле́ги, вы _____ (они́) зна́ете? 10. Я _____ (ты) не понима́ю. 11. Где газе́ты, вы _____ (они́) чита́ете? 12. Где ра́дио? Почему́ вы _____ (оно́) не слу́шаете?

ЗАДАНИЕ 56. Диалоги «Интервью».

а) Модель:
— Как Вас зовут?
— Меня зовут **Катя**.
— Катя, кто Вы?
— Я **фотограф**.
— У Вас есть **клиенты**?
— Конечно, есть.
— А что у Вас есть ещё?
— Ещё у меня есть **фотостудия**.

б) Слушаем! Где ситуации № 2–6?

в) Говорим!

1. Катя, фотограф, клиенты, фотостудия.
2. Жанна, стюардесса, униформа, вино.
3. Джон, миллионер, деньги, вилла.
4. Иван, милиционер, машина, пистолет.
5. Тамара, актриса, талант, косметика.
6. Галина, географ, карта, глобус.

г) Интервью «Вы и студент слева» / «Вы и преподаватель»:

—
—
—
—

58

Т.Л. Эсмантова. Русский язык: 5 элементов

ЗАДАНИЕ 57. К счастью или к сожалению?

[ю-тью-стью-щáстью-кщáстью]
[ю-нью-лéнью-жилéнью-сыжилéнью-ксыжилéнью]

К СЧÁСТЬЮ, да/нет ≠ К СОЖАЛÉНИЮ, да/нет

Модель: — У вас есть дéньги?
— К сожалéнию, нет. А у вас?
— К счáстью, есть.

Дéньги, проблéмы, яхта, пианúно, **самолёт**, талáнт, идéя фикс, вúлла, дéти, **дáча**, костю́м, гáлстук, плáны, журнáл, газéта, **велосипéд**, кот, собáка, кенгурý, пингвúн, **друг**, подрýга, брат, сестрá, мобúльник, **очкú**, телевúзор…

ЗАДАНИЕ 58. Слушаем и читаем диалоги.

а) Диалог «Магазúн».

— Здрáвствуйте! У вас есть **йóгурт**?
— К сожалéнию, нет. Но у нас есть **кефúр**.
— Нет, спасúбо. А **молокó** у вас есть?
— Есть.
— **Скóлько стóит**?
— Двáдцать вóсемь девянóсто (28.90).
— Спасúбо. До свидáния.

??? Сколько стоит молоко?

У вас есть йóгурт/кефúр/молокó   кéтчуп/сóевый сóус/сóус «Пéсто»
спагéтти/рис/**фасóль**…

б) Диалоги «Аптéка».

1. — Здрáвствуйте! У вас есть аспирúн?
— Нет, к сожалéнию. А что у вас?
— У меня **грипп**.
— У нас есть **антигриппúн**.
— Отлúчно! Спасúбо.

У меня ~~есть~~ грипп.

У меня ~~грипп (антигриппúн)~~   ангúна (**анти**ангúн)   бронхúт (трависúл)…

Уровень А1. Часть I. Урок 3

2. — Здравствуйте! У меня **температура**. У вас есть **арбидол**?
— Да, есть. Вот он. Сто пятьдесят девять десять (159.10).
— Сколько-сколько? Так **дорого**?
— Да. К сожалению, сейчас всё дорого. Это жизнь…
— А **аспирин** у вас есть?
— Да, конечно. Девятнадцать восемьдесят (19.80). Ещё у нас есть витамины.
— Спасибо, нет. Витамины у меня **уже** есть. **Только** аспирин, пожалуйста.

● ~~Температура (арбидол/аспирин)~~,
гастрит (смекта/мотилиум),
насморк (ингалятор/нафтизин)…

● ⚓ *ЗАДАНИЕ 59. Кто → у кого.

М о д е л ь :   Машина + он →   а) — **У кого** есть машина?
— У него. **У него** есть машина.

б) — **Что** у него есть?
— Машина. У него есть **машина**.

в) — У него **есть** машина?
— Да, **есть**.

~~Машина + он~~, дом + они, она + работа, он + жена, мы + деньги, проблема + они, дети + вы, друг + ты, я + квартира, он + **часы**, мы + энтузиазм, они + энергия, она + профессия.

⚓ ▲ ЗАДАНИЕ 60. ✎

М о д е л ь :   1. Это я. _____ зовут Олег. _____ студент. _____ есть тетрадь.
→ Это я. Меня зовут Олег. Я студент. У меня есть тетрадь.

2. Это мужчина. _____ зовут Михаил. _____ директор. У _____ есть кабинет.
3. _____ женщина. _____ зовут Наталья. _____ актриса. _____ неё есть роль.
4. Это _____? Тебя зовут Алла? У тебя _____ фотоаппарат? Ты _____?
5. Это _____. Нас _____ Лена и Юрий. _____ архитекторы. У _____ есть проект.
6. Это вы? _____ зовут Эдуард? _____ преподаватель? У вас _____ студенты?
7. Это _____ . Их _____ Сергей, Андрей и Анна. _____ бизнесмены. У _____ есть _____ .

*ЗАДАНИЕ 61. Тест.

Функции (субъект, объект, статус, имя, где = у кого) и вопросы:
1. **Кто** это, 2. **Кто** есть **кто**, 3. **Кого** зовут **как**, 4. **У кого** есть **что**.

Модель: ____**Кто** он?____ — Он профессор.

1. _____ — Мы студенты.
2. _____ — У меня есть кот.
3. _____ — Это мама и папа.
4. _____ — Они историки.
5. _____ — Её зовут Ольга.
6. _____ — Ты пилот.
7. _____ — Наталья — стюардесса.
8. _____ — У нас есть вопрос.
9. _____ — У него есть квартира.
10. _____ — Меня зовут Пётр.
11. _____ — Они брат и сестра.

ЗАДАНИЕ 62. Говорим!

НЕ..., А...

— У тебя есть **вопрос** [↑]?
— **Не** вопрос, **а** ответ.

— **У тебя** [↑] есть вопрос?
— **Не** у меня, **а** у него.

а) Диалог «Правда или неправда?»

Модель:
— Я думаю, что у тебя есть работа.
— **Да**, есть. Это правда.
— У тебя есть дочь.
— **Нет**, неправда. **Не** дочь, **а** сын.

~~работа, дочь~~, кот, собака, яхта, дом, квартира, виза, вопрос... + ваши идеи...

б) Диалог «Правильно или неправильно?»

Модель:
— 5 + 4 = 10?
— Неправильно, 5 + 4 **не** 10, **а** 9.

9 + 1 = 11   9 + 8 = 18   3 + 12 = 16   4 + 7 = 12
2 + 7 = 10   23 + 41 = 65   18 + 33 = 45   25 + 9 = 32

Уровень A1. Часть I. Урок 3

ЗАДАНИЕ 63. БИНГО! Ваш вариант + аудиовариант.

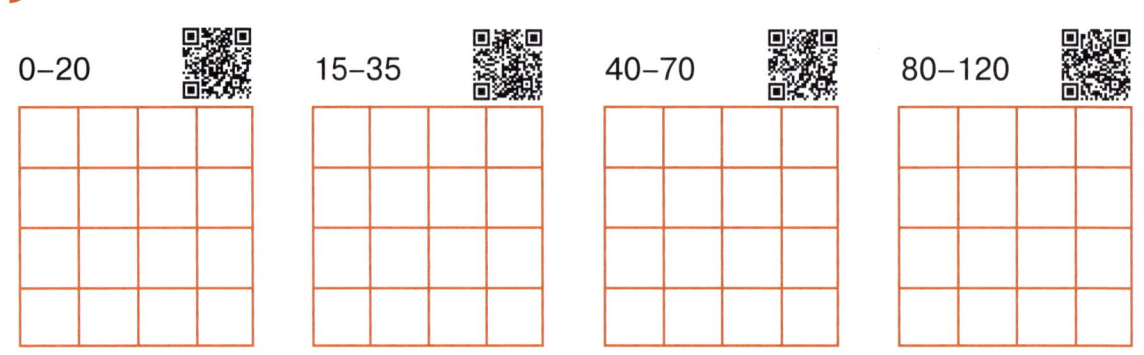

0–20   15–35   40–70   80–120

ЗАДАНИЕ 64. (⊙ стр. 299.) Слушаем текст и отвечаем на вопросы.

да   нет

1. Па́па слу́шает рок.
2. Па́па — такси́ст.
3. Ма́ма — модельер.

МУ́ЗЫКА

✎ Что слушает ваша семья: мама, папа, брат, сестра, муж/жена, дочь, сын?..

урок 4

4.1 🔊 Ч — чу-чью, ча-чья, чо-чьё, чи-чьи, че-чье;
чей чай? чья ча́шка? чьё ра́нчо? чьи да́чи? чей учи́тель? чья ру́чка? чьи че́ки?

ПРИТЯЖА́ТЕЛЬНЫЕ МЕСТОИМЕ́НИЯ
possessive pronouns (whose?)

Вопро́сы: ЧЕЙ? (m.), ЧЬЯ? (f.), ЧЬЁ? (n.), ЧЬИ? (pl.)

▲ ЗАДА́НИЕ 65.

Моде́ль: ____ э́то компью́тер? → Че**й** э́то компью́те**р**?

____ э́то де́ти?	____ э́то иде́я?	____ э́то окно́?	____ э́то да́чи?
____ э́то ко́фе?	____ э́то вино́?	____ э́то па́спорт?	____ э́то семья́?
____ э́то де́ло?	____ э́то телефо́н?	____ э́то чек?	____ э́то де́ньги?
____ э́то джи́нсы?	____ э́то и́мя?*	____ э́то рабо́та?	____ э́то часы́?
____ э́то **я́блоко**?	____ э́то ру́чка?	____ э́то ребёнок?	____ э́то ча́шка?
____ э́то очки́?	____ э́то дочь?	____ э́то стул?	____ э́то чай?

кто:	я	ты	мы	вы	он	она́	они́
че**й**?	МО**Й**	ТВОЙ	НАШ	ВАШ			
чь**я**?	МО**Я́** [а]	ТВО**Я́**	НА́Ш**А**	ВА́Ш**А**	ЕГО́	ЕЁ	ИХ
чь**ё**?	МО**Ё**	ТВО**Ё**	НА́Ш**Е**	ВА́Ш**Е**			
чь**и**?	МО**И́**	ТВО**И́**	НА́Ш**И**	ВА́Ш**И**			

▲ ЗАДА́НИЕ 66.

Моде́ль: Наш__ маши́на (←____).
→ На́ш**а** маши́на (← мы).

а) Ваш__ я́блоко (←____). Мо__ и́мя* (←____). Наш__ дуэ́т (←____). Ваш__ вопро́сы (←____). Мо__ дом (←____). Тво__ ло́гика (←____). Наш__ семья́ (←____). Ваш__ фами́лия (←____). Наш__ окно́ (←____). Тво__ ро́зы (←____). Наш__ ка́рты (←____). Мо__ крова́ть (←____). Тво__ биле́т (←____). Тво__ э́хо (←____). Мо__ календа́рь (←____). Тво__ тетра́дь (←____). Наш__ кафе́ (←____). Тво__ ко́фе (←____). Ваш__ стиль. (←____). Мо__ канапе́ (←____). Наш__ шампа́нское (←____). Наш__ **страна́** (←____). Тво__ результа́ты (←____).

---
[1] [мая́], [твая́]

б) _____ портрет (← они), _____ чашка (← она), _____ лампа (← он), _____ имя (← она), _____ дверь (← они), _____ отец (← я), _____ сестра (← он), _____ брат (← она), _____ жизнь (← они), _____ стул (← ты), _____ муж (← она), _____ ребёнок (← мы), _____ жена (← он), _____ работа (← они).

ЗАДАНИЕ 67. Диалоги. Говорите!

1. ГДЕ МОИ ВЕЩИ?   слева ≠ справа

— Где мои **очки**?
— Ваши очки здесь, слева.

~~очки~~, книга, блокнот, деньги, ручка, тетрадь...

2. КОНФЛИКТ

— Это моя **чашка**.
— Неправда! Это **не** твоя, **а** моя чашка!

~~чашка~~, машина, стул, место, деньги, ручка, идея...

3. ПАСПОРТНЫЙ КОНТРОЛЬ

— Где Ваш **паспорт**?
— Вот он, пожалуйста.

~~паспорт~~, виза, фото, регистрация, багаж, декларация, деньги

??? Как ты думаешь, чья это книга? (ручка, дом, аудитория, маркер, машина, рюкзак, окно, проблема, стул, компьютер...)

● Презентация «Семья».

У вас есть фото или схема, и вы рассказываете: «Это моя семья. Вот здесь, слева, мой...»

64 Т.Л. Эсмантова. Русский язык: 5 элементов

её — а её — не его́, а её — не её, а его́ — и его́ и её — и её и его́

ЗАДА́НИЕ 68. Феминиза́ция? Чьи э́то ве́щи?

М о д е л ь: — Э́то его́ джи́нсы?
— Нет, э́то **не** его́, **а** её джи́нсы / Э́то и его́, и её джи́нсы.

Э́то её одеколо́н? Э́то его́ пу́дра? Э́то его́ костю́м? Э́то его́ тюльпа́ны? Э́то её маши́на? Э́то его́ косме́тика? Э́то его́ крем? Э́то её дие́та? Э́то его́ телеви́зор? Э́то её телефо́н? Э́то её конья́к? Э́то его́ **ю́бка**? Э́то её **брю́ки**? Э́то его́ шо́рты? Э́то его́ сигаре́ты? Э́то её сига́ры? Э́то её га́лстук?

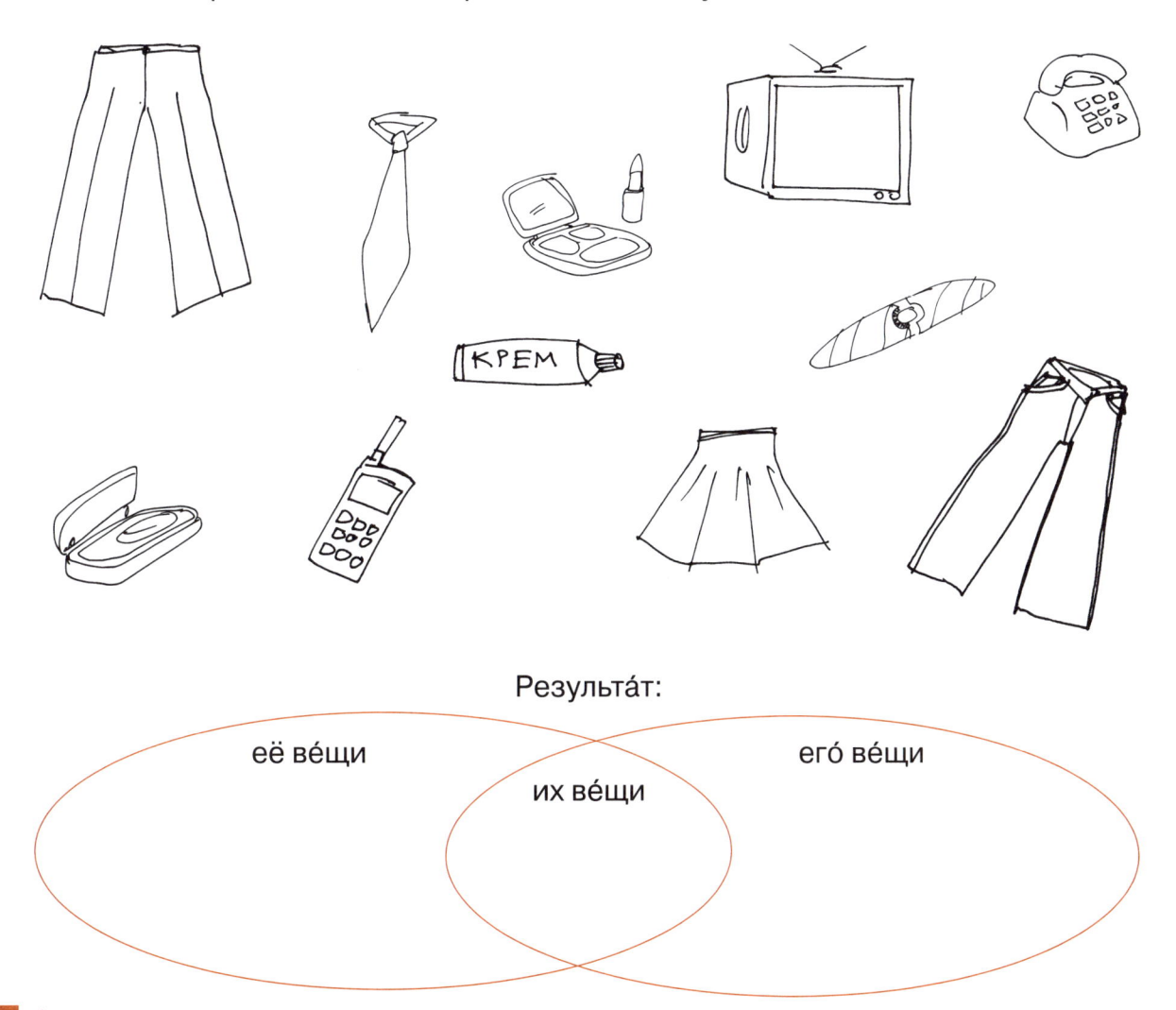

Результа́т:

её ве́щи — их ве́щи — его́ ве́щи

ЗАДА́НИЕ 69. Говори́те и пиши́те!

М о д е л ь: (Он) брат. → У него́ есть брат. Вот его́ брат.

(Она́) сестра́. (Вы) кварти́ра. (Мы) де́ньги. (Ты) слова́рь. (Я) пробле́ма. (Они́) дом. (Вы) кни́ги. (Он) сига́ры. (Она́) автомоби́ль. (Ты) **цветы́**. (Она́) **друг**. (Мы) то́стер. (Вы) витами́ны. (Он) по**дру́г**а. (Ты) де́ло.

ЗАДАНИЕ 70. Диалоги. Слушайте и пишите!

Телефо́н

— У вас есть мой телефо́н?
— Ещё нет.
— _____ .
— Ещё раз, пожа́луйста!
— 225 19 91.
— Спаси́бо.

А́дрес

— У тебя́ есть мой а́дрес?
— _____ .
— Моско́вский проспе́кт, _____ 3, кварти́ра 6.
— Спаси́бо. А телефо́н у тебя́ есть?
— Коне́чно, есть: _____ .
— 329 33 21. Спаси́бо.

ЗАДАНИЕ 71.

а) Слу́шайте текст, пиши́те на фо́то, кто есть кто.

б) Как вы понима́ете текст?

    да нет

1. Расска́зывает Макси́м. У него́ есть фотогра́фия.
2. Его́ оте́ц рабо́тает.
3. Леони́д Фёдорович уже́ пенсионе́р.
4. Ба́бушка ещё рабо́тает.
5. Сестра́ студе́нтка.
6. У них есть маши́на.

МОЯ СЕМЬЯ

в) Читайте текст и рассказывайте.

МОЯ СЕМЬЯ

Меня зовут Максим. У меня есть семья: дедушка и бабушка, родители, брат и сестра. Вот их фотография.

Вот здесь, слева, мои родители. Это моя мать. Её зовут Анна. Она экономист. А это мой отец. Его зовут Иван. К счастью, у него тоже есть работа. Он инженер.

Вот здесь, справа, дедушка и бабушка. Их зовут Леонид Фёдорович и Мария Тимофеевна. Они не **работа|ют**, потому что они **уже** пенсионеры.

Это мой брат Андрей. Он тоже, как и я, студент. Но я изучаю русский язык, а мой брат изучает английский. А это моя сестра. Её зовут Алла. Она **ещё школь**ница.

У нас есть собака, её зовут Дружок. Ещё у нас есть кот Леопольд. Вот они, здесь, **внизу**. А вон там, **сзади**, наш дом и наша машина.

ГДЕ:

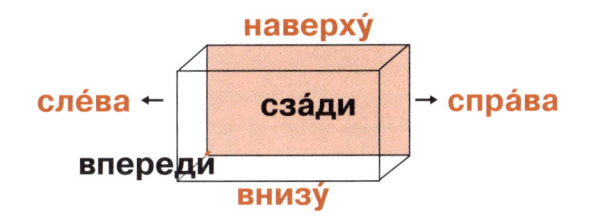

наверху
слева ← сзади → справа
впереди
внизу

??? Где на фото мама? Кто она? Как её зовут? Она работает? А где папа? Как его зовут? Где бабушка и дедушка? Кто они? Как их зовут? Они работают? Кто студент? Кто Алла? У них есть собака или кошка? *У кого есть дом и машина? Кто фотограф?

г) Роли.

1. Сейчас вы — дедушка. Ваш рассказ!
2. Вы журналист, и Анна отвечает на ваши вопросы.

✎ А у вас есть семья: муж/жена, сын, дочь, брат, сестра...? Как их зовут? Кто они? У них есть семья? работа? хобби? У вас есть дом или квартира? А машина у вас есть? У вас есть кошка или собака? Как их зовут?

Уровень А1. Часть I. Урок 4

67

ЗАДАНИЕ 72.

а) Где антонимы? ✎

на**верх**у
сл__а
_ам
в___еди
с__ава
_десь
сза__
вни__

спр__а
з__сь
с__ди
внизу
та_
_п_р_ди
с__ва
навер__

б) жест → слово ✎

Модель: ☞ — слева

☞ — _____
☞ — _____
☞ — _____
↖ — _____
↙ — _____
↗ — _____

☞ — _____
☞ — _____
☞ — _____
↖ — _____
↘ — _____
↖ — _____

ЗАДАНИЕ 73. Ориентация.

— Извините, где метро?
— Вон оно́, спра́ва.
— Спаси́бо.
— Пожа́луйста!

где?
~~метро́ — спра́ва~~
банк — сле́ва
окно́ — спра́ва
ка́сса — внизу́
дверь — сза́ди
лифт — наверху́
вы́ход — впереди́
вход — сза́ди
туале́т — сле́ва
интерне́т-кафе́ — справа́

ЗАДАНИЕ 74. (⊙ стр. 299.)

а) Слушайте текст и отвечайте на вопросы.

НА́ШИ СОСЕ́ДИ

	да	нет
1. Сосе́д сле́ва — пенсионе́р.	☐	☐
2. Влади́мир и Ле́на рабо́тают вме́сте.	☐	☐
3. Ни́на Алекса́ндровна и А́нна — ма́ма и до́чка.	☐	☐
4. **Врач** и шофёр — брат и сестра́.	☐	☐
5. Анто́н — студе́нт.	☐	☐

??? У вас есть сосе́ди? Как их зову́т? Кто они́? У них есть де́ти? вну́ки? соба́ка и́ли ко́шка? У них есть маши́на? **велосипе́д**? пиани́но?

68

Т.Л. Эсмантова. Русский язык: 5 элементов

б) ✍ Как вы думаете, это хорошо, когда муж и жена работают вместе? Почему?

_____

_____

в) Слушайте текст ещё раз. Кто на рисунке?

соседи

г) Рассказывайте текст!

ЗАДАНИЕ 75. а, и, но.

Сын **слушает** **и** **понимает**. Мама **читает**, **и** сын **читает** = они читают.
Мама рассказывает, **а сын** слушает. Он **не** рассказывает, **а** слушает.
Он слушает, **но** не понимает.

(+) **И**
(≠) **А**
(×) **НО**

а) Это проблема или нет?

1. Наташа читает, но не понимает. 2. Он говорит, но не думает. 3. Сестра спрашивает, а брат отвечает. 4. Он спрашивает, но она не отвечает. 5. Я не знаю проект, но изучаю его. 6. Ты спрашиваешь, но не слушаешь ответ. 7. Девочка спрашивает, а дедушка не отвечает. 8. Вы всё знаете и понимаете.

б) + а, и, но

1. Мы слушаем ___ не понимаем. 2. Ты слушаешь ___ понимаешь. 3. Мама рассказывает, ___ ребёнок слушает. 4. Студент спрашивает, ___ преподаватель отвечает. 5. Я читаю ___ понимаю. 6. Мальчик слушает ___ думает.

Уровень А1. Часть I. Урок 4

ЗАДАНИЕ 76. Интонация. Где акцент? Спрашивайте и слушайте вопрос!

Модель: Это ваш **дедушка**[↑]? — Нет, это наш **папа**.
Это **ваш**[↑] дедушка? — Да, **наш**.
Это[↑] ваш дедушка? — Да, **это он**.

1. Ты много читаешь?
— Да, читаю.
— Нет, он.
— Нет, мало.

2. У тебя сегодня есть время?
— Да, есть.
— Да, сегодня.
— Нет, у неё.

3. Здесь есть душ?
— Да, здесь.
— Нет, ванна.
— Да, есть.

4. Ты меня хорошо понимаешь?
— Нет, плохо.
— Да, тебя.
— Нет, не понимаю.
— Да, я.

ЗАДАНИЕ 77. Диалоги. Слушайте! Где № 2–6? Говорите!

Модель:
— Извините, вы знаете, кто это?
— Да, знаю, это **Илья**.
— А вы знаете, кто он?
— Я точно не знаю, но думаю, что он **инженер**.
— Почему вы так думаете?
— Потому что сейчас он **делает проект**.

1. ~~Илья/инженер — делает проект.~~
2. Нина/экономист — читает журнал «Экономика».
3. Сергей/бухгалтер — делает баланс.
4. Александра/флорист — делает букет.
5. Андрей/гимнаст — делает сальто.
6. Татьяна/дизайнер — делает дизайн-проект.

субъект (nom.) + глагол + объект (асс.)
кто + делает + что

ЗАДАНИЕ 78.

а) Что люди делают? Кто они?

б) Кто что делает?

~~инженер~~, бизнесмен, химик, массажист, хирург, студент, визажист, женщины, **повар**, бармен, политик, флорист…

ДЕЛАТЬ

план, прогноз, ~~проект~~, букет, анализ, операции, макияж, массаж, маникюр, **перерыв**, бутерброд, салат, соус, коктейль, домашнее задание…

1. Инженер делает проект.
2. Бизнесмен _____
_____
_____

??? Что делают инженеры? Что делает архитектор? Что делает дизайнер? Что делают метеорологи? Что делают хирурги? Что делает косметолог? Что делает шеф-**повар**? Что делает флорист?

Уровень А1. Часть I. Урок 4

✎ Кто ваш муж/жена, брат/сестра, друг/подруга? Что они делают? Что вы делаете?

___

ЗАДАНИЕ 79. (⊙ стр. 299.)

а) Слушайте текст, отвечайте на вопросы.

ФРАНЦУ́ЗСКИЙ ЯЗЫ́К

                                                                    да нет

1. А́нна уже́ хорошо́ зна́ет францу́зский язы́к.
2. У неё есть брат, его́ зову́т Жиль.
3. Жиль хорошо́ понима́ет по-ру́сски.
4. У него́ есть фотоаппара́т.
5. А́нна — студе́нтка.
6. Её друг и её брат — партнёры. Они́ де́лают автомоби́ли.

б) Слушайте ещё раз, делайте паузы и говорите фразы + ваш комментарий.

Н а п р и м е р : «**Меня́** зову́т А́нна». →
                 Её зову́т А́нна, а **меня́** зову́т Ча́рльз…

в) ✎ Жиль рассказывает:
«Меня зовут Жиль. У меня есть _____
_____
_____
_____

72

Т.Л. Эсмантова. Русский язык: 5 элементов

✍ Брат рассказывает:
«Я инженер-конструктор. Но сейчас _____
_____
_____
_____
_____

▲ **ЗАДАНИЕ 80. Тест.** ✍ 🔑 (стр. 314)

а) Спрашивайте!

1. — _____ ?
— Это книга.

2. — _____ ?
— Меня зовут Вера.

3. — _____ ?
— Да, у меня есть компьютер.

4. — _____ ?
— Моя. Это моя книга.

5. — _____ ?
— Он банкир.

6. — _____ ?
— Спасибо, хорошо. А у вас?

7. — _____ ?
— Это я.

8. — _____ ?
— Десять.

9. — _____ ?
— Да, у меня грипп.

10. — _____ ?
— Дом там, слева.

11. — _____ ?
— Читают.

12. — _____ ?
— Нет. Она не понимает.

б) Кроссворд «Вопросы».

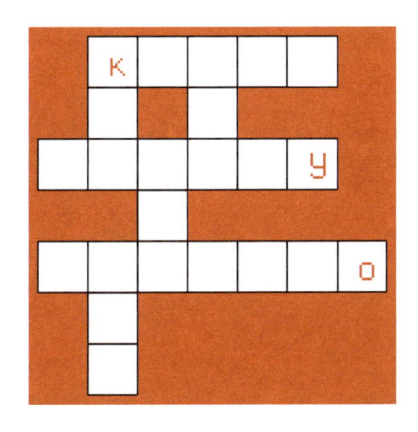

Уровень А1. Часть I. Урок 4

урок 5

Л — ла-ля-лья, лэ-ле-лье, ло-лё-льё, лы-ли-льи, лу-лю-лью;
Ко**лу́**мб — п**лю**рали́зм, **ли**бера́**лы**, к**лу**б — пи**лю́**ля, де́**ла**ю — гу**ля́**ю, **ло**ка́**ль**ный, **ле**га́**ль**ный, коро́**ль**, резу**ль**та́т, **ле**ге́нда, фами́**ли**я

ЗАДАНИЕ 81. Диалоги.

— **У вас** есть телефо́н?
— Да, коне́чно. **155-20-34**.
— **155-20-34**? **Пра́вильно**?
— Да-да, пра́вильно.

Вы, 155-20-34; он, 224-97-19; она, 311-21-12; ты, 323-47-64; они, 222-50-44; вы, 323-30-13.

***ЗАДАНИЕ 82.** Конструкция «**не**…, **а**…». Интонация.

Моде́ль:
— Мой **колле́га**[↑] тебя́ слу́шает? (↔ сосе́д)
— Нет, меня́ слу́шает **не** колле́га, **а** сосе́д.

— Мой колле́га **тебя́**[↑] слу́шает? (↔ его́)
— Нет, твой колле́га слу́шает **не** меня́, **а** его́.

— **Мой**[↑] колле́га тебя́ слу́шает? (↔ твой)
— Меня́ слу́шает **не твой**, **а мой** колле́га.

— Мой колле́га тебя́ **слу́шает**[↑]? (↔ спра́шивает)
— Твой колле́га меня́ **не** слу́шает, **а** спра́шивает.

1. Вы отвеча́ете **пло́хо**? (↔ хорошо́). 2. У них есть **журна́л**? (↔ кни́га). 3. **У них** есть вопро́с? (↔ у нас). 4. Вы изуча́ете **неме́цкий** язы́к? (↔ ру́сский). 5. Он **спра́шивает**? (↔ отвеча́ть). 6. **Они́** чита́ют по-ру́сски? (↔ я). 7. Кни́га **спра́ва**? (↔ сле́ва). 8. **Вы** так ду́маете? (↔ они́). 9. **Твоя́** ма́ма меня́ понима́ет? (↔ моя́).

СНАЧАЛА… → ПОТОМ
Снача́ла я слу́шаю вопро́с, **пото́м** отвеча́ю.

ЗАДАНИЕ 83.

а) Что снача́ла и что пото́м:

Янва́рь и́ли март? За́втра и́ли вчера́? Суп и́ли десе́рт? Чай и́ли сала́т? Сала́т и́ли суп? Ко́фе и́ли десе́рт? Четы́ре и́ли шесть?

74

Т.Л. Эсмантова. Русский язык: 5 элементов

б) Сначала или потом?

1. _____ я читаю текст, а _____ я его рассказываю. 2. Студенты читают текст, но _____ они его слушают. 3. **Обычно** люди _____ думают, а _____ говорят. А ты _____ говоришь, а _____ думаешь. 4. Обычно она спрашивает, потому что _____ она не понимает. _____ она слушает ответ, _____ думает и _____ понимает.

в) Что неправильно?

1. Сначала дети изучают русский язык, потом они говорят по-русски. 2. Сначала **иностранцы** говорят по-русски, а потом они изучают русский язык. 3. Сначала апрель, а потом март. 4. Сначала мы понимаем текст, а потом его читаем. 5. Сначала завтра, а потом **сегодня**. 6. Сначала люди отвечают, а потом спрашивают. 7. Сначала результат, а потом процесс. 8. Сначала мы студенты, а потом специалисты.

ЗАДАНИЕ 84. Текст «Я студент».

а) Как вы думаете, кто это? Что они делают?

б) Слушайте текст и контролируйте, так это или нет.

в) Слушайте текст ещё раз и отвечайте на вопросы.

да нет

1. Майкл и менеджер, и студент.
2. Его жена не работает.
3. Майкл изучает русский язык уже год.
4. У него есть плеер.
5. Патрик читает, а его папа слушает.
6. Отец и сын работают вместе.

г) Читайте текст.

Я СТУДЕНТ

Меня зовут Майкл. У меня есть семья: жена Патрисия и сын Патрик. Патрик — студент, а Патрисия — экономист. У меня тоже есть работа: я менеджер. Но сейчас я студент, как и мой сын. И знаете, что интересно? Мой сын тоже изучает русский язык, как и я! Но он изучает русский уже **год**, а я **только месяц**. Конечно, он уже хорошо знает русский. У него уже есть прогресс, а у меня ещё нет. Думаю, что я читаю ещё не очень хорошо…

Сейчас мы изучаем русский язык в Петербурге[1]. Конечно, я ещё плохо понимаю по-русски. **Когда** люди спрашивают меня, а я не понимаю, я отвечаю:

---
[1] гд**е**? — в/на … -**е**

«Извини́те, я не понима́ю». Они́ понима́ют, что я **иностра́нец**. И **е́сли** лю́ди зна́ют англи́йский язы́к, они́ спра́шивают меня́ ещё раз по-англи́йски.

Когда́ я слу́шаю ра́дио и́ли пле́ер, я то́же пло́хо понима́ю. Но когда́ меня́ спра́шивает мой преподава́тель, я обы́чно понима́ю его́ вопро́сы. Снача́ла я немно́го ду́маю, коне́чно, а пото́м обы́чно пра́вильно отвеча́ю. Когда́ я не зна́ю сло́во, я спра́шиваю: «**Что зна́чит**...?», — и преподава́тель отвеча́ет на мой вопро́с.

Сего́дня мы (мой сын и я) вме́сте де́лаем моё **дома́**шнее зада́ние. Я чита́ю текст, а мой сын слу́шает. Пото́м я расска́зываю текст. Пото́м Па́трик спра́шивает, а я отвеча́ю. Да, мой сын **контроли́**рует меня́. Э́то, коне́чно, чуть-чуть **стра́нно**, но интере́сно! У него́ сейча́с моя́ роль, потому́ что обы́чно я контроли́рую, что и как он де́лает.

д) Пиши́те ва́ши вопро́сы.

1. _____
2. _____
3. _____
4. _____

е) Рабо́тайте в па́ре: ваш партнёр спра́шивает, а вы отвеча́ете на его́ вопро́сы.

??? Кто изуча́ет ру́сский язы́к? Кто уже́ хорошо́ чита́ет? Кто понима́ет вопро́сы, когда́ преподава́тель его́ спра́шивает? А вы понима́ете вопро́сы, когда́ ваш преподава́тель спра́шивает вас? Что Майкл говори́т, когда́ не зна́ет сло́во? Что лю́ди де́лают, когда́ понима́ют, что Майкл — иностра́нец? Майкл де́лает дома́шнее зада́ние? А вы де́лаете?

ё) Слу́шайте / чита́йте диало́г. Кто де́лает комплиме́нт?

— Приве́т, Па́трик!
— Приве́т, па́па! Как дела́? Как твой текст?
— Спаси́бо, **сын**о́к, хорошо́. Преподава́тель ду́мает, что у меня́ есть прогре́сс.
— О! Прекра́сно! Ты зна́ешь, я то́же так ду́маю.

ж) Расска́зывайте текст «Я студе́нт», но сейча́с вы — сын, и ваш оте́ц изуча́ет ру́сский язы́к.

з) ✎ Сейча́с вы — Патри́сия. Ва́ша исто́рия:

_____
_____
_____
_____

ЗАДАНИЕ 85. Диалоги «Что значит?»

М одель 1. «Словарь»

— Вы знаете, **что значит** «люди»?
— «Люди» значит «people».
— Спасибо.

М одель 2. «Рассказ»

— Что значит слово «люди»?
— Люди — это женщины, мужчины, дети. Это мы.
— А!.. Человек — люди... Я понимаю!

| люди
| деньги
| семья
| фамилия
| вилла
| месяц
| иностранец
| перерыв
| вопрос...

ПРОШЕДШЕЕ ВРЕМЯ (past)
процесс или факт

дела|ть → **дела** + **Л** — m. | (я, ты) он_ дела_   + вчера, позавчера,
          ЛА — f. | (я, ты) он**а** дела**ла**   раньше,
          ЛО — n. | он**о** дела**ло**   час назад,
          ЛИ — pl. | (мы, вы, Вы) он**и** дела**ли** год назад...

ЗАДАНИЕ 86. Прошедшее время (past).

М одель: Вчера она не работа**ла**.

1. Раньше студенты изуча___ русский язык. 2. Вчера Дмитрий хорошо чита___ по-английски. 3. Раньше мы всегда их понима___. 4. Ольга раньше его не зна___. 5. Кассиры счита___ позавчера неправильно. 6. Вчера я не ужина___, а сегодня не завтрака___. 7. Мы раньше так не дума___. 8. Раньше дети спрашива___ нас, что это. Но мы не отвеча___. 9. Год назад они бы___ там месяц или два. 10. Они бы___ здесь **месяц** назад. 11. Вчера мы работа___ только один час. 12. Вчера я не работа___, а мой муж работа___.

ЗАДАНИЕ 87. Диалоги. Говорите!

М одель: Это **его** телевизор (я). →
— Это его телевизор.
— Правда? **Я** не зна**л**, что **у него** есть телевизор.
— **Теперь ты** зна**ешь** это.

1. Это их машина (мы). 2. Это моя квартира (мы). 3. Это твой брат (я). 4. Это её сын (он). 5. Это наша проблема (они). 6. Это его компания (она). 7. Это ваш дом (мы). 8. Это её муж (они). 9. Это его сестра (они). 10. Это мой компьютер (я). 11. Это наша дача (она). 12. Это их дочь (он).

77

Уровень А1. Часть I. Урок 5

ДЕНЬ НЕДЕЛИ

Неделя: 1) по**неде́ль**ник
2) вто́рник
3) среда́ — **рабо́чий** день
4) четве́рг
5) пя́тница

6) суббо́та — **выходно́й** день
7) воскресе́нье

поза**вчера́** — **вчера́** — **сего́дня** — **за́втра** — после**за́втра**

ЗАДАНИЕ 88. Игра «День недели».

Один человек говорит цифру 1–7, а другой человек говорит день недели.
Н а п р и м е р: 3 → среда.

ЗАДАНИЕ 89. Говорите фразы. Был, была или было?

а) М о д е л ь: среда́ → Вчера́ был**а́** среда́.

~~Среда́~~, воскресе́нье, вто́рник, понеде́льник, четве́рг, суббо́та, пя́тница.

б) Диалоги (1 или 2):
~~вто́рник~~, пя́тница, среда́, суббо́та, четве́рг.

1) — Како́й день неде́ли был позавчера́?
— Сего́дня **вто́рник**. Зна́чит, вчера́ был понеде́льник, а позавчера́ бы́л**о** воскресе́нь**е**.

2) — Како́й день послеза́втра?
— Сего́дня **вто́рник**, за́втра среда́. Зна́чит, послеза́втра (бу́дет*) четве́рг.

ЗАДАНИЕ 90. Здесь четыре **ошибки**. Где они?

а) 1. Во вто́рник все обы́чно не рабо́тают.
2. Уик-э́нд — э́то пя́тница и суббо́та.
3. Вчера́ была́ среда́, а сего́дня пя́тница.
4. Воскресе́нье — выходно́й день.
5. За́втра бу́дет четве́рг, а послеза́втра среда́.
6. Понеде́льник — рабо́чий день.

б) Контроль. Слушайте! У вас всё правильно? (⊙ стр. 300.)

---
* Гл. **быть** (см. урок 9).

ЕЩЁ ≠ УЖЕ

ещё нет ≠ **уже** да   **ещё** да ≠ **уже** нет
— ≠ +   + ≠ —

ЗАДАНИЕ 91. Диалог «Билéты».

Ситуáция 1 (**ужé** есть ≠ **ещё** нет)

— У вас **ужé** есть билéты?
— **Ещё нет**.
— Мóжет быть, зáвтра?
— Да, есть шанс.
— До зáвтра!
— До свидáния!

Как вы понимáете диалóг?   да   нет

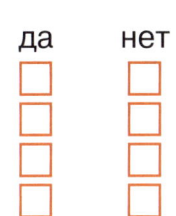

1. Рáньше в кáссе бы́ли билéты.   ☐   ☐
2. Клиéнт дýмает, что в кáссе есть билéты. ☐   ☐
3. Сейчáс в кáссе есть билéты.   ☐   ☐
4. Кассúр — оптимúст.   ☐   ☐

Ситуáция 2 (**ещё** есть ≠ **уже** нет)

— У вас **ещё** есть билéты?
— **Ужé нет**, извинúте.
— Как жаль!

Как вы понимáете диалóг?   да   нет

1. Рáньше в кáссе бы́ли билéты.   ☐   ☐
2. Клиéнт знал, что в кáссе бы́ли билéты.   ☐   ☐
3. Клиéнт дýмает, что сейчáс в кáссе есть билéты.   ☐   ☐
4. В кáссе сейчáс есть билéты.   ☐   ☐

Уровень А1. Часть I. Урок 5

ЗАДАНИЕ 92. ужé да ≠ ещё нет

??? а) Сегóдня **ужé** пя́тница?
Вы **ужé** пенсионéр? Вы **ужé** не рабóтаете?
У вас **ужé есть** «Мерседéс»? У вас **ужé есть** я́хта?
У вас **ужé есть** компью́тер «Пéнтиум-3»? А «Пéнтиум-6»?
У вас **ужé есть** дéти? У вас **ужé есть** внýки?
У вас **ужé есть** матрёшка? У вас **ужé есть** словáрь?
Вы изучáете рýсский язы́к. У вас **ужé есть** прогрéсс?

б) Диалóги «Прáвда или непрáвда? / Ужé или ещё?»

М о д е л ь: — У вас **ужé есть** внýки.
— Это непрáвда. **Ещё нет**.

ЗАДАНИЕ 93. Что снáчала и что потóм? Ужé да ≠ ещё нет? (⊙ стр. 300.)

а) М о д е л ь: (Снáчала мы **изучáем** рýсский и говори́м по-рýсски **плóхо**, потóм мы **говори́м хорошó**.)
— Вы **ужé хорошó говори́те** по-рýсски?
— Нет, **ещё плóхо**. Я **ещё изучáю** рýсский.

1. (Снáчала средá, потóм четвéрг.)
— Сегóдня _____ **четвéрг**?
— Нет, сегóдня _____ **средá**. Четвéрг зáвтра.

2. (Снáчала онá не знáет нóвости и слýшает рáдио, потóм знáет нóвости и не слýшает рáдио.)
— Онá _____ **знáет** нóвости?
— Нет, онá _____ **не знáет**, потомý что онá _____ **слýшает** рáдио.

3. (Снáчала он дýмает, а потóм знáет, что дéлать.)
— Он _____ **знáет**, что дéлать?
— Нет, он _____ **не знáет**, он _____ **дýмает**.

4. (Снáчала ты читáешь вопрóс, а потóм отвечáешь на вопрóс.)
— Ты _____ **отвечáешь** на вопрóс?
— Нет, я _____ **не отвечáю**, я _____ **читáю** вопрóс.

5. (Снáчала мы не знáем отвéт и дýмаем, потóм мы знáем отвéт.)
— Вы _____ **знáете** отвéт?
— Нет, мы _____ **не знáем**. Мы _____ **дýмаем**.

б) Контрóль. Слýшайте диалóги.

ЗАДАНИЕ 94. Диалоги «Деньги».

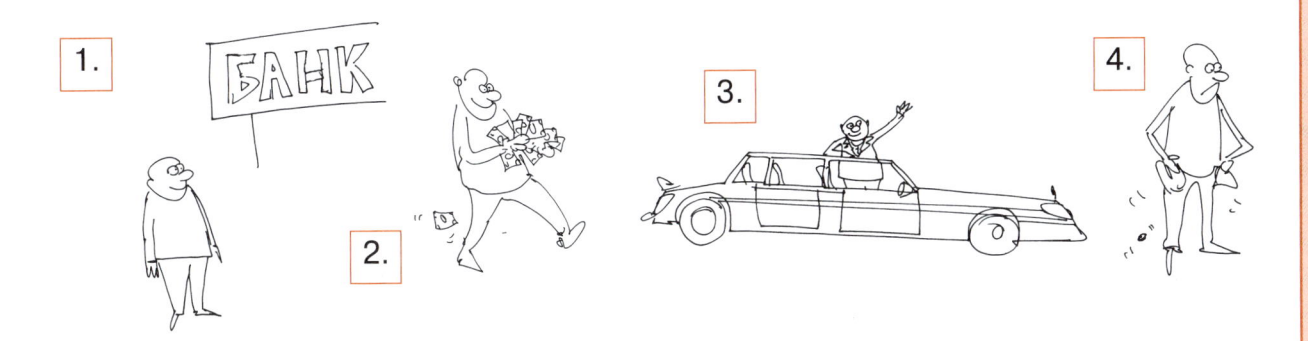

1. Сначала его деньги в банке. →
2. Потом деньги у него. →
3. Потом у него есть лимузин. →
4. Потом он банкрот.

??? Что у него уже/ещё есть (ситуации 1, 2, 3, 4)?

а) уже да ≠ **ещё** не(т)
— У него **уже есть** деньги?
— Нет, **ещё нет**. Банк **ещё не** работает. ≠ Да, **уже есть**. Банк **уже** работает.

б) ещё да ≠ **уже** не(т)
— О! У него теперь есть лимузин! У него **ещё есть** деньги?
— **Уже нет**. Лимузин стоит очень дорого. ≠ Да, **ещё есть**. Он мультимиллионер.

ЗАДАНИЕ 95. ещё да ≠ **уже** не(т)

??? У нас **ещё есть** работа?
У вас **ещё есть** время?
У вас **ещё есть** энергия?
У вас **ещё есть** проблемы?
У него **ещё есть** деньги?
Там были гости. Там **ещё есть** торт?
Кафе **ещё работает**?
У них **ещё есть** кофе?
У вас **ещё есть** вопросы?

Уровень A1. Часть I. Урок 5

ЗАДАНИЕ 96. Слушайте диалоги и отвечайте на вопросы.

1. Кто и почему говорит «Как жаль!»?
2. Что значит «сдача»?

а) «Фру́кты»

— У вас ещё есть **грейпфру́ты**?
— Уже́ нет.
— Как жаль! А **бана́ны** есть?
— Да, ещё есть. Ско́лько?
— Килогра́мм, пожа́луйста.
— Вот, пожа́луйста.
— Ско́лько сто́ит?
— Три́дцать шесть.
— Спаси́бо.

г̶р̶е̶й̶п̶ф̶р̶у̶́т̶ы̶/̶б̶а̶н̶а̶́н̶ы̶, мандари́ны/я́блоки, апельси́ны/бана́ны, виногра́д/грейпфру́ты…

б) «Вода́»

— У вас есть **вода́ «Роси́нка»**?
— Уже́ нет. Но **«Бон-а́ква»** ещё есть.
— Ско́лько сто́ит?
— Де́сять пятьдеся́т (10.50). Что ещё?
— Э́то всё. Спаси́бо. Вот де́ньги.
— Вот ва́ша **сда́ча**: рубль пятьдеся́т (1.50).

в̶о̶д̶а̶́ ̶«̶Б̶о̶н̶-̶а̶́к̶в̶а̶»̶/̶«̶Р̶о̶с̶и̶́н̶к̶а̶»̶, «Ко́ка-ко́ла»/«Спрайт», шампа́нское/во́дка

ЗАДАНИЕ 97. Что снача́ла и что пото́м? (⊙ стр. 300.)

а) Ещё да или **уже** нет?

М о д е л ь: (Снача́ла я **чита́ю** журна́л, пото́м зна́ю но́вости = уже́ **не чита́ю**.)
— Ты **ещё чита́ешь** журна́л?
— Нет, я **уже́ не чита́ю**, потому́ что **уже́ зна́ю** но́вости.

1. (Снача́ла я изуча́ю ру́сский, пото́м я говорю́ по-ру́сски.)
— Ты _____ **изуча́ешь** ру́сский?
— Нет, я его́ _____ **не изуча́ю**, потому́ что я _____ хорошо́ **говорю́** по-ру́сски.

2. (Ра́ньше ты рабо́тал там. Сейча́с ты там не рабо́таешь.)
— Ты там _____ **рабо́таешь**?
— Нет, я там _____ **не рабо́таю**, потому́ что тепе́рь я рабо́таю здесь.

3. (Снача́ла профе́ссор расска́зывает и студе́нты слу́шают, пото́м он не расска́зывает и студе́нты не слу́шают.)
— Профе́ссор _____ **расска́зывает**?
— Нет, он _____ **не расска́зывает**, и студе́нты _____ **не слу́шают**.

82

Т.Л. Эсмантова. Русский язык: 5 элементов

*б) Ещё не(т) или уже да?

(Снача́ла он не понима́ет фра́зы, пото́м понима́ет.)
— Он **ещё не понима́ет** фра́зы?
— **Да, ещё не понима́ет**. ≠ **Нет**, он **уже́ понима́ет**.

1. (Снача́ла гид не расска́зывает и тури́сты не слу́шают, пото́м гид расска́зывает и тури́сты слу́шают.)
— Гид _____ **не расска́зывает**?
— **Да**, он _____ **не расска́зывает**.
≠ **Нет**, он _____ **расска́зывает**, и тури́сты _____ **слу́шают**.

2. (Снача́ла ты не всё зна́ешь, пото́м ты спра́шиваешь и они́ расска́зывают. Пото́м ты всё зна́ешь.)
— Ты _____ **всё зна́ешь**?
— **Да**, я _____ **всё зна́ю**, потому́ что я их _____ **спра́шивал**, и они́ _____ **расска́зывали**.
≠ **Нет**, я _____ **не всё зна́ю**, потому́ что я их _____ **не спра́шивал**, и они́ _____ **не расска́зывали**.

в) Контроль. Слу́шайте диало́ги! У вас всё пра́вильно?

г) ??? У неё уже́ есть ко́фе? А у них?

И́МЯ, О́ТЧЕСТВО, ФАМИ́ЛИЯ

Э́то оте́ц. Его́ зову́т Пётр Ивано́в. (Его́ и́мя Пётр, фами́лия Ивано́в). У него́ есть сын и дочь, их зову́т Андре́й Петро́вич и А́нна Петро́вна. Их фами́лия Ивано́вы.

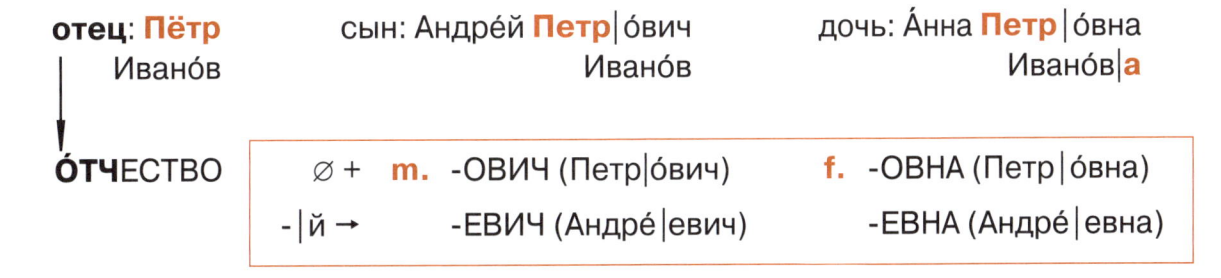

отец: **Пётр**	сын: Андре́й **Петр**|о́вич	дочь: А́нна **Петр**|о́вна
Ивано́в	Ивано́в	Ивано́в|а

О́ТЧЕСТВО	∅ +	**m.** -ОВИЧ (Петр|о́вич)	**f.** -ОВНА (Петр|о́вна)
	-|й →	-ЕВИЧ (Андре́|евич)	-ЕВНА (Андре́|евна)

83

Уровень А1. Часть I. Урок 5

ЗАДАНИЕ 98. + отчество и фамилия.

отец	дети		
имя и фамилия:	имя:	отчество:	фамилия:
Ива́н Петро́в →	А́нна	? ___	? ___
Михаи́л Ивано́в →	Михаи́л	? ___	? ___
Никола́й Серге́ев →	О́льга	? ___	? ___
Алекса́ндр Алексе́ев →	Оле́г	? ___	? ___
Серге́й Никола́ев →	Дми́трий	? ___	? ___
Ваш отец:	Ваше имя:	Ваше отчество:	Ваша фамилия:
? ___	? ___	? ___	? ___

ЗАДАНИЕ 99. Имена. Где одно имя?

А́нна	Ми́ша	И́рочка,Ири́ша
Еле́на	Та́ня	Пе́тенька, Петру́ша
Пётр	Ле́на	Воло́денька, Во́вочка
Михаи́л	А́ня	Лёночка
Татья́на	Пе́тя	Ко́ленька
Ири́на	И́ра	Ми́шенька
Влади́мир	Ко́ля	Та́нечка, Таню́ша
Валенти́н, -а	Са́ша, Шу́ра	А́нечка, А́ннушка
Мари́я	Же́ня	Лёнечка
Никола́й	Ди́ма	Са́шенька, Шу́рочка
Алекса́ндр, -а	Воло́дя, Во́ва	Же́нечка
Евге́ний, -я	Ната́ша	Ва́нечка, Ваню́ша
Ива́н	Ма́ша	Ва́лечка, Валю́ша
Елизаве́та	Ва́ля	Ната́шенька
Леони́д	Ли́за	Ка́тенька, Катю́ша
Дми́трий	Ка́тя	Ди́мочка
Ната́лья	Ва́ня	Ли́зочка, Ли́зонька
Екатери́на	Лёня	Ма́шенька

ЗАДАНИЕ 100. Это мужчина или женщина?

М о д е л ь: — Ко́ля — это мужчи́на и́ли же́нщина?
— Ко́ля — это Никола́й. Зна́чит, это мужчи́на.

~~Ко́ля~~, Ка́тя, Во́ва, Ва́ня, А́ня, О́ля, Пе́тя, Ми́ша, Ма́ша, Бо́ря, Та́ня, Фе́дя, *Ва́ля, *Са́ша, *Же́ня.

ЗАДАНИЕ 101. Анкета.

а) Слушайте и пишите слова.

Бюрократ (✓) и клиент (—):

✓ Как Ваша фамилия?
— _____ фамилия Дмитриев.
✓ _____ Ваше имя?
— _____ имя **Алексей**.
✓ _____ отчество?
— **Иванович**.
✓ Дмитриев Алексей Иванович. Правильно?
— Абсолютно правильно.
✓ Ваш **возраст**?
— **39**.
✓ У Вас есть **жена**?
— Да, есть.
✓ Как _____ зовут?
— Её зовут **Дмитриева Инна Сергеевна**.
✓ У Вас есть дети?
— Да, **дочь**.
✓ Как её _____?
— Её зовут **Катюша**. **Екатерина Алексеевна**.
✓ Ваш адрес, пожалуйста!
— _____ адрес? Пожалуйста! Петербург, Московский проспект, дом 40, квартира 25.
✓ У Вас есть телефон?
— Да, конечно. **143-12-54**.
✓ 143-12-54? Правильно?
— Да, правильно.
✓ Ваша профессия?
— **Биолог**.
✓ Спасибо. Это всё. До свидания.
— До свидания.

✎ Ваша анкета:

б) Аналогично:

1. Петро́ва Людми́ла Ива́новна, 45,
муж (Серге́й Па́влович),
сын (Андре́й),
Москва́,
у́лица Фестива́льная,
дом 3, кварти́ра 125,
телефо́н: 355-16-87,
данти́ст.

2. Соро́кин Серге́й Алексе́евич, 30,
нет, нет,
Петербу́рг,
Се́верный **проспе́кт**,
д. 23, кв. 45,
тел.: 135-71-09,
матема́тик.

3. Ва́ши сосе́ди.

4. Лю́ди на рису́нке.

КОНТРОЛЬНАЯ РАБОТА I

(время: 25 минут)

Результат: _____ / 65 баллов (максимум)

ЗАДАНИЕ 1. Лексика (_____ / 11 баллов).

Пишите пары.

М о д е л ь: парень и **девушка**.

1. Дедушка и _____ . 2. Мальчик и _____ . 3. Женщина и _____ . 4. Сестра и _____ . 5. Сын и _____ . 6. Внучка и _____ . 7. Муж и _____ . 8. Отец и мать — это _____ . 9. Человек (sing.) — _____ (pl.). 10. Ребёнок (sing.) — _____ (pl.). 11. Слева и справа, внизу и _____ .

ЗАДАНИЕ 2. Вопросы (_____ / 14 баллов).

Пишите вопросы.

М о д е л ь: **Кто это?** — Это я.

1. _____? — Он менеджер.
2. _____ она _____? — Она работает.
3. _____? — Это Михаил.
4. _____? — Двадцать.
5. _____? — Его зовут Николай.
6. _____? — Спасибо, хорошо. А у вас?
7. _____ вы? — Мы здесь.
8. _____? — Это телефон.
9. _____ это машина? — Моя.
10. _____ ручка? — Да, есть.
11. _____ он не отвечает? — Потому что ты не спрашиваешь.
*12. _____ зовут Анна? — Её.
*13. _____ есть книга? — У неё.
14. _____ там? — Это мы, Саша и Таня.

ЗАДАНИЕ 3. Форма (а: _____ / 7 + б: _____ / 11 = _____ / 18).

а) Субъект, глагол.

Модель: Я зна**ю**.

1. Мы спрашива____. 2. _____ читают. 3. ____ не понимаю. 4. Ты так дума____? 5. Что вы вчера дела____? 6. У нас _____ вопросы. 7. Кто не зна____?

б) Объект, у кого, чей.

М о д е л ь: У **него** (он) есть дом. Это **его** (он) дом.

1. У _____ (она) есть собака. 2. Это _____ (она) проблема. 3. У _____ (ты) есть машина? 4. Это не _____ (ты) дело. 5. У _____ (я) есть семья. 6. Где _____ (я) джинсы? 7. _____ (вы) сын здесь. 8. У _____ (вы) есть время? 9. Я _____ (вы) слушаю. 10. У _____ (они) есть дом. 11. Это _____ (они) машина.

ЗАДАНИЕ 4. Синтаксис (_____ / 13).

+ уже / ещё / вместе / тоже / так / вот / а / и / но / не … а / сначала … потом / к счастью / к сожалению.

1. Мы читаем, _____ не понимаем. Это проблема. 2. Ты изучаешь русский язык? Я _____ изучаю! 3. Студент спрашивает, _____ преподаватель отвечает. 4. Брат _____ сестра _____ слушают рок. 5. Я тоже _____ думаю! 6. Вы _____ знаете новости? — Нет, мы _____ не знаем. 7. _____ ваши деньги, пожалуйста. 8. Пожалуйста, _____ раз! 9. _____ мы слушаем текст, а _____ читаем. 10. Это _____ карандаш, _____ ручка. 11. _____ , они не знают, что делать. 12. _____ , у меня есть идея.

ЗАДАНИЕ 5. Коммуникация (а: _____ / 4 + б: _____ / 5 = _____ / 9).

а) Фамилия, имя, отчество.

Кто папа, мама, сын, дочь, сосед?
Иванова Мария Ивановна — _____
Иванов Андрей Петрович — _____
Иванов Николай Андреевич — _____
Петров Андрей Иванович — _____
Иванова Наталья Андреевна — _____

б) Анкета.

Пишите вопросы.

— _____?
— Моя фамилия Фёдоров.

— _____?!
— 47.

— _____, пожалуйста!
— 234-47-12.

— _____, пожалуйста!
— Петербург, Невский пр., д. 10, кв. 7.

— _____?
— Да, есть. Сын и дочь.

ЧАСТЬ II

● фо-нетика	■ грамматика ⚓ повторение	● разговор / ситуации общения	◐ текст
	УРОК 6 (стр. 90–99)		
б-б' п-п'	1. Глаголы I спряжения на -ать/-ять: *работать, играть, отдыхать, гулять, завтракать, обедать, ужинать* — настоящее время. 2. Характер действия (акции): как? *(интересно, скучно, красиво, быстро, медленно, долго, правильно, громко, тихо…)*. 3. Словообразование: сфера/профессия. 4. Место: где? *(+ везде, дома, впереди)*. в/на -е (~~есть~~).	На работе: *Как вы работаете? Ты работаешь слишком много. Не так быстро, пожалуйста!* В ресторане: *Что и как играют музыканты?* Ориентация: *Где кафе?*	«Офис» «В ресторане»
	УРОК 7 (стр. 100–115)		
в-в' ф-ф'	5. Время: когда или во сколько? *Утром, днём, вечером, ночью, всегда, иногда, никогда, рано, поздно.* 6. Глаголы *начинать, кончать*. 7. Словообразование: *отдыхать ↔ отдых* 8. Объект после транзитивных глаголов (асс.m. ✖ (неодуш.) и личные местоимения). 9. Относительные местоимения и местоимённые наречия: *что, кто, где, когда* в сложных предложениях. Одновременные (параллельные) действия *(когда…)*.	Когда мы отдыхаем и работаем: *Я никогда здесь не отдыхаю. Кто/что и во сколько начинает / кончает работать. Я знаю, где он работает.* Кроссворд «Глаголы». *Что пианист делает? ↔ Что пианист играет?*	«Суббота» «Театр»
	УРОК 8 (стр. 116–124)		
р-р'	10. Прошедшее время: Конструкция «у меня был». 11. За + асс. (компенсация): *спасибо за…, извините за…* 12. Притяжательные местоимения (повторение).	*Что вы вчера делали?* Диалоги на работе: «Новый коллега», «Перерыв на обед». *Спасибо за кофе, извините за опоздание.*	«Моя фирма»
	УРОК 9 (стр. 125–142)		
к г х	13. Гл. II спряжения: *учить, говорить, строить, помнить, курить, смотреть, стоять, молчать, лежать* — настоящее и прошедшее время. 14. *Весь, вся, всё, все.* 15. *Давно ≠ недавно.* 16. Причина: *потому что, так как*. Результат: *поэтому*. 17. Где? (в/на -е/-ии) без исключений. 18. Гл. *жить*. 19. *Думать* + о чём? 20. Будущее время глагола *быть*. Где + быть (во всех временах)	*Где вы живёте, отдыхаете, работаете? Что вы вчера делали весь день?* Климат: *Вчера было тепло. Завтра, послезавтра, через час. Весной… зимой. Кто о чём думает?*	«Я не трудоголик»
	УРОК 10 (стр. 143–156)		
к г х	21. Множественное число (m., n., f.) с исключениями. 22. Страны и национальности. 23. Конструкция «не только, но и». 24. Как часто? *(часто ≠ редко, всегда, иногда, никогда, обычно).* 25. Неопределённо-личные предложения: «Здесь не курят». 26. *Быть или бывать.*	*Как ваши дела?* Диалог «Во сколько наш поезд?» *Что вы часто делаете?* Кроссворды «Национальности», «Исключения», «Начало и конец».	«Кто что хорошо делает?»

Контрольная работа II (стр. 157–158)
СЛОВАРЬ к урокам 6—10 (стр. 289–290)

Урок 6

6.1

Б — ба-бя, бэ-бе, бо-бё, бы-би, бу-бю — **бы́**стро — **би**стро́ — о**бъе́**кт, **Ба**йка́л, **ба**га́ж, **ба**лко́н, **ба́**за, **ба**лла́ст, **ба**нкро́т, **ба**нк, **ба**кте́рия, **ба**нди́т

П — па-пя, пэ-пе, по-пё, пы-пи, пу-пю — кана**пе́**[э] — **Пе**ру́ — **Пь**ер, **пу**льс, **пе́**нсия, о́**пе**ра, **пла́**тье, **па́**спорт;

Перу́ — **Бе**рли́н, **па́**спорт — **ба́**за, **па**рк — **ба**нк, **Пу́**шкин — **Бу**ш, **пе́**нсия — **бе**нзи́н

ГЛАГОЛ (verb) — тип I
Настоящее время (present imperf.)

ЗАДАНИЕ 102.

а) Сейчас вы читаете глаголы (вы их уже знаете) и говорите фразы.

Например: ду́мать → Как вы ду́маете?

Ду́мать, знать, слу́шать, спра́шивать ≠ отвеча́ть, понима́ть, изуча́ть, чита́ть, расска́зывать.

б) Глаголы в пункте б) вы ещё не знаете. Сейчас вы читаете глагол, спрашиваете, что он значит, и тоже, как в пункте а), говорите фразы.

за́втрака|ть (8:00), обе́да|ть (14:00), у́жина|ть (19:00), рабо́та|ть ≠ отдыха́|ть, игра́|ть, гуля́|ть

+ что (асс.)
+ где
(дома, здесь ≠ там)

в) Что они делают?

1. _____

2. _____

3. _____

4. _____

5. _____

6. _____

??? 1. Она́ за́втракает в 10:00. А вы? 2. Она́ сейча́с отдыха́ет. А вы? 3. Они́ обе́дают в 14:00. А вы? 4. Спортсме́ны игра́ют в волейбо́л. А вы? 5. Де́ти гуля́ют в 16:00. А вы? 6. Он у́жинает в 23:00. А вы?

ЗАДАНИЕ 103. Фраза слева + фраза справа.

Ты футболи́ст?	Мы изуча́ем ру́сский язы́к.
Что де́лают космона́вты?	Ты игра́ешь в футбо́л?
Э́то музыка́нт.	Вы спра́шиваете.
Э́то твой суп?	Она́ расска́зывает. Тури́сты её слу́шают.
Вы журнали́сты.	Здесь гуля́ют де́ти.
Она́ гид.	Они́ изуча́ют ко́смос.
Мы студе́нты.	Он игра́ет рок.
Э́то парк.	Ты уже́ обе́даешь?

ЗАДАНИЕ 104. Это правильно или неправильно?

1. Де́ти рабо́та___, а роди́тели гуля́___ . 2. Здесь и сейча́с я отдыха́___ . 3. Там кафе́, там мы у́жина___ . 4. Музыка́нты игра́___ **в** футбо́л, а спортсме́ны игра́___ блюз. 5. Э́то суп и сала́т. Вы за́втрака___ . 6. Когда́ футболи́ст игра́___ в футбо́л, он отдыха́___ .

ЗАДАНИЕ 105. Спрашивайте и отвечайте! (кто = он)

Кто здесь рабо́та|**ет**/отдыха́ет? Что он/она́ де́лает?
Кто игра́|ет? Кто/что не рабо́тает?

1.  _____ 2.  _____ 3. _____

4.  _____ 5.  _____ 6. _____

Уровень А1. Часть II. Урок 6

ЗАДАНИЕ 106. Трансформация: **У кого** что есть → **Кто** что делает?

М о д е л ь: **У меня** есть вопрос. Что **я** дела**ю**? — **Я** спрашива**ю**.

1. У нас есть ра́дио. Что _____ дела__? — _____
2. У них есть журна́л. Что _____ дела__? — _____
3. У неё есть пиани́но. Что _____ дела__? — _____
4. У тебя́ есть аппети́т. Что _____ дела__? — _____ или _____
5. У него́ есть пробле́ма. Что _____ дела__? — _____
6. У вас есть ша́хматы. Что _____ дела__? — _____
7. У них есть суп. Что _____ дела__? — _____
8. У меня́ есть ко́фе и мю́сли. Что _____ дела__? — _____
9. У вас есть информа́ция. Что _____ дела__? — _____

ЗАДАНИЕ 107. Диалог «Сюрприз».

М о д е л ь: *Офис*
— Здра́вствуйте, Еле́на!
— А́нна?.. Здра́вствуйте! Что вы здесь де́лаете?
— Я то́же здесь рабо́таю.
— О!.. Пра́вда? О́чень хорошо́!

о́фис: Еле́на/А́нна, рабо́тать
пляж: Андре́й/Ян, отдыха́ть
парк: Анто́н/Ни́на, гуля́ть
стадио́н: О́ля/Ма́ша, игра́ть в те́ннис

ЗАДАНИЕ 108. Работайте по модели! Уже или ещё?

М о д е л ь: Ты **уже́ рабо́та**ешь? — Нет, я **ещё не** рабо́таю.

1. Ты уже обе́даешь? 2. Он уже отдыха́ет? 3. Она́ уже́ зна́ет? 4. Они́ игра́ют? 5. Он ещё чита́ет? 6. Ты уже́ гуля́ешь? 7. Ты уже́ отвеча́ешь? 8. Вы уже́ за́втракаете? 9. Она́ ещё слу́шает? 10. Они́ ещё у́жинают? 11. Мы изуча́ем ру́сский язы́к? 12. Вы ещё не понима́ете? 13. Они́ ещё не зна́ют? 14. Ты ещё не рабо́таешь?

ЗАДАНИЕ 109. Профессии.

а) М о д е л ь 1: поли́тик|а (сфе́ра) → поли́тик/поли́тики (челове́к/лю́ди)

~~поли́тика~~, биоло́г|ия, бота́ник|а, фило́лог|ия, филосо́ф|ия, йо́г|а, диплома́т|ия, демокра́т|ия...

Модель 2: баскетбо́л (спорт) → баскетбол|и́ст (спортсме́н)

~~баскетбо́л~~, волейбо́л, те́ннис, футбо́л;
аккордео́н, пиан|и́но, фле́йт|а, гита́р|а...

??? **б)** Кто изуча́ет язы́к? _____
Кто изуча́ет ро́зы и тюльпа́ны? _____
Кто изуча́ет но́ты? _____
Кто изуча́ет бакте́рии? _____
Кто игра́ет в футбо́л? в те́ннис? _____
Кто игра́ет на пиани́но? _____

в) Мужчи́ны и же́нщины.

Модель: В волейбо́л игра́ют волейболи́ст**ы** и волейболи́ст**ки**.

1. На пиани́но игра́ют _____ и _____.
2. В те́ннис игра́ют _____ и _____.
3. В баскетбо́л игра́ют _____ и _____.
4. На гита́ре игра́ют _____ и _____.

▶ **ЗАДАНИЕ 110. Отвеча́йте на вопро́сы (внизу́) и пиши́те ми́ни-те́ксты.**

Модель: текст «О́фис»

1. Это парла́мент. _____
   Что де́лают поли́тики?
2. Это парк. _____
   Что ты здесь де́лаешь?
3. Это ле́кция. _____
   Что де́лают студе́нты и профе́ссор?
4. Это наш о́фис. _____
   Что мы здесь де́лаем?
5. Это санато́рий, куро́рт. _____
   Что лю́ди здесь де́лают?
6. Это стадио́н. _____
   Что де́лают футболи́сты?
7. Сейча́с рок-конце́рт. _____
   Что де́лают музыка́нты? А пу́блика?
8. Это музе́й. _____
   Что де́лает гид? Что де́лают тури́сты?
9. Это рестора́н. _____
   Что вы здесь де́лаете?

КАК? — ХАРАКТЕР ДЕЙСТВИЯ (АКЦИИ)
Наречие (adverb)

пра́вильн**о**	хорошо́ ≠ пло́х**о**	+ не / о́чень / не о́чень / сли́шком
краси́в**о**	гро́мк**о** ≠ ти́х**о**	**не**то́чно, **не**пло́хо…
до́лг**о**	бы́стр**о** ≠ ме́дленн**о**	**не о́чень** хорошо́…
то́чн**о**	интере́сн**о** ≠ ску́чн**о**	**о́чень** краси́во, **о́чень не**краси́во…
отли́чн**о**	прекра́сн**о** ≠ ужа́сн**о**	**сли́шком** до́лго…

мно́го ≠ ма́ло
Ско́лько он рабо́тает? — **Мно́го**. **Как** он рабо́тает? — Хорошо́.

ЗАДАНИЕ 111. а) Спрашивайте и отвечайте на вопросы.

1. Вы обы́чно до́лго обе́даете?
2. Вы гро́мко говори́те? Бы́стро или ме́дленно?
3. Вы ме́дленно говори́те по-ру́сски?
4. Вы мно́го чита́ете? А ваш друг / ва́ша подру́га?
5. Вы бы́стро за́втракаете?
6. Ва́ши колле́ги рабо́тают хорошо́, бы́стро и то́чно?
7. Кто ску́чно расска́зывает? Почему́?
8. Ва́льс — э́то бы́стро или ме́дленно?
А та́нго? …блюз? …фламе́нко?

б) Как говорят люди на рисунке справа?

ЗАДАНИЕ 112. а) + глаголы, б) аудиоконтроль.

М о д е л ь: Он гро́мко г_____ . → Он гро́мко **говори́т**.

1. Он краси́во и_____ .
2. Ты до́лго отд_____ .
3. Он негро́мко от_____ .
4. Вы о́чень ме́дленно ч_____ .
5. Она́ не о́чень интере́сно р_____ .
6. Мы пра́вильно п_____ .
7. У меня́ есть эне́ргия, я бы́стро р_____ .
8. Я непло́хо э́то з_____ .
9. Ты ти́хо ч_____ .
10. Мы о́чень до́лго об_____ .
11. Он ску́чно р_____ .
12. Вы сли́шком до́лго у_____ .
13. Ты мно́го г_____ .
14. Он ма́ло отд_____ .
15. Музыка́нты и_____ сли́шком гро́мко.
16. Я пра́вильно о_____ .

ЗАДАНИЕ 113. Это хорошо или плохо? Почему?

Модель 1: — **Как ты ду́маешь, э́то хорошо́ и́ли пло́хо, е́сли** лю́ди сли́шком ма́ло отдыха́ют?
— Я ду́маю, что э́то пло́хо, потому́ что, когда́ лю́ди ма́ло отдыха́ют, они́ пло́хо рабо́тают.

Модель 2: Я ду́маю, что э́то пло́хо, когда́ лю́ди сли́шком ма́ло отдыха́ют, потому́ что, е́сли они́ ма́ло отдыха́ют, у них стресс. А когда́ у них стресс, они́ пло́хо рабо́тают.

…~~лю́ди сли́шком ма́ло отдыха́ют?~~   …де́ти мно́го игра́ют?
…студе́нты ма́ло спра́шивают?   …лю́ди сли́шком до́лго отдыха́ют?
…колле́ги ме́дленно рабо́тают?   …лю́ди не о́чень хорошо́ вас слу́шают?
…касси́р нето́чно рабо́тает?   …друг ску́чно расска́зывает?
…профе́ссор непра́вильно отвеча́ет?   …ди́ктор сли́шком бы́стро говори́т?
…футболи́сты краси́во игра́ют?   …сосе́д гро́мко игра́ет на пиани́но?

ЗАДАНИЕ 114. (стр. 301.) а) + как ✎, б) аудиоконтро́ль.

Модель: Он сли́шком б_____ говори́т. → Он сли́шком **бы́стро** говори́т.

1. Он к_____ говори́т. Кто он, поли́тик?
2. Ты сл_____ м_____ рабо́таешь.
3. Он с_____ д_____ ду́мает.
4. У меня́ всё о_____ .
5. У неё анги́на, и она́ говори́т о_____ т_____ .
6. Извини́те, я п_____ вас понима́ю.
7. Я ду́маю, что рабо́тать — э́то и_____, а отдыха́ть — э́то с_____ . Я п_____ говорю́?
8. Кондиционе́р рабо́тает т_____?
9. Часы́ **ти́к**ают с_____ г_____ .

Интона́ция: КАК э́то ску́чно! КАК ме́дленно! Э́то ТАК хорошо́!!!

Как они́ сего́дня чита́ют? ↔
Как бы́стро они́ сего́дня чита́ют! Они́ чита́ют **так бы́стро**!

Как мы вас понима́ем? ↔
Как хорошо́ мы вас понима́ем! Мы **так хорошо́** вас понима́ем!

Как он игра́ет? ↔
Как гро́мко он игра́ет! Он игра́ет **так гро́мко**!

ЗАДАНИЕ 115. Диалог «Не так быстро, пожалуйста!»

— Извините, я не понимаю вас. Не так быстро, пожалуйста!
— Я слишком быстро говорю?
— Да. Я ещё не очень хорошо понимаю по-русски. Но когда люди говорят медленно, я обычно неплохо их понимаю.

ЗАДАНИЕ 116.

а) Слушайте текст «Офис». Как вы понимаете текст?

	да	нет
1. Рассказывает менеджер.	☐	☐
2. Его жена думает, что он работает мало.	☐	☐
3. У него есть Интернет.	☐	☐
4. Директор отвечает на письмо.	☐	☐
5. Директор работает мало, но у него есть деньги.	☐	☐
6. Менеджер отвечает за все проекты.	☐	☐

б) Читайте.

ОФИС

Я менеджер. Я работаю очень много. Моя жена думает, что я трудоголик. **Может быть**, это правда, потому что уже 16:00, а я ещё не обедал. К счастью, у меня есть бутерброд и кофе. Сейчас я **отвечаю на письмо**, но Интернет работает очень плохо. Это проблема.

А это наш директор. Он тоже работает много, а отдыхает мало. Сегодня он долго читает документы, изучает контракты, думает, делает планы. Он работает, как **всегда**, хорошо. Он отлично всё знает. Он **отвечает за** все наши проекты. У него, конечно, есть кабинет, компьютер, автомобиль, дом, вилла… У него есть всё, потому что он директор.

в) А кто вы? Вы много работаете? Вы всегда обедаете? Когда Интернет работает плохо, это для вас проблема? У вас есть директор? Как он работает? Что он делает?

г) Рассказывайте текст не как менеджер, а как директор.

Т.Л. Эсмантова. Русский язык: 5 элементов

ЗАДАНИЕ 117. «И» или «НО» + наречие (adverb).

М о д е л ь: — **Как** вы отвечаете?
— Мы отвечаем быстро, но непра́вильно.

быстро
плохо
громко
до́лго
ме́дленно
~~неправильно~~
ужа́сно
хорошо́
прекра́сно
пра́вильно
интере́сно
то́чно
краси́во
ти́хо
ску́чно…

0. — Как вы отвеча́ете?
— Мы отвеча́ем быстро, но непра́вильно.
1. — _____ вы чита́ете?
— Мы чита́ем гро́мко и _____.
2. — _____ ты отдыха́ешь?
— Я отдыха́ю _____.
3. — _____ они́ рабо́тают?
— Они́ рабо́тают быстро и _____.
4. — _____ он понима́ет?
— Он понима́ет пра́вильно, но _____.
5. — _____ она́ расска́зывает?
— Она́ расска́зывает _____.
6. — _____ они́ отвеча́ют?
— Они́ _____ отвеча́ют.
7. — _____ ты де́лаешь дома́шнее зада́ние?
— Я де́лаю его́ _____, но _____.
8. — _____ рабо́тают твои́ часы́?
— Они́ рабо́тают _____.

ЗАДАНИЕ 118. Логика.

+ как?

М о д е л ь: Мы **отли́чно** вас понима́ем, потому́ что уже́ **хорошо́** вас зна́ем.

1. Поли́тики _____ ду́мают, потому́ что не зна́ют, что де́лать.
2. Я _____ понима́ю, потому́ что ты _____ чита́ешь.
3. Она́ _____ расска́зывает, потому́ что она́ _____ э́то зна́ет.
4. Мы спра́шиваем, потому́ что _____ э́то зна́ем.
5. Баскетболи́сты _____ игра́ют, потому́ что _____ отдыха́ют.
6. Они́ сего́дня _____ за́втракают, потому́ что они́ сего́дня не рабо́тают и у них есть вре́мя.
7. Он отли́чно рабо́тает, потому́ что (он) _____ отдыха́ет.
8. Студе́нты не слу́шают, потому́ что профе́ссор _____ расска́зывает.
9. Профе́ссор _____ расска́зывает, потому́ что студе́нты _____ слу́шают.

МЕСТО — ГДЕ? СТАТИКА
Наречие (adverb)

здесь ≠ там, дóма, вез**дé**, ни**гдé** (не)

— Аллó! Ты где? Я ужé **дóма**.
— А я ещё не дóма.

ЗАДАНИЕ 119.

а) везде ≠ нигде не

М о д е л ь: Он вездé читáет? — Нет, он **нигдé не** читáет.

1. Они́ вездé гуля́ют? 2. Ты вездé спрáшиваешь? 3. Вы вездé игрáете? 4. Онá вездé э́то расскáзывает? 5. Он вездé рабóтает? 6. Они́ вездé отдыхáют?

б) + где

1. Мы зáвтракаем обы́чно ☐☐☐☐ . 2. ☐☐☐☐☐ гуля́ют дéти. 3. Сегóдня я у́жинаю ☐☐☐ . 4. Ты ☐☐☐☐☐ **не** рабóтаешь? 5. ☐☐☐☐☐ игрáют баскетболи́сты, а ☐☐☐ игрáют волейболи́сты. 6. Трудогóлик ☐☐☐☐☐ **не** отдыхáет. 7. Я ужé ☐☐☐☐ . 8. Агéнт рабóтает и ☐☐☐☐☐ , и ☐☐☐ — он рабóтает ☐☐☐☐☐ .

в) ??? 1. Онá нигдé не у́жинает. Почему́?
2. Дéти нигдé не игрáют. Почему́?
3. Дéдушка нигдé не рабóтает. Почему́?

⚓ слéва ≠ спрáва, внизу́ ≠ наверху́, сзáди ≠ впереди́

ЗАДАНИЕ 120.

Где здесь дверь? Где окнó? Где стул? Где стол? Где лю́стра? Где сосéди? Где у́лица? Где коридóр? Где туалéт? Где кафé? Где аудитóрия 5?
* Где ли́дер? Где президéнт? Где прогрéсс? Где револю́ция? Где коммуни́сты? Где консервáторы? Где демокрáты?

ЗАДАНИЕ 121. (⊙ стр. 301.) Текст «В ресторáне».

а) Слу́шайте! Как вы понимáете текст?

	да	нет
1. Пóвар рабóтает óчень бы́стро.	☐	☐
2. Музыкáнты отли́чно игрáют рок.	☐	☐
3. Влади́мир ску́чно расскáзывает, и его друг не слу́шает его́.	☐	☐

б) Читайте и рассказывайте!

В РЕСТОРА́НЕ

??? Почему́ Влади́мир и его́ друг ещё не у́жинают? Как сего́дня игра́ют музыка́нты? Как они́ игра́ют обы́чно? Что они́ игра́ют? Как сего́дня рабо́тает по́вар? Почему́ клие́нты (Влади́мир и его́ друг) ду́мают, что э́то не пробле́ма? Кто слу́шает блюз? Кто игра́ет джаз? Кто расска́зывает исто́рии? Как он расска́зывает?

в) Когда́ по́вар до́лго де́лает ваш у́жин, э́то для вас пробле́ма? Почему́?

ГДЕ: в/на + существительное (noun)

Где вода́?   в   + -Е → вода́ **в** буты́лк|е   (буты́лк|а, f.)
Где буты́лка?   на   + -Е → буты́лка **на** стол|é   (стол, m.)

ЗАДА́НИЕ 122. Где?

а) Где кни́га? (____ библиоте́к|а).   Где они́? (____ рестора́н).
Где ру́чка? (____ стол).   Где гид? (____ музе́|й).
Где я́блоко? (____ журна́л).   Где информа́ция? (____ Интерне́т).
Где кот? (____ дива́н).   Где сло́во? (____ словар́|ь).
Где чай? (____ ча́шк|а).   Где пу́блика? (____ теа́тр).

б) Где пары?

Где вода́?   на сту́ле, до́ма, в кла́ссе
Где бана́н?   в магази́не, на столе́, в су́мке, на па́льме
Где ча́шка?   на столе́, **на ку́хне**, в магази́не
Где су́мка?   в буты́лке, в ча́шке, в мо́ре, в ва́нне

урок 7

7.1

🗣 В — Ф — ва-фа, вя-фя, ве-фе, ву-фу, вы-фы, вья-фья, вье-фье, вью-фью, вьи-фьи;

ва́фля, **ф**ра́за, **в**раг, **ф**ронт, **ф**лаг, **в**альс, **ф**альшь, **ф**лирт, **В**о́лга, **ф**люи́д;
в два, в де́вять, в де́сять, в двена́дцать, в два́дцать, в оди́ннадцать, **в в**о́семь, **в в**осемна́дцать;
[ф]: в час, в четы́ре, в четы́рнадцать, в три, в трина́дцать, в пять, в пятна́дцать, **в** шесть, **в** шестна́дцать, **в** семь, **в** семна́дцать, **в**се, **в**сегда́

ВРЕМЯ 🕐
Утро, день, вечер или **ночь**?

| 04:00—11:59 — у́тро. | 17:00—24:00 — ве́чер. |
| 12:00—16:59 — день. | 00:00—03:59 — ночь. |

ЗАДАНИЕ 123.

1. Ско́лько (сейча́с) **вре́мени**? — конста́тация

а) М о д е л ь: — Извини́те, ско́лько (сейча́с) вре́мени?
              — Сейча́с **19:10**.
              — О! Уже́ **ве́чер**!

~~19:10~~, 05:15, 12:30, 18:25, 00:10,
13:00, 06:15, 01:20, 08:35, 19:00…

б) 1. Слу́шайте диало́ги. Где ситуа́ции № 1–5? 🔑
   2. Слу́шайте ещё раз. Кто говори́т?
(⊙ стр. 301–302.)

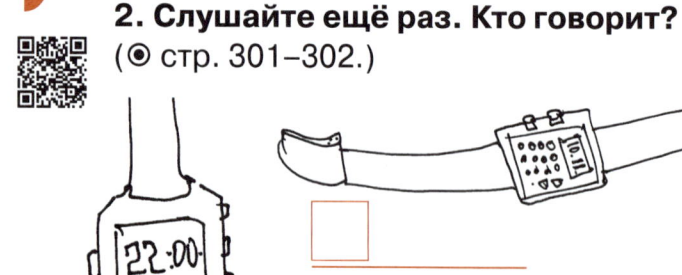

7.2

100

Т.Л. Эсмантова. Русский язык: 5 элементов

2. Ско́лько (вре́мени)? = **Как до́лго?** — пери́од

а) — **Ско́лько** ты обы́чно обе́даешь?
— Я обе́даю **час**.
— Так до́лго?
— Да! Обе́д — э́то ва́жно.

б) — **Ско́лько** вы здесь рабо́таете?
— Я рабо́таю здесь **год**, а он — **ме́сяц**.

??? Ско́лько вре́мени вы обе́даете? за́втракаете? у́жинаете? изуча́ете ру́сский язы́к?

КОГДА?

> все**гда́**, ино**гда́**, ни**когда́** (не)
> вчера́ → сей**ча́с**, сего́**дня** → за́втра
> ра́но ≠ по́здно
> у́тр**ом**, днём, ве́чер**ом**, но́чь**ю**

ЗАДА́НИЕ 124. Говори́те!

??? 1. Когда́ лю́ди рабо́тают?
2. Когда́ они́ отдыха́ют?
3. Когда́ мы обе́даем?
4. Когда́ мы у́жинаем?
5. Когда́ лю́ди слу́шают ра́дио?
6. Когда́ лю́ди за́втракают?
7. Когда́ мы чита́ем газе́ты? журна́лы?
8. Что вы де́лаете днём?
9. Что вы де́лаете ве́чером?
10. Что вы никогда́ не де́лаете?
11. Сего́дня воскресе́нье. Что вы де́лаете днём?

ЗАДА́НИЕ 125. **Все**гда ≠ **ни**когда **не**.

М о д е л ь: Вы всегда́ там рабо́таете? — Нет, я никогда́ там **не** рабо́таю.

1. Он всегда́ её понима́ет? 2. Вы всегда́ здесь отдыха́ете? 3. Они́ всегда́ говоря́т так гро́мко? 4. Ты всегда́ так рабо́таешь? 5. Она́ всегда́ там гуля́ет? 6. Он всегда́ расска́зывает ску́чно? 7. Вы всегда́ зна́ете отве́т? 8. Они́ всегда́ говоря́т бы́стро?

ЗАДА́НИЕ 126. Как вы ду́маете, э́то пра́вильно?

1. Мы у́жинаем ра́но у́тром. 2. Иногда́ он обе́дает уже́ но́чью. 3. Мы рабо́таем ве́чером. 4. Де́ти гуля́ют но́чью. 5. Я слу́шаю ра́дио днём. 6. Ты слу́шаешь джаз у́тром. 7. Лю́ди обы́чно за́втракают по́здно ве́чером. 8. Он рабо́тает днём. 9. Поэ́т ду́мает но́чью. 10. Мы чита́ем журна́лы ра́но у́тром. 11. Иногда́ магази́ны рабо́тают но́чью.

Уровень А1. Часть II. Урок 7

КОГДА? или ВО СКОЛЬКО?

Во сколько? — момент

— Во сколько ты ужинаешь?
— Я ужинаю в семь.
— А во сколько ты обедаешь?
— А обедаю я в два.

??? Что вы обычно делаете в 10:00, в 13:00, в 15:00, в 17:00, в 22:00…?
Во сколько вы завтракаете, обедаете и ужинаете?

ЗАДАНИЕ 127. Во сколько? → когда?

а) М о д е л ь: в 15:30 = днём

в 19:20 = _____   в 04:20 = _____
в 12:40 = _____   в 14:00 = _____
в 11:00 = _____   в 18:00 = _____
в 23:00 = _____   в 01:10 (в ~~один~~ час десять) = _____
в 02:20 = _____

б) Слушайте и контролируйте ответы. (● стр. 302.)

> начина|ть ≠ конча|ть + глагол в инфинитиве (inf. verb)

Я **начинаю** работать в 9:00 и **кончаю** работать в 17:30.

ЗАДАНИЕ 128.

а) Трансформируйте фразы.

М о д е л ь: Я работаю (|→ 9:00) → я начинаю работать в 9:00.
Я работаю (→| 17:30) → я кончаю работать в 17:30.

1. Мы завтракаем (→| 7:30). 2. Они обедают (|→ 14:30). 3. Он работает (→| 8:30).
4. Вы ужинаете (→| 19:00). 5. Я отдыхаю (|→ 20:00). 6. Она завтракает (→| 8:00).

б) + антонимы.

М о д е л ь: В 18:00 я начинаю работать. →
В 18:00 я **не начинаю, а кончаю** работать.

В 9:00 они кончают завтракать.
В 21:00 они начинают ужинать.
В 19:00 он начинает работать.
В 14:30 мы кончаем обедать.

ЗАДАНИЕ 129. Диалоги. Как долго? = Сколько? ↔ Во сколько?

Модели:
а) Я работаю (7 часов)[1].
  ↓
— **Сколько** (как долго) ты работаешь?
— Я работаю семь часов.

б) Я начинаю работать (7 часов).
  ↓
— **Во сколько** ты начинаешь работать?
— Я начинаю работать **в** семь.

1. Мы отдыхаем (один месяц).
2. Дети начинают играть (5 часов).
3. Они играют (5 часов).
4. Мы начинаем завтракать (8 часов).

5. Мы завтракаем (30 минут).
6. Мы кончаем обедать (час).
7. Мы обедаем (час).
8. Он начинает работать (9 часов).

Сколько он обедает? _____

Во сколько он начинает работать? _____

ЗАДАНИЕ 130. Математика.

Модель: Сколько часов человек работает, если он начинает работать в 9:00, а кончает работать в 18:00? → <u>Человек работает 9 часов.</u>

1. Сколько минут играет девочка, если она начинает играть в 17:00, а кончает играть в 17:40? _____

2. Как долго обедает менеджер, если он начинает обедать в 14:00, а кончает обедать в 14:15? _____

3. Сколько минут читает студент, если он начинает читать текст в 19:00, а кончает читать в 19:25? _____

4. Сколько часов работают люди, если они начинают работать в 10:00, а кончают работать в 15:00? _____

5. Как долго работает магазин, если он начинает работать в 8:00, кончает работать в 22:00, а в 14:00 делает перерыв на обед на 1 час? _____

---

[1] Gen. pl. (см. подробнее во второй книге учебника).

ЗАДАНИЕ 131. Начинать или кончать работать? + ваша реакция «так рано?»/«так поздно?» Работайте по модели.

М о д е л ь: Магази́н (10:00 — ...) →
— Во ско́лько магази́н начина́ет рабо́тать?
— Магази́н начина́ет рабо́тать в 10:00.
— Так по́здно?

Апте́ка (8:00 — ...), музе́й (... — 17:00), Эрмита́ж (10:00 — ...), магази́н (... — 23:00), шко́ла (08:00 — ...), метро́ (06:15 — 00:30), теа́тр (... — 23:30), цирк (... — 22:00), аге́нтство (09:30 — ...).

ЗАДАНИЕ 132. (⊙ стр. 302.) **Текст «Суббо́та».**

а) Слу́шайте текст «Суббо́та». Отвеча́йте на вопро́сы.

Как вы понима́ете текст?   да   нет

1. Де́вушка снача́ла ду́мала, что сего́дня пя́тница.
2. У неё есть соба́ка.
3. Она́ у́жинает сего́дня в рестора́не.
4. Ве́чером она́ всегда́ до́лго гуля́ет.
5. Обы́чно она́ начина́ет рабо́тать в 9:30.
6. Обы́чно она́ за́втракает ми́нимум час.

б) Чита́йте текст и расска́зывайте.

ПАРАЛЛЕ́ЛЬНЫЕ ДЕ́ЙСТВИЯ (А́КЦИИ)

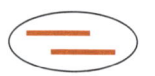

КОГДА́ [субъе́кт 1 + предика́т], [субъе́кт 2 + предика́т].

Когда́ музыка́нт **игра́ет**, пу́блика **слу́шает**.

ЗАДАНИЕ 133. а) Что реа́льно?

1. Когда́ актри́са игра́ет, режиссёр ду́мает
   или когда́ актри́са ду́мает, режиссёр игра́ет?
2. Когда́ клие́нт рабо́тает, барме́н у́жинает
   или когда́ барме́н рабо́тает, клие́нт у́жинает?
3. Когда́ профе́ссор расска́зывает, студе́нты слу́шают
   или когда́ студе́нты расска́зывают, профе́ссор слу́шает?
4. Когда́ вы рабо́таете, ва́ши колле́ги отдыха́ют
   или когда́ вы отдыха́ете, они́ рабо́тают?
5. Когда́ пассажи́ры обе́дают, стюарде́сса рабо́тает
   или когда́ стюарде́сса обе́дает, пассажи́ры рабо́тают?
6. Когда́ милиционе́р рабо́тает, банди́т отдыха́ет
   или когда́ милиционе́р отдыха́ет, банди́т рабо́тает?

б) Кто это? Что и когда они делают?

в) Дискуссия. Это правда?

1. Когда́ мы игра́ем, мы отдыха́ем.
2. Ша́хматы — э́то не спорт, потому́ что когда́ лю́ди игра́ют в ша́хматы, их му́скулы не рабо́тают.

ЗАДАНИЕ 134.

а) Как вы думаете, это рано или поздно?

1. Шко́ла начина́ет рабо́тать в 7:30. 2. Магази́ны конча́ют рабо́тать в 22:00. 3. Теа́тр конча́ет рабо́тать в 23:30. 4. Президе́нт начина́ет рабо́тать в 7:00. 5. Секрета́рь начина́ет рабо́тать в 10:00. 6. Ба́нки начина́ют рабо́тать в 9:00. 7. Мари́я обе́дает, когда́ конча́ет рабо́тать банк. 8. Михаи́л за́втракает, когда́ начина́ет рабо́тать метро́. 9. Мы у́жинаем, когда́ конча́ет рабо́тать телеви́дение. 10. Студе́нт спра́шивает, когда́ преподава́тель конча́ет уро́к.

б) Во сколько → когда?

М о д е л ь: Шко́ла начина́ет рабо́тать в 7:30 →
Шко́ла начина́ет рабо́тать **ра́но у́тром**.

ЗАДАНИЕ 135. Мой день. Отвечайте на вопросы!

а) Что вы обычно делаете **в это время**?

...в 8:30? в 9:00? в 10:00? в 12:00? в 13:00? в 14:00? в 17:00? в 18:00? в 19:00? в 20:00?

б) 1. Что вы делаете утром? Во сколько вы это делаете?
2. Что вы делаете днём? Во сколько? Что делают ваши коллеги?
3. Что вы делаете вечером? Во сколько?

_____
_____
_____
_____
_____

⚓ **ЗАДАНИЕ 136.** Глагол ↔ существительное (verb ↔ noun). Он, она или оно?

а) Где пары?

с**пра́ш**ивать	расска́з (_____)
рабо́тать	о́тдых (_____)
обе́дать	у́жин (_____)
за́втракать	игра́ (_____)
у́жинать	рабо́та (_____)
отдыха́ть	обе́д (_____)
отвеча́ть	де́ло (_____)
расска́зывать	за́втрак (_____)
игра́ть	во**про́с** (он)
счита́ть	коне́ц (_____)
де́лать	счёт (_____)
начина́ть	отве́т (_____)
конча́ть	нача́ло (_____)

б) Пишите фразы.

М о д е л ь: Когда́ у нас есть вопро́с, _____ →
              Когда́ **у нас** есть **вопро́с**, **мы** спра́шиваем.

Когда́ у нас есть рабо́та, _____
Когда́ у них есть игра́, _____
Когда́ у тебя́ есть отве́т, _____
Когда́ у нас у́жин, _____
Когда́ у него́ обе́д, _____
Когда́ у неё за́втрак, _____
Когда́ у меня́ есть кни́га, _____
*Когда́ у нас переры́в, _____

в) Что это? Пишите!

М о д е л ь: «Ле́го» — э́то **игра́**.

1. Старт — э́то _____.
2. Ко́фе и мю́сли — э́то _____.
3. Би́знес — э́то _____.
4. Что? Где? Когда́? — э́то _____.
5. Переры́в — э́то _____.
6. Фи́ниш — э́то _____.
7. Суп, сала́т и бифште́кс — э́то _____.
8. Ры́ба, сала́т и сок — э́то _____.
9. Волейбо́л — э́то _____.
10. «Идио́т» — э́то не _____, э́то рома́н.
11. Хо́бби — э́то _____.

СЛОЖНОЕ ПРЕДЛОЖЕНИЕ

Я зна́ю. Ты чита́ешь[1]. →
Я зна́ю. Ты чита́ешь ~~рома́н~~. →
Я зна́ю. Ты ~~хорошо́~~ чита́ешь. →
Я зна́ю. Ты ~~здесь~~ чита́ешь. →
Я зна́ю. Ты ~~сего́дня~~ чита́ешь. →

Я зна́ю, ЧТО / ЧТО / КАК / ГДЕ / КОГДА ты чита́ешь.

[субъект 1 ...],   ↓   [субъект 2 ...].

ЗАДАНИЕ 137. Сложные предложения.

а) + субъекты + конец слова

1. _____ Ты _____ ду́маешь, что _____ он _____ всё зна́ет?
2. _____ не зна́ю, ко _____ _____ отдыха́ет.
3. _____ спра́шивает, к _____ _____ отдыха́ю.
4. _____ не зна́ем, г _____ _____ отдыха́ют.
5. _____ понима́ю, ч _____ всё пра́вильно де́лаешь.
6. _____ зна́ешь, г _____ _____ рабо́тает?
*7. _____ не понима́ют, п _____ _____ э́то де́лаем.

---
[1] Я зна́ю, что **ты чита́ешь** (факт: ты чита́ешь).
Я зна́ю, **что** ты чита́ешь (объект: рома́н).

Уровень А1. Часть II. Урок 7

б) + субъекты, + что, где, как, почему или когда

1. _____ думаем, (что/как) _____ хорошо́ рабо́таете.
2. _____ ду́маю, (кто/что) _____ уже́ всё понима́ешь.
3. _____ зна́ешь, (как/кто) _____ хорошо́ рабо́тает?
4. _____ зна́ю, (что/когда́) _____ сего́дня уже́ не рабо́тают.
5. _____ отдыха́ешь, (что/когда́) _____ рабо́таю.
6. _____ расска́зывает, (почему́/как) _____ рабо́таете.

ЗАДАНИЕ 138.

а) слова слева + их функции

что	ме́сто
где	факт
когда́	моти́в (причи́на)
почему́	хара́ктер де́йствия (а́кции)
как	субъе́кт
кто	объе́кт
что	вре́мя

б) + что, где, как, кто или когда?

1. Я зна́ю, _____ он расска́зывает анекдо́ты и исто́рии.
2. Я не зна́ю, _____ здесь рабо́тает.
3. Ма́ма не зна́ет, _____ отдыха́ет дочь.
4. Я не понима́ю, _____ ты де́лаешь сала́т.
5. Я ду́маю, _____ они́ хорошо́ рабо́тают.
6. Шеф не зна́ет, _____ рабо́тает ме́неджер.
7. Переры́в — э́то вре́мя, _____ мы отдыха́ем.
8. Преподава́тель слу́шает, _____ чита́ют студе́нты.
9. Музе́й — э́то ме́сто, _____ рабо́тают ги́ды.

в) Где пары?

Ты отдыха́ла до́ма?
Ты отдыха́л вчера́ и́ли позавчера́?
Она́ чита́ет рома́ны и́ли расска́зы?
Она́ чита́ет гро́мко и́ли ти́хо?

Она́ спра́шивает, когда́ ты отдыха́л.
Я спра́шивал, что она́ чита́ет.
Он спра́шивает, где ты отдыха́ла.
Мы не зна́ем, как она́ чита́ет.

ЗАДАНИЕ 139. (стр. 303.) Текст «Театр».

а) Слушайте текст и отвечайте на вопросы.   да   нет

1. Актёры всегда́ зна́ют, как игра́ть ро́ли.
2. Актёры начина́ют рабо́тать ра́но у́тром.
3. Теа́тры начина́ют рабо́тать в 21:00.
4. За́втра ве́чером премье́ра.

108

Т.Л. Эсмантова. Русский язык: 5 элементов

б) Пишите в текст слова.

ТЕА́ТР

Э́то теа́тр — дом, _____ рабо́тают актёры. Здесь они́ игра́ют. Оте́лло, Роме́о, ле́ди Ма́кбет, Сирано́ де Бержера́к, дя́дя Ва́ня, А́нна Каре́нина, князь Мы́шкин… — э́то их ро́ли. Обы́чно они́ хорошо́ понима́ют хара́ктеры и игра́ют отли́чно.

Но иногда́, _____ актёры репети́руют, они́ не зна́ют, _____ игра́ть роль. К сча́стью, у них есть режиссёр, и актёры спра́шивают его́. Он всё зна́ет. Режиссёр снача́ла ду́мает, _____ пра́вильно игра́ть, а пото́м отвеча́ет. Иногда́ он ду́мает о́чень до́лго. Актёры слу́шают, _____ режиссёр расска́зывает. Когда́ они́ не понима́ют, они́ его́ ещё раз спра́шивают. Режиссёр говори́т, что, когда́ актёры ду́мают не так, _____ ду́мает он, э́то пробле́ма.

Обы́чно актёры начина́ют репети́ции по́здно у́тром, в 11:00, потому́ что они́ конча́ют рабо́тать по́здно ве́чером, в 22:30. Э́то логи́чно: днём лю́ди рабо́тают, ____ ве́чером отдыха́ют. И _____ пу́блика в теа́тре отдыха́ет, актёры рабо́тают. Вот почему́ теа́тры начина́ют рабо́тать то́лько ве́чером, в 19:00 или _____ 19:30. А когда́ антра́кт (обы́чно в 20:30), отдыха́ют все: и актёры, и пу́блика.

Вот сце́на. На сце́не актёр чита́ет моноло́г: «Быть и́ли не быть…» Вы зна́ете, _____ э́то? Да, э́то Га́млет. Сейча́с **репети́ция**, а сего́дня ве́чером **премье́ра**. Режиссёр слу́шает, _____ актёр чита́ет моноло́г. Иногда́ он говори́т гро́мко, а иногда́ о́чень ти́хо. Актёр игра́ет прекра́сно! Режиссёр ду́мает, _____ у него́ есть тала́нт. И ещё он ду́мает, что Шекспи́р — ге́ний!

в) Аудиоконтро́ль.

??? Что де́лают актёры?
Что де́лает пу́блика, когда́ актёры игра́ют?
Что де́лает режиссёр, когда́ актёры игра́ют?
Во ско́лько актёры начина́ют и конча́ют игра́ть спекта́кли?
Во ско́лько у них антра́кт?
Когда́ актёры рабо́тают: у́тром, днём и́ли ве́чером?
Что де́лает суфлёр (вы зна́ете, кто э́то?)?

Уровень А1. Часть II. Урок 7

▲ **г)** Как вы думаете, это проблема, когда актёры думают не так, как думает их режиссёр? А когда актёры не делают так, как говорит их режиссёр? Почему? ✎

▲ **д)** Сейчас вы режиссёр и рассказываете текст. ✎

● *Это правда?

Жизнь — это игра́.
Мир — э́то теа́тр.

ГЛАГОЛЫ

Intr. verb + ~~объект~~:	Tr. verb + **объект**:
гуля́ть	1. де́лать, слу́шать, понима́ть, знать, **чита́ть**, **расска́зывать**, начина́ть, конча́ть, изуча́ть, игра́ть... + **что?** ✖
ду́мать	↓
у́жинать	Я де́лаю **бутербро́д**. Он слу́шает **рок**.
обе́дать	
отдыха́ть	2. слу́шать, понима́ть, знать, спра́шивать... + **кого́?** ♥
рабо́тать	↓
за́втракать ...	Я слу́шаю **тебя́**. Мы **вас** понима́ем.
↓	
Мы здесь гуля́ем.	
Я так ду́маю.	

??? Что он де́лает?
Что он слу́шает: **рок**, **джаз** и́ли **поп**?
Что он слу́шает: **магнитофо́н** и́ли **МР3*-пле́ер**?

(кто/что субъект (nom.)) →глагол (tr. verb)→ (кого́/что объект (асс.))

МЕСТОИМЕНИЯ (pers. pronouns)

acc. = gen.   что ✖/кого́ ♥?   — его́, её, их
              кого́ ♥?   — меня́, тебя́, нас, вас

♥ У меня́ есть **друг**.
✖ У меня́ есть **диск** / **ра́дио**.   = Я **его́** слу́шаю.

* МР3 [эм пи три].

Уровень А1. Часть II. Урок 7

111

ЗАДАНИЕ 140. + объект и глагол.

Модель: Ты _____ (он) зна____? → Ты **его** зна**ешь**?

1. «Вы _____ (я) слуша____?» — «Да-да, я _____ (вы) слуша____!» 2. Ты _____ (мы) понима____? 3. Вы _____ (они) зна____? 4. Вы _____ (я) спрашива____? 5. Это ваша книга? Вы _____ (она) чита____? 6. Это ваш компакт-диск? Вы _____ (он) слуша____? 7. Они _____ (вы) не зна____? 8. _____ (Она) зовут Елена? Вы _____ (она) зна____? 9. Это ваши газеты? Вы _____ (они) чита____? 10. Как _____ (ты) зовут?

ЗАДАНИЕ 141. Фразы. Трансформируйте nom. → acc. pronoun.

Модель: Он/сестра́/спра́шивать. → Он **её** спра́шивает. Она́ **его** спра́шивает.

1. Они́/дочь/слу́шать. 2. Она́/мы/знать. 3. Он/подру́га/понима́ть. 4. Вы/анекдо́т/расска́зывать. 5. Я/кни́га/чита́ть. 6. Мы/кассе́та/слу́шать. 7. Они́/пробле́ма/изуча́ть. 8. Ты/зада́ние/де́лать. 9. Космона́вты/ко́смос/изуча́ть.

ОБЪЕ́КТ (acc.)
что? / кого́?

что ✗?
sing. **m.**, **n.**; pl. = nom.
↓
Я чита́ю журна́л, письмо́ и газе́ты.

кого́ ♥?
m. = gen.[1]:
↓
Я слу́шаю студе́нт**а**/студе́нт**ов**.

sing. **f.**: **-у/-ю**; **-ь**:
↓

что ✗?
Я чита́ю газе́т**у** / стать**ю́**.
(газе́т|**а** / стать|**я́**)

кого́ ♥?
Я слу́шаю ма́м**у** / тёт**ю** / доч**ь**[2].
(ма́м|**а** / тёт|**я** / дочь)

ЗАДАНИЕ 142.

а) + acc. f. sing.

1. Я начина́ю _____ (рабо́т|а).
2. Мы изуча́ем _____ (хи́ми|я).
3. Вну́ки спра́шивают _____ (ба́бушк|а).
4. Ты чита́ла _____ (нове́лл|а)?
5. Де́вочка не зна́ет _____ (тёт|я).
6. Па́па спра́шивает _____ (дочь).

[1] Фо́рмы gen. sing./pl. см. во второ́й ча́сти уче́бника (A2).
[2] Pl. f. ♥ acc. = pl. f. gen.

б) + асс.

1. Я не понимаю _____ (сюжёт, идё|я, фраз|а, ты).
2. Бармен делает _____ (коктёйл|и).
3. Девушка слушает _____ (мор|е, музык|а, подруг|а).
4. Мальчик не понимает _____ (дедушк|а, бабушк|а, тёт|я).
5. Я читала _____ (роман) и _____ (рассказ|ы).
6. Мы слушаем _____ (мужчин|а, дяд|я, ты).

в) + асс. Что она делает?

ОБЪЕКТ + ПРЕДЛОГИ: В, НА, ЗА

Играть **что** ↔ **во что**:
Он играет роль, Отелло; джаз, танго… ↔ Мы играем **в** футбол, **в** теннис…

Отвечать **на** что / **за** что:
Я отвечаю **на** вопрос, **на** письмо… / Шеф отвечает **за** проект, **за** результат…

ЗАДАНИЕ 143. + объект: что или кого? (m., n. асс. = nom.)

1. ~~Мы читаем~~	его.	~~(что?)~~
2. Я делаю	задание.	(_____?)
3. Я знаю	урок.	(_____?)
4. Они не понимают	русский язык.	(_____?)
5. Она спрашивает	~~журнал.~~	(_____?)
6. Он рассказывает	рассказ.	(_____?)
7. Вы слушаете	подругу.	(_____?)
8. Ты изучаешь	их.	(_____?)
9. Я отвечаю	анекдот.	(_____?)
10. Директор отвечает	**в** волейбол.	(_____?)
11. Волейболисты играют	**на** вопрос.	(_____?)
12. Преподаватель начинает	**за** результат.	(_____?)

1. **Что** мы читаем?
— Мы читаем журнал.

ЗАДАНИЕ 144. Диалоги.

— Что у нас **на** обед?
— Щи и картошка.

~~Обед (щи, картошка).~~ Ужин (салат, спагетти).
Завтрак (кофе, каша). Обед (борщ, плов).
Десерт (фрукты, мороженое).

ЗАДАНИЕ 145. + объект (его, её, их).

Модель: У меня есть **книга**. Я _____ читаю. → Я **её** читаю.

1. У тебя есть друг. Я _____ знаю. 2. У меня есть подруга. Ты _____ знаешь. 3. У нас есть деньги. Мы _____ считаем. 4. У вас есть работа. Вы _____ делаете. 5. У них есть проблема. Они _____ изучают. 6. У тебя есть радио. Ты _____ слушаешь. 7. У него есть журнал. Он _____ читает.
*8. У нас есть игра. Мы **в** _____ играем. 9. У меня есть письмо. Я **на** _____ отвечаю. 10. У тебя есть дети. Ты **за** _____ отвечаешь.

ЗАДАНИЕ 146. Действие (акция) или объект?

Что он **делает**? ↔ **Что** он играет?

Кто = субъект → что делает
↓
что = объект

Модель: — **Что** пианист **делает**? / Что пиани́ст**ы** де́ла**ют**?
— Игра́**ет**. / Игра́**ют**.
— **Что** он играет? / **Что** они игра́**ют**?
— Вальс.

~~1. Пианист играет вальс.~~
2. Девочка слушает рок.
3. Студентка изучает французский язык.
4. Моя сестра рассказывает анекдот.
5. Музыканты играют джаз.
6. Мы читаем журналы.
7. Преподаватель начинает урок.
*8. Мальчики играют **в** футбол.
*9. Она отвечает **на** вопрос.
10. Я понимаю тебя.
11. Мы слушаем вас.
12. Они знают меня.
13. Вы читаете текст.

Кто это?
Что он делает?
Что он слушает/читает?

*__ЗАДАНИЕ 147.__ Вопрос (слева) + ответ (справа).

— Что	…он работает?	— Хорошо.
— Как	…ты слушаешь радио?	— Джаз.
— Когда	…вы слушаете?	— Никогда.
— Во сколько	…у тебя дела?	— Спасибо, отлично!
— Как долго	…они начинают работать?	— Дома.
— Что	…вы обедаете?	— Суп и пицца.
— Кто	…у нас на обед?	— В 9:00.
— Где	…она отдыхает?	— Мы.
— Как	…ты знаешь?	— Месяц.
— Что	…меня не понимает?	— Всё.

114

Т.Л. Эсмантова. Русский язык: 5 элементов

ЗАДАНИЕ 148. Кроссворд «Глаголы».

Вертикаль:

1. Утром, когда я _____, я слушаю радио.
2. Это хорошо, что вы _____ мои проблемы.
3. Мой друг хорошо _____ анекдоты и истории.
4. Алло! Вы _____?
5. Преподаватель _____ на наши вопросы.
7. Она не _____ и не ужинает, потому что у неё диета.
9. Мы _____ в 19:30.
14. Это парк. Я здесь _____.

Горизонталь:

5. Когда у них перерыв, они _____.
6. Когда я не знаю, я _____.
8. Мы _____ русский язык.
10. О! Вы уже хорошо _____ по-русски!
11. Они _____ мой адрес?
12. Уже 23:00, но я ещё _____.
13. Родители работают, а дети _____.
15. Это хорошо или плохо? Как ты _____?
16. У него проблема. Он не знает, что _____!

Уровень А1. Часть II. Урок 7

Урок 8

Р — дра, тра, тра-тра, тра-ра, тро-ро, тру-ру, тры-ры, три-ри, ра-ря, рэ-ре, ры-ри, ро-рё, ру-рю;

Гру́зия — рюкза́к, ре́тро — Кре́мль, каре́ — рели́гия, Русь — Брюссе́ль, револьве́р — янва́рь, рестора́н — ры́ба, рубль — говорю́, Крым — кримина́л; траге́дия, дра́ма, терро́р, тореадо́р, корри́да, раке́та, репертуа́р, рома́н, бюрокра́т, приве́т, переры́в, пра́вда, хорошо́, прекра́сно, пра́вильно

ЗАДАНИЕ 149. Тест.

1. Пишите вопросы.

1. — _____ ?
   — У́тром. / Мы слу́шаем ра́дио у́тром.

2. — _____ ?
   — Нет, я сего́дня не рабо́таю.

3. — _____ ?
   — Сто е́вро.

4. — _____ ?
   — Мы обе́даем в 13:00.

5. — _____ ?
   — Нет, я не понима́ю.

6. — _____ ?
   — Да, я её зна́ю.

7. — _____ ?
   — Он чита́ет бы́стро.

8. — _____ ?
   — У меня́? Отли́чно!

9. — _____ ?
   — Здесь. / Он рабо́тает здесь.

10. — _____ ?
    — Да, я зна́ю, где он рабо́тает.

2. Вопросы и ответы.

М о д е л ь: Здесь работает мой друг (4). →
              1. **Чей** друг здесь работает? (мой).
              2. **Что** здесь **делает** мой друг? (работает).
              3. **Где** работает мой друг? (здесь).
              4. **Кто** здесь работа**ет**? (друг).

а) Там работают мои соседи (4). → _____

б) Сейчас мы изучаем менеджмент (4). → _____

в) Они обедают там в 14:30 (4). → _____

г) Мои коллеги работают здесь год (5). → _____

3. а) Местоимения (pronouns).

♥ кто?	я	____	он	она	мы	____	они
кого?	____	тебя	____	____	____	вас	____
у кого?	у меня	____	____	у неё	____	____	____
чей? чья? чьё? чьи?	____ ____ ____ мой	твой ____ ____ ____	его	____ ____ ____ ____	наш ____ наше ____	____ ____ ____ ____	____ ____ ____ ____
✖ что? — субъект ✖ что — объект	—	—	____ ____	____ ____	—	—	____ ____
что делать?	знаю	зна__	зна__	зна__	зна__	зна__	зна__

б) Это **я**. _____ зовут Борис. Вы _____ не зна___? _____ фамилия Фёдоров. _____ есть книга. Вот _____, здесь. Сейчас я _____ читаю.
А _____ вы? Как _____ зовут? _____ вы дела____? _____ есть книги? _____ это книги? _____ у вас _____ ещё?

Уровень A1. Часть II. Урок 8

ПРОШЕДШЕЕ ВРЕМЯ[1]

ЧТО ВЫ ВЧЕРА ДЕЛАЛИ?

ЗАДАНИЕ 150. Работайте по модели.

М о д е л ь: — Вы вчера́ у́тром игра́ли в пинг-по́нг?
— Нет, не игра́ли.
— А что вы де́лали?
— **Снача́ла** мы за́втракали, **пото́м** работали.

	снача́ла	пото́м
~~Вы / вчера́ у́тром / игра́ть пинг-по́нг~~	за́втракать	~~рабо́тать~~
Ты / вчера́ ве́чером / игра́ть в футбо́л	у́жинать	отдыха́ть
Он / сего́дня у́тром / слу́шать ра́дио	изуча́ть ру́сский язы́к	гуля́ть
Она́ / вчера́ днём / гуля́ть	отвеча́ть на факс	обе́дать
Вы / позавчера́ ве́чером / отдыха́ть	рабо́тать	у́жинать

Что вы де́лали вчера́ у́тром? вчера́ днём? вчера́ ве́чером? сего́дня у́тром?

```
           — есть
БЫТЬ   — БЫЛ, БЫЛА́, БЫ́ЛО, БЫ́ЛИ          сего́дня
           — бу́д|у, бу́д|ешь... бу́д|ут (I)    вчера́
                                            за́втра
```

У МЕНЯ́ **ЕСТЬ**	бана́н_ папа́й**я** авока́д**о** фру́кт**ы**	↔	У МЕНЯ́	**БЫЛ**_ **БЫЛА́** **БЫ́ЛО** **БЫ́ЛИ**	бана́н_ папа́й**я** авока́д**о** фру́кт**ы**

ЗАДАНИЕ 151. Пишите, как в модели.

М о д е л ь: У меня́ ЕСТЬ маши́на — у меня́ БЫЛА́ маши́н**а**.

У меня́ есть дом — _____
У них есть тала́нт — _____
У тебя́ есть де́ньги — _____
У меня́ есть вре́мя — _____
У него́ есть слова́рь — _____
У неё есть план — _____
У меня́ есть рабо́та — _____
У неё есть пробле́ма — _____
У них есть телеви́зоры — _____

[1] Past, imperfective aspect.

У него́ есть твоё **письмо́** — _____
У неё есть ша́нсы — _____
У нас есть де́ло — _____
У меня́ есть иде́я — _____
У него́ есть я́блоко — _____

ЗАДА́НИЕ 152. Диало́ги: вопро́с (сле́ва) + отве́т (спра́ва).

а) М о д е л ь: — По́вар де́лал сала́т. Что у него́ бы́ло?
— У него́ бы́л**о** авока́д**о**, у него́ бы́л**и** оли́вк**и** и помидо́р**ы**, у него́ был майоне́з.

1. ~~По́вар де́лал сала́т.~~
   ~~Что у него́ бы́ло?~~   абрико́сы, бана́н, **моро́женое**

2. Её муж де́лал кокте́йль.
   Что у него́ бы́ло?   ~~авока́до, оли́вки,~~ **помидо́ры**, ~~майоне́з~~

3. Моя́ жена́ де́лала бутербро́д.
   Что у неё бы́ло?   во́дка, сок, лимо́н, марти́ни

4. Мы де́лали омле́т.
   Что у нас бы́ло?   **хлеб**, **ма́сло**, **сыр**

5. Я де́лал(а) десе́рт.
   Что у меня́ бы́ло?   молоко́, **я́йца** (pl.), **соль** (f.)

б) Игра́ем!
Вы расска́зываете, что у вас вчера́ бы́ло, а мы понима́ем и расска́зываем, что вы вчера́ де́лали. Н а п р и м е р:
— У меня́ бы́ло вино́, у меня́ был сыр «Пармеза́н», у меня́ бы́ли шампиньо́ны, рис и바зили́к. Что я де́лала?
— Ты де́лала ризо́тто.

Уровень А1. Часть II. Урок 8

ЗАДАНИЕ 153. Пишите глаголы (past или present?).

1. Сейча́с я о́чень мно́го чита́___, а ра́ньше чита́___ ма́ло.
2. Вчера́ я до́лго слу́ша___ ра́дио.
3. Ра́ньше вы всегда́ хорошо́ рабо́та___, почему́ тепе́рь вы рабо́та___ пло́хо?
4. Почему́ ты ра́ньше не отвеча́___ на мой вопро́с? — Потому́ что ра́ньше я не зна́___ отве́т. А тепе́рь зна́___.
5. Ра́ньше мы всегда́ там отдыха́___.
6. Почему́ вы вчера́ не рабо́та___? — Потому́ что вчера́ бы___ суббо́та.
7. Вчера́ бухга́лтер счита́___ непра́вильно, **так как**[1] он рабо́та___ сли́шком до́лго.
8. Позавчера́ мы снача́ла гуля́___, а пото́м игра́___ в футбо́л, э́то бы___ о́чень интере́сно.
9. Что ты де́ла___ час наза́д?
10. Снача́ла я вас не понима́___, а тепе́рь о́чень хорошо́ понима́___.
11. Он вчера́ и сего́дня не за́втрака___. Мо́жет быть, он никогда́ не за́втрака___?
12. Где вы бы___ год наза́д?
13. Ра́ньше ра́дио рабо́та___, а тепе́рь не рабо́та___.
14. Мы игра́___ в ша́хматы ме́сяц наза́д.
15. Ты уже́ обе́да___?
16. Где вы отдыха́___ год наза́д?

ЗАДАНИЕ 154. (⊙ стр. 303.) Текст «Моя фирма».

а) Слушайте текст и отвечайте на вопросы.

Это правда или неправда? Почему? да нет

1. Дми́трий Ива́нович — дире́ктор.
2. Его́ оте́ц Пётр Ивано́в.
3. Ле́на изуча́ет неме́цкий язы́к.
4. Серге́й рабо́тает везде́, потому́ что у него́ есть маши́на.
5. Дире́ктор и ме́неджер начина́ют рабо́тать ра́но.
6. А́нна рабо́тает бы́стро, потому́ что у неё есть калькуля́тор.
7. Фи́рма пло́хо рабо́тает.
8. Сего́дня на у́жин борщ.

б) Это структура фирмы. Пишите, кто ещё здесь работает.

```
        директор
   ┌───┬───┴───┬────┐
[    ] секретарь  агент  повар
```

Как их зову́т? Что они де́лают? За что отвеча́ет бухга́лтер? За что отвеча́ет по́вар?

---
[1] Так как = потому́ что.

в) Слушайте текст ещё раз. Пишите, кто на рисунке и как их зовут.

1. _____
2. _____
3. _____
4. _____
5. _____

г) Пишите!

Как работает ваша фирма? У вас есть директор, менеджер, бухгалтер, кассир, секретарь? Кто у вас есть ещё? Как их зовут? Что они делают? Во сколько они начинают работать? У них есть компьютер, калькулятор, машина? Что у них есть ещё? Когда они кончают работать? Как они работают?

_____
_____
_____
_____
_____
_____
_____

ЗАДАНИЕ 155. Асс. «компенсация»: **за** что?

а) Слушайте диалоги. Кто это говорит: партнёры, муж и жена, брат и сестра, директор и секретарь?

— Извини́ **за** опозда́ние!
— Ничего́! Э́то не пробле́ма.

— Спаси́бо **за** ко́фе!
— Не́ **за** что!

Уровень А1. Часть II. Урок 8

б) Кто и когда говорит эти фразы[1]?

Спасибо + за что (асс.):
спасибо за комплимент, спасибо за всё, спасибо за чай/кофе, спасибо за ответ, спасибо за вопрос, спасибо за письмо, спасибо за завтрак, спасибо за ужин, спасибо за **совет**, спасибо за **помощь**…

Извини(те) + за что (асс.):
извините (меня) за опоздание, извините за вопрос, извините за всё…

+ ваши ситуации…

ЗАДАНИЕ 156. Рассказывайте историю «Дмитрий Иванович — пенсионер» = текст «Моя фирма» в прош. вр. (past).

Итак, Дмитрий Иванович рассказывает:
«Сейчас я не работаю, я пенсионер. А раньше я работал очень много, потому что раньше у меня была фирма… _____

_____

_____

_____

_____

_____

_____».

ЗАДАНИЕ 157. + Чей: мой, твой… их? (текст «Моя фирма»).

1. Я директор, и это _____ фирма. 2. Это Дмитрий Иванович. Андрей и Анна _____ коллеги, а он _____ директор. А где _____ компьютер и калькулятор? 3. А вот Сергей, а это _____ машина. 4. Мы обедаем, вот _____ обед. 5. Андрей спрашивает: «Сергей, это _____ борщ?» 6. Сергей отвечает: «Нет, я ещё не обедаю, это не _____ борщ. Я не знаю, _____ это борщ». 7. Это Лена, вот _____ компьютер. 8. «Лена, ты изучаешь английский? Это _____ словари?» — «Да, это _____ словари». 9. Это _____ кафе, здесь мы обедаем. Михаил — _____ повар, а это _____ гриль.

---
[1] Музыкант на концерте, гости, журналист, актриса в магазине, муж утром дома, студент на уроке и т. д.

ЗАДАНИЕ 158. Играйте диалоги!

М о д е л ь: — Это **твоя** книга?
— Нет, это не **моя** книга. Я не знаю, **чья** это книга.

| ~~твоя книга~~ | ваш журнал | твой словарь | их окно |
| моя проблема | его дом | ваше дело | её машина |

ЗАДАНИЕ 159.

а) Слушайте диалог «Новый торговый агент». Кто разговаривает?

б) Читайте и играйте диалог!

— Здравствуйте! Вас зовут Андрей Дмитриевич?
— Да, меня зовут Андрей Дмитриевич. Здравствуйте. Но я вас не знаю, извините.
— Меня зовут Валентин. Я ваш коллега.
— А! Валентин Смирнов! Вы наш агент? Вы начинаете работать у нас сегодня?
— Да-да. Правильно. У вас сейчас есть время? У меня есть вопросы…
— Да, у меня есть время, я сейчас обедаю. Рекомендую наш обед. Это очень вкусно!
— Это идея! Спасибо!

ЗАДАНИЕ 160. Говорите!

[ф]: **в**сегда → как **в**сегда → **в**кусно, как **в**сегда → **в**сё **в**кусно, как **в**сегда

М о д е л ь: — Вы не знаете, борщ — это вкусно?
— Да! Это очень вкусно! / Нет! Думаю, что это не очень вкусно.

~~Борщ?~~ Спагетти? Бананы? Гамбургер? Пицца? Мюсли?
Салат «Оливье» (= «Русский салат»)? Торт «Наполеон»?

ЗАДАНИЕ 161.

а) Слушайте, что говорят коллеги. Они уже обедали?

б) Играйте диалоги. Справа у вас есть варианты меню.

Диалог «Перерыв на обед».

— Привет! Как дела?
— Спасибо, нормально. А у тебя?
— Тоже хорошо. Ты **не** знаешь, обед уже есть?
— Да, есть.
— Что **у нас** сегодня **на обед**?
✓ — Щи, картошка, рыба и салат.
— Отлично! Думаю, всё вкусно, как всегда.
✓ — Да! **Особенно** салат. Приятного аппетита!
— Спасибо. Пока.

✓ Варианты меню:
а) борщ, спагетти, десерт;
б) щи, рис и бифштекс.

??? 1. В России организации (банки, фирмы, почта) часто делают перерыв на обед в 13:00. А у вас в стране?
2. В России магазины иногда работают 24 часа. А у вас в стране?

ЗАДАНИЕ 162. Быть или не быть?

> Обычно не говорят глагол **быть** (в форме «есть») в *present*, но говорят в *past*.

М о д е л ь: Сейчас офис _____ здесь. Раньше офис _____ там. →
Сейчас офис здесь (~~есть~~). Раньше офис был там.

1. Моя подруга сейчас _____ здесь, а вчера она _____ там. 2. Раньше там всё _____ так хорошо, а сейчас всё _____ так плохо! 3. Мы уже _____ там год назад. А вы там ещё никогда не _____? 4. Сейчас лампа _____ слева, а вчера она _____ справа. 5. Фигаро _____ здесь, но теперь он уже _____ там. 6. Позавчера компьютеры _____ справа, а сегодня они _____ слева. 7. Оптимист всегда думает, что всё _____ прекрасно, а пессимист думает, что всё всегда _____ ужасно. 8. Раньше это _____ очень интересно. Да, это и сейчас _____ интересно. 9. Я не знаю, это _____ хорошо или плохо. 10. Ты уже _____ здесь? Но где ты _____ час назад? 11. Позавчера мы _____ дома, а сегодня мы _____ здесь. 12. «Спасибо за ужин, всё _____ очень вкусно».

Урок 9

Ч, Ж, Ш, Щ + Ы, Я, Ю!
ча́шка, **ч**ай, пло́**щ**адь, **сч**а́стье, **сч**ёт, му**жч**и́на, **ж**е́н**щ**ина, **щ**и,
шаль — **ж**аль, **ш**ок — **ж**онглёр, **ш**ик — **ж**изнь, **ш**аг — **ж**аке́т, **ш**анта́**ж** — **ж**анда́рм

Р-Р'— ра-ря, ро-рё, ры-ри, ру-рю, рэ-ре
ф**ру**кт — б**рю**т, ка́**рри** — ома́**ры**, **рэ**п — **ре**пети́ция, па́**ра** — мо**ря́**, **ро́**за — бе**рё**за, **ры́**нок — **ри**нг, **ру**ка́ — **рю**кза́к, **ра́**дио — по**ря́**док, **ры́**ба — «**Ри́**бок»;
гово**рю́**, ку**рю́**, смот**рю́**, гово**ря́**т, ку́**ря**т, смо́т**ря**т
Шё**р**лок ку́**ри**т т**ру**бку. Я ку**рю́** сига́**ру**. Я смот**рю́ ре**кла́му.
Что гово**ря́**т по **ра́**дио?

ГЛАГОЛ (тип II: -ить)

ГОВОР|И́|ТЬ   УЧ|И́|ТЬ

я говор**Ю́**		я у**ч** **У́***	
ты говор	**Ш**Ь	ты у**ч**	**Ш**Ь
он/а говор	**И́** Т	он/а у**ч**	**И** Т
мы говор	М	мы у**ч**	М
вы говор	ТЕ	вы у**ч**	ТЕ
они́ говор**Я́Т**		они́ у́**ч АТ**	

говор|**и́**||Л   уч|**и́**||Л

*ч, ж, ш, щ + **У, А** (Ю, Я)

стро́|и||ть, по́мн|и||ть, кур|и́||ть   + *мол**ч**|а́||ть, ле**ж**|а́||ть
+ смотр|е́||ть, сто|я́||ть

Формы в *past*: стро__л, помн__л, кур__л, смотр__л, сто__л, молч__л, леж__л.

● Что они делают?

ЗАДАНИЕ 163. Ударение.

1. Всегда на начале:
стро́ить, по́мнить → стро́ил, по́мнил
я стро́ю, по́мню
ты стро́ишь, по́мнишь
они́ стро́ят, по́мнят

2. Всегда на конце:
говори́ть, молча́ть, лежа́ть, стоя́ть →
говори́л, молча́л, лежа́л, стоя́л
я говорю́, молчу́, лежу́, стою́
ты говори́шь, молчи́шь, лежи́шь, стои́шь
они́ говоря́т, молча́т, лежа́т, стоя́т

3. На конце и на начале:
кури́ть, смотре́ть, учи́ть → кури́л, смотре́л, учи́л
я курю́, смотрю́, учу́

но:
ты ку́ришь, смо́тришь, у́чишь
они́ ку́рят, смо́трят, у́чат

ЗАДАНИЕ 164. + глаголы.

1. Вы _____ (кур|и́ть)? — Нет, я не _____ (кури́ть) и ра́ньше никогда́ не _____ (кури́||ть). 2. Вы понима́ете, что он _____ (говор|и́ть)? — Сейча́с он не _____ (говор|и́ть), он _____ (молч|а́ть). 3. Ты зна́ешь, где _____ (леж|а́ть) моя́ кни́га? — Она́ _____ (сто|я́ть) вон там. 4. Она́ сли́шком мно́го _____ (смотр|е́ть) телеви́зор. 5. Вы меня́ _____ (помн|ить)? — Коне́чно, я вас _____ (помн|ить), вас зову́т Михаи́л. 6. Вчера́ я _____ (уч|и́||ть) глаго́лы, и сего́дня я то́же их _____ (уч|и́ть). 7. Что там _____ (стро|и́ть) строи́**тели**? 8. Вы _____ (смотр|е́||ть) вчера́ телеви́зор?
9. Когда́ у меня́ был грипп, я не _____ (рабо́та|ть), а _____ (леж|а́||ть). 10. Ра́ньше они́ мно́го _____ (кур|и́||ть), а тепе́рь не _____ (кур|и́ть). 11. Ра́ньше на́ша фи́рма _____ (стро|и́||ть) стадио́ны, а тепе́рь она́ _____ (стро|и́ть) кафе́ и рестора́ны. 12. Почему́ вы _____ (говор|и́ть) э́то то́лько сейча́с, почему́ ра́ньше вы _____ (молч|а́||ть)? 13. Преподава́тели _____ (уч|и́ть) нас говори́ть по-ру́сски, по-англи́йски, по-неме́цки. 14. Я так мно́го рабо́таю, я уже́ не _____ (помн|ить), когда́ я отдыха́ла. 15. Вчера́ **таре́лка** _____ (сто|я́||ть) на столе́.

1. Как вы ду́маете, э́то хорошо́ и́ли пло́хо, когда́ лю́ди говоря́т, что ду́мают?
2. Почему́ лю́ди ку́рят? Наприме́р, ра́ньше в Евро́пе и в Аме́рике лю́ди кури́ли мно́го, а сейча́с ку́рят ма́ло. Э́то тепе́рь непопуля́рно. Как вы ду́маете почему́?
3. Э́то пра́вда, что ры́бы молча́т? Все?

ЗАДАНИЕ 165. Ассоциации. Говорите глаголы!

Н а п р и м е р, сигаре́ты → кури́ть.

дом → _____ить
гро́мко → _____ить
сига́ра → _____ить
студе́нт → _____ить
библиоте́ка → _____ать
стол и стул → _____ять

телеви́зор → _____еть
ти́хо → _____ать
пляж → _____ать
амнези́я → не _____ить
шко́льник → _____ить
фильм → _____еть

ЗАДАНИЕ 166. Пишите формы и ударение!

1. → Инфинитив:
изуча́ете — _____
чита́ем — _____
лежи́т — _____
был — _____
отдыха́ют — _____
по́мнят — _____

курю́ — _____
понима́ли — _____
молчи́м — _____
стои́т — _____
есть — _____
говори́ли — _____

2. Проше́дшее вре́мя (*past*) → настоя́щее вре́мя (*present*):
молча́ли — _____
смотре́ла — _____
у́жинал — _____

лежа́ло — _____
гуля́ли — _____
бы́ло — _____

3. Настоя́щее вре́мя (*present*) → проше́дшее вре́мя (*past*):
стро́ю — _____
говори́шь — _____
зна́ем — _____
расска́зывает — _____

де́лает — _____
молчу́ — _____
учу́ — _____
лежи́м — _____

Уровень А1. Часть II. Урок 9

> 1. Стро́ить, по́мнить, кури́ть, учи́ть, говори́ть, смотре́ть + **объект** (асс.)
> 2. стоя́ть, лежа́ть, молча́ть + ~~объект~~

ЗАДАНИЕ 167. Пишите / говорите объект.

а) + объект (m. ✗, n., pl.)

1. Мой де́душка стро́ил _____ (наш дом) год. 2. Я вчера́ учи́л _____ (слова́), но сего́дня я _____ (они́) уже́ не по́мню. 3. Ве́чером мы обы́чно смо́трим _____ (телеви́зор). Но вчера́ мы _____ (он) не́ смотре́ли, мы чита́ли _____ (но́вости) в газе́те. 5. Я зна́ю, что э́то до́рого, но я курю́ то́лько _____ (сига́ры). 6. Ты хорошо́ _____ (она́) зна́ешь? 7. Вы _____ (всё) по́мните?

б) + f. sing.

1. Я не понима́ю, он говори́т _____ (пра́вда) и́ли _____ (непра́вда)? 2. _____ (что) ты вчера́ де́лал? 3. Мы слу́шали _____ (му́зыка), а пото́м смотре́ли _____ (шо́у-програ́мма). 4. Ба́бушка обы́чно ве́чером слу́шает _____ (ра́дио). 5. Телеви́зор вчера́ не рабо́тал, и я чита́ла _____ (журна́л). 6. Ты _____ (я) понима́ешь? 7. _____ (что) ты ку́ришь, _____ (папиро́са)? 8. Ты по́мнишь _____ (де́душка)?

ЗАДАНИЕ 168. Пишите!

а) + место (где?)

1. Ва́за стоя́ла на _____ (телеви́зор). 2. Кни́ги лежа́т на _____ (стол). 3. Мы гуля́ли в _____ (парк). 4. Ты рабо́таешь _____ (до́ма) и́ли в _____ (о́фис)? 5. Ба́бушка ме́сяц лежа́ла в _____ (кли́ника). 6. Мы отдыха́ли на _____ (мо́ре). 7. Буты́лка стои́т на _____ (стол).

б) место (где?: в/на) или объект (кого/что?)?

1. Он лежа́л ____ _____ (дива́н) и кури́л _____ (сигаре́та). 2. Дире́ктор стоя́л ____ _____ (центр) и чита́л _____ (докуме́нт). 3. Мы у́жинали ____ _____ (рестора́н) и слу́шали там _____ (му́зыка). 4. Год наза́д он рабо́тал ____ _____ (фа́брика) и изуча́л _____ (техноло́гия). 5. Где ты изуча́л _____ (ме́неджмент)? ____ _____ (университе́т)? 6. Ты зна́ешь _____ (дя́дя Ва́ня)?

> Я смотрю **фильм по** телевизор**у**. ↔ Я смотрю **телевизор**.
> Я слушаю **концерт по** радио. ↔ Я слушаю **радио**.
> Я говорю **по** телефон**у**. —

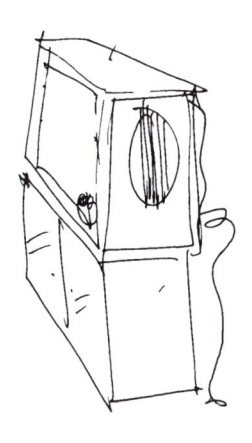

КИНО ⟨ кинофильм → Я смотрел кино.
      кинотеатр → Я был **в** кино.

??? Кто, что и когда смотрит? Почему?
Кто, что и когда слушает? Почему?

> Я смотрю фильм. ↔ Я смотрю **на** вас, **на** стол…[1]

ЗАДАНИЕ 169. Смотреть что? / на что?

1. Ты смотр___ _____ («Новости»).
2. Они смотр___ _____ (мы)?
3. Он смотр___ _____ (шоу, телевизор).
4. Вечером мы обычно смотр___ _____ (телевизор).
5. Я не понимаю, _____ (кто) она смотрит: _____ (ты) или _____ (я)?
6. Ты вчера смотр___ _____ (кино, телевизор)?
7. Она смотр___ _____ (они) и молчала.
8. Я смотр___ _____ (фраза), но ничего не понимаю.

??? Где был человек, который говорит: «Я долго смотрел на телевизор»?

---
[1] Фильм — информация, абстрактный объект. Вы (человек), стол (вещь)… — конкретный объект.

ЗАДАНИЕ 170. (⊙ стр. 304.) ☺ **Стереотипы: «Мужчины и женщины».**

а) Сначала пишите, потом слушайте.

Мужчи́ны ду́мают, что же́нщины сли́шком мно́го _____ .

Же́нщины иногда́ спра́шивают: «Почему́ ты _____, ты меня́ _____?» — так как они́ ду́мают, что мужчи́ны молча́т, потому́ что они́ не _____, что говоря́т же́нщины.

Мужчи́ны ду́мают, что, когда́ же́нщины _____, они́ не ду́мают.

А же́нщины ду́мают, что, когда́ мужчи́ны _____, они́ их не _____.

~~ду́мают~~, говоря́т, слу́шают, молчи́шь, понима́ют, говоря́т, слу́шаешь, молча́т

б) Как вы думаете, это правда?

ЗАДАНИЕ 171. + весь (m.), вся (f.), всё (n.) или все (pl.)?

а) _____ год, _____ вопро́сы, _____ проце́сс, _____ страна́, _____ пробле́мы, _____ у́тро, _____ лю́ди, _____ понеде́льник, _____ фи́рма, _____ молоко́, _____ день, _____ воскресе́нье, _____ рабо́та, _____ де́ньги, _____ ве́щи, _____ ве́чер, _____ семья́, _____ вино́, _____ четве́рг, _____ ме́сяц.
Они́ _____ зна́ют. _____ э́то зна́**ют**. Здесь _____ _____ зна́**ют**.

б) Пишите фразы для а)!

_____
_____
_____

в) 1. Лю́ди весь г__ __ рабо́тают, а отдыха́ют то́лько ме́сяц.
2. Я отдыха́ла вчера́ весь в__ __ __ .
3. Вся с__ __ __ была́ до́ма, мы обе́дали.
4. Никто́ не зна́ет отве́ты на все в__ __ __ __ .
5. Они́ весь д__ __ __ смотре́ли телеви́зор.

ЗАДАНИЕ 172. + весь день/вечер/год, всё утро/всё время.

М о д е л ь: — Ты вчера́ отдыха́л **весь ве́чер**?
   — Да, **весь ве́чер**. **Снача́ла** я у́жинал, **пото́м** смотре́л фильм, **пото́м** чита́л рома́н.

вопрос	ответ
1. ~~Вчера́/весь ве́чер/ты/отдыха́ть~~	~~ужина́ть~~
	~~смотре́ть фильм~~
	~~чита́ть рома́н~~
2. Дире́ктор/сего́дня/рабо́тать/всё у́тро	изуча́ть контра́кты, говори́ть по телефо́ну
3. Студе́нт/изуча́ть ме́неджмент/весь год	слу́шать ле́кции, чита́ть кни́ги
4. Ты/смотре́ть телеви́зор/всё воскресе́нье	смотре́ть фи́льмы, смотре́ть «Но́вости»
5. Она́/позавчера́/молча́ть/всё у́тро	слу́шать ра́дио, за́втракать, чита́ть газе́ты
6. Они́/сего́дня/рабо́тать/весь день	говори́ть по телефо́ну, ду́мать, де́лать прое́кт
7. Вы/там/весь ве́чер/отдыха́ть	чита́ть, лежа́ть и ду́мать

⚓ **ЗАДАНИЕ 173.** + глаголы (тип I или II?). Стройте фразы.

Спортсме́ны	уже́ сто___т здесь.
Строи́тели	говор___т о́чень бы́стро.
Ди́ктор	всегда́ молч___т.
Наш учи́тель	не всегда́ зна___т и помн___т все глаго́лы.
Студе́нты	обы́чно не ку́р**ят**.
Её муж	ме́дленно стро___т дом.
Ры́бы	уч___т нас говори́ть по-ру́сски.
Кни́га	леж___т там.
Соба́ка	всё понима___т, но молч___т.
Телеви́зор	сли́шком мно́го смо́тр___т телеви́зор.

131

Уровень А1. Часть II. Урок 9

ЗАДАНИЕ 174. Сначала слушайте текст и отвечайте на вопросы, потом читайте текст и рассказывайте.

Как вы понимаете и помните текст?   да   нет

1. Вчера она, как обычно, весь вечер смотрела телевизор.
2. Она помнит, что она вчера делала, но не помнит, что она учила.
3. Она вчера весь вечер учила глаголы.
4. Она точно знает, сколько времени она говорила по телефону.
5. Она раньше много курила, а теперь не курит.
6. Она вчера вечером читала детектив.
7. Она думает, что её подруга — трудоголик.
8. Её подруга думает, что она плохо изучает русский язык.
9. Её подруга изучала французский язык месяц.

Я НЕ ТРУДОГОЛИК

Обычно вечером я смотрю телевизор. Но теперь я изучаю русский язык, поэтому вчера я не смотрела телевизор, как обычно, а учила глаголы. Но сегодня я их не помню! Это катастрофа! Сегодня, когда у нас был урок и мы читали текст, я не понимала фразы, потому что не помнила глаголы. Я смотрела на них, понимала, что я их учила вчера, но не помнила их. Поэтому все студенты говорили, а я молчала. Это было ужасно! Но вчера я очень долго учила все глаголы! Почему сегодня я их не помню? Может быть, у меня амнезия? Нет, я хорошо помню, что я вчера делала.

Сначала час или два я говорила по телефону, потом делала салат на ужин, потом курила и слушала джаз, потом читала «Космополитен», гуляла... Конечно, я хорошо отдыхала, потому что днём очень много работала в офисе. Я не трудоголик. Но потом 10 или 15 минут я учила глаголы. Моя подруга говорит, что это слишком мало. Она говорит, что, когда она изучала французский язык, она минимум час в день читала тексты, учила слова, строила фразы, слушала диалоги. Она делала это год! И теперь неплохо говорит. Я думаю, что она трудоголик...

??? 1. Что она вчера долго делала? А как она думает?
2. Она понимает, почему не помнит глаголы?
3. Как вы думаете, девушка правильно изучает язык? Почему?

Т.Л. Эсмантова. Русский язык: 5 элементов

● ▲ Как вы думаете, что рассказывает её подруга? Пишите её рассказ.

_____
_____
_____
_____

■ **ПОЧЕМУ? ПРИЧИНА или РЕЗУЛЬТАТ?**

1. Я мно́го чита́ю. (причина) → 2. Я мно́го зна́ю. (результат)

Почему́ я мно́го зна́ю?   Я мно́го зна́ю, **потому́ что** мно́го чита́ю[1].

(= какая причина?)   Я мно́го чита́ю, **поэ́тому** мно́го зна́ю[2].

Почему́ они́ до́лго ду́мают?   Почему́ он мно́го рабо́тает?

ЗАДАНИЕ 175. Где «почему»?

а) М о д е л ь: Он не понима́ет, **поэ́тому** он спра́шивает. →
Почему́ он спра́шивает?

1. У них бы́ли пробле́мы, поэ́тому они́ мно́го рабо́тали. 2. Она́ молчи́т, потому́ что не зна́ет отве́т. 3. Я не зна́ю испа́нский язы́к, поэ́тому я не понима́ю, когда́ лю́ди говоря́т по-испа́нски. 4. Он говори́л сли́шком бы́стро, поэ́тому мы его́ не понима́ли. 5. Я сли́шком ма́ло учи́ла вчера́ глаго́лы, поэ́тому сего́дня я их не по́мню. 6. Ве́чером я хорошо́ отдыха́ю, потому́ что днём я мно́го рабо́таю. 7. Я не рабо́таю, потому́ что сего́дня суббо́та. 8. Мы его́ спра́шиваем, потому́ что он мно́го зна́ет. 9. Она́ ку́рит, потому́ что **не́рв**ничает. 10. Она́ молчи́т, потому́ что у неё анги́на.

---
[1] Сначала мы видим/знаем результат, потом говорим о причине.
[2] Мы знаем причину и потом говорим о результате.

б) Трансформируйте фразы: потому что ↔ поэтому.

М о д е л ь: Он не понима́ет, **поэ́тому** он спра́шивает. →
    Он спра́шивает, **потому́ что** не понима́ет.

ЗАДА́НИЕ 176. Потому что или поэтому? Спра́шивайте и стро́йте фра́зы!

а) 1. У нас сего́дня есть вре́мя. + Мы гуля́ем. 2. Студе́нт мно́го рабо́тает. + Он хорошо́ говори́т. 3. Он мно́го рабо́тает. + Его́ жена́ не рабо́тает. 4. Она́ не отвеча́ет. + Он не спра́шивает. 5. Сего́дня мы до́лго отдыха́ем. + Вчера́ мы мно́го рабо́тали. 6. Он не по́мнит, что бы́ло год наза́д. + У него́ амнези́я.

б) + нача́ло и́ли коне́ц фра́зы.
1. _____, поэ́тому я изуча́ю ру́сский язы́к.
2. Я сейча́с не рабо́таю, потому́ что _____ .
3. _____, поэ́тому я мно́го зна́ю.

потому что = так как

а) Я не рабо́таю, **так как** / **потому́ что** сего́дня суббо́та.
б) **Так как** сего́дня суббо́та, я не рабо́таю[1].

ЗАДА́НИЕ 177. + *поэтому, потому что* и́ли *так как*?

1. Мы не слу́шаем, _____ они́ ску́чно расска́зывают.
2. Она́ вас не понима́ет, _____ вы говори́те сли́шком бы́стро.
3. _____ он хорошо́ зна́ет э́то де́ло, он рабо́тает о́чень бы́стро.
4. Вчера́ касси́ры рабо́тали сли́шком до́лго, _____ они́ счита́ли непра́вильно.
5. Я спра́шивал, _____ тепе́рь я зна́ю.
6. _____ ты не знал, ты не отвеча́л.

---

[1] Мы никогда́ не говори́м «потому что» в нача́ле предложе́ния (фра́зы).

ГДЕ?

здесь ≠ там, везде ≠ нигде, дома
слева ≠ справа, наверху ≠ внизу
впереди ≠ сзади
далеко ≠ близко

В/НА стол**Е** (← стол-, m.)
В/НА книг**Е** (← книг|а, f.)
В/НА яблок**Е** (← яблок|о, n.)
*в Росс**ии** (Росси|я)

НА
В

Стол стоит **в** комнат**е** слева.
На стол**е** лежит яблоко.
В стол**е** лежит книга.
В книг**е** есть информация.
В яблок**е** есть витамины.
НО: Я работаю **на** радио, а ты работаешь **в** кафе.

??? Где вы были год назад? месяц назад? позавчера? вчера?

ЗАДАНИЕ 178. + где?
а) Читайте справа слова и пишите их во фразы слева.

Моя машина стоит в _____ .
Мой муж работает в _____ .
Мой сын строит дом в _____ .
Моя кошка лежит на _____ .
Моя собака гуляет на _____ .
Моя мама работает в _____ .
Мой отец работает в _____ .
Моя дочь отдыхает на _____ .
Мой друзья слушают джаз в _____ .
Мой соседи обедают в _____ .
Мой повар работает на _____ .
Мой суп стоит на _____ .
Мой деньги лежат в _____ .
Мой офис в _____ .
Мой вещи лежат в _____ . Кто я?

банк
гараж
окно
улица
Москва
море
музей
клуб
консульство
кухня
чемодан
бизнес-центр
стол
сейф
ресторан

б) Отвечайте на вопросы.

1. У вас есть машина? Где она стоит? 2. У вас есть семья? Кто где работает? 3. У вас есть друзья? Где они работают и отдыхают? 4. Где вы обедаете? 5. У вас есть деньги? Где они лежат? 6. Где лежат ваши вещи? 7. Где вы работаете сейчас и где работали раньше? 8. Где вы отдыхаете?

🗣 Жа-же-жи-жу-жо — жить, живу́, жизнь. Жиль живёт в Жене́ве.

> **ЖИ|ТЬ (I, ё)**
>
> я жив|у́ мы жив|ём
> ты жив|ёшь вы жив|ёте + ГДЕ?
> он/она жив|ёт они жив|у́т
> жил (-а, -о, -и)
>
> жи**зн**ь (f.)

в до́ме
в кварти́ре
на да́че
на у́лице
в го́роде…

● 1. Где вы живёте? 2. Где вы жи́ли ра́ньше?

ЗАДАНИЕ 179. (⊙ стр. 304.) **Диалог «Кто твои сосе́ди?»**

Слу́шайте, де́лайте схе́му и расска́зывайте!

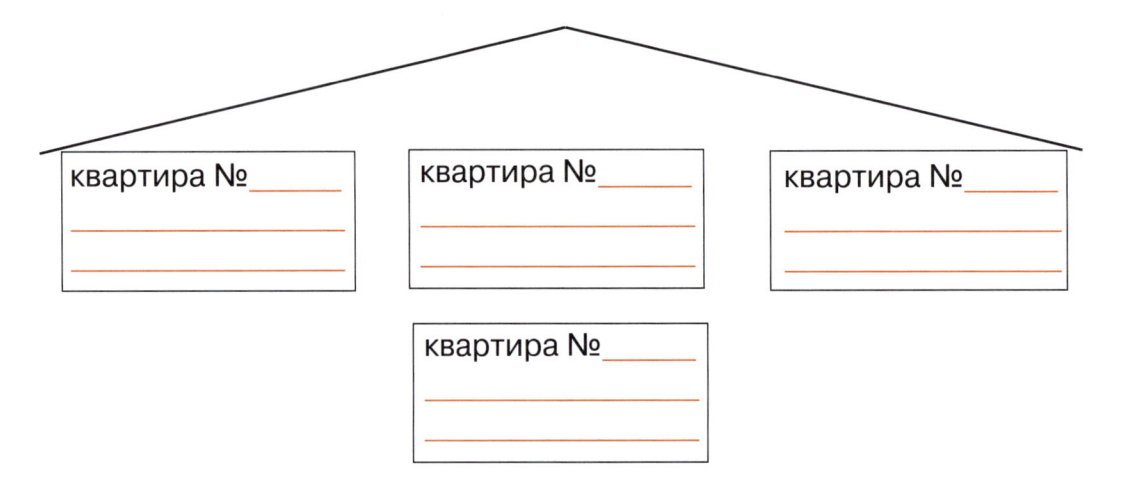

[квартира №____] [квартира №____] [квартира №____]

[квартира №____]

??? Где живёт Алексе́й? Где кварти́ра № 7, № 3, № 8, № 6? Где гуля́ет кот?

● А кто ва́ши сосе́ди? Кто живёт сле́ва, спра́ва, внизу́ и наверху́? Кто там жил ра́ньше?

ЗАДАНИЕ 180. Где? Стра́ны.

а) 1. Сейча́с мы живём _____ (Росси́я).
2. Мой дя́дя живёт _____ (Аргенти́на), а тётя _____ (Брази́лия).
3. Джо́у живёт _____ (Кита́й).
4. А́нна живёт _____ (А́встрия).
5. Марк жил _____ (А́нглия), а его́ сестра́ _____ (Аме́рика).
6. Кенгуру́ живу́т _____ (Австра́лия).
7. Крокоди́лы живу́т _____ (А́фрика).
8. Ты жил _____ (Япо́ния)?

б) Смотрите на рисунки. Где они?

ЗАДАНИЕ 181.

а) + глагол **жить**.

1. Мы _____ в Росси́и. 2. Сейча́с я _____ о́чень интере́сно, а ра́ньше _____ ску́чно. 3. Тепе́рь он _____ здесь. 4. Ра́ньше здесь _____ мой оте́ц, а тепе́рь _____ я. 5. Интере́сно, как они́ там _____? 6. Вы зна́ете, когда́ _____ диноза́вры? 7. Вы ра́ньше там _____? А где вы _____ тепе́рь? 8. Как далеко́ ты _____! 9. Мой друг _____ на мо́ре. 10. Ра́ньше здесь _____ на́ши де́душка и ба́бушка, пото́м роди́тели, а сейча́с здесь _____ мы. На́ша семья́ _____ здесь уже́ **давно́**.

б) Давно́ или неда́вно?

??? 1) 1. Когда́ жи́ли диноза́вры? _____
2. Когда́ жил Ньюто́н? _____
3. Когда́ вы бы́ли до́ма? _____
4. Когда́ жил Сокра́т? _____
5. Когда́ вы за́втракали? _____

2) Мы живём здесь _____, оди́н день. Мы бы́ли там _____, вчера́. Я уже́ ничего́ не по́мню, э́то бы́ло так _____! Я обе́дал _____, час наза́д. Он рабо́тал там о́чень _____, два́дцать оди́н год наза́д.

ЗАДАНИЕ 182. Что лю́ди де́лают в ба́нке? в библиоте́ке? в о́фисе? в рестора́не? до́ма? в па́рке? в теа́тре? на ку́хне? на конце́рте? в кинотеа́тре? на бале́те? в о́тпуске?

_____
_____
_____

ЗАДАНИЕ 183. а) Здесь есть ошибки (13). Где они?

1. Тама́ра отдыха́ла на океа́н. 2. Кот гуля́ет на кры́ше. 3. Де́ти гуля́ют на па́рке. 4. Футболи́сты игра́ют на стадио́н. 5. Журнали́сты рабо́тают на ра́дио. 6. Ты обе́даешь на рестора́не? 7. Мы вчера́ бы́ли на о́пера. 8. Я́блоки лежа́т в кни́ге. 9. Автомоби́ль стои́т на у́лица. 10. Он не ку́рит в кварти́ре. 11. Ко́фе на ча́шке. 12. Они́ бы́ли в магази́не. 13. Мои́ друзья́ рабо́тают в галере́е. 14. Телеви́зор стои́т в ко́мната. 15. Актри́са рабо́тает в теа́тр. 16. Компью́теры стоя́т в о́фисе. 17. Мы живём в Петербу́рге. 18. Фе́рмеры рабо́тают в фи́рме, а бизнесме́ны рабо́тают на фе́рме. 19. Она́ живёт в Росси́е.

(Оши́бки во фра́зе 1, 3, 4, 6, 7, 8, 9, 11, 14, 15, 17, 18, 19.)

б) Аудиоконтроль. (стр. 304.)

О КОМ? О ЧЁМ?

> о рабо́т**е**
> об о́тдых**е**

ЗАДАНИЕ 184. а) Пишите формы. Где правильный вопрос?

1. Мы ду́маем _____ (прое́кт). ← о ком/о чём
2. Он чита́ет _____ (война́). ← о ком/о чём
3. Шеф спра́шивает _____ (колле́га). ← о ком/о чём
4. Она́ расска́зывает _____ (кни́га). ← о ком/о чём
5. Они́ говоря́т _____ (фильм). ← о ком/о чём
6. Ты по́мнишь _____ (о́тпуск). ← о ком/о чём
7. Ма́ма ду́мает _____ (сын). ← о ком/о чём

б) Смотрите на рисунки. Кто и о чём/о ком думает?

ЗАДАНИЕ 185. Вы помните дни недели? Пишите их!

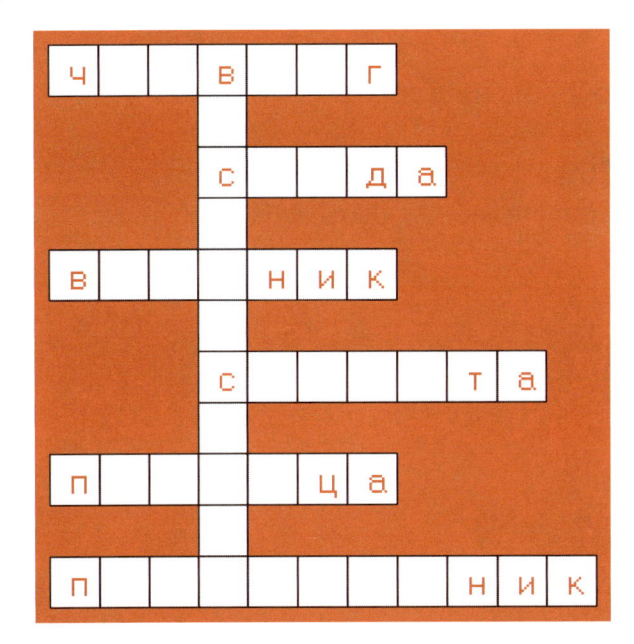

Ч		в		Г			
		с		д	а		
в			н	и	к		
		с			т	а	
п				ц	а		
п					н	и	к

??? Когда́ (в како́й день неде́ли) и о чём обы́чно ду́мают лю́ди?

_____
_____
_____

А о чём вы ду́маете и что де́лаете в э́ти дни?

_____
_____
_____

БУДУЩЕЕ ВРЕМЯ[1]

(I) Б|Ы|ТЬ: бу́д|у, бу́д|ешь, бу́д|ет   за́втра, послеза́втра,
              бу́д|ем, бу́д|ете, бу́д|ут   че́рез час/ме́сяц/год

??? Како́й день неде́ли бу́дет за́втра? послеза́втра? че́рез день? че́рез неде́лю? че́рез ме́сяц?

ЗАДАНИЕ 186. Ско́лько вре́мени? Как вы ду́маете, кто спра́шивает и почему́?

Моде́ль:
— Ма́ма, ско́лько сейча́с вре́мени?
— Сейча́с четы́ре.
— Ско́лько вре́мени **бы́ло час наза́д**?
— Час наза́д **бы́ло** три.
— Ско́лько вре́мени **бу́дет че́рез час**?
— Че́рез час бу́дет пять.

1. 🕐🕑🕒 2. 🕐🕑🕒 3.* 🕐🕑🕒 4. 🕐🕑🕒 5. 🕐🕑🕒 6. 🕐🕑🕒

*~~оди́н~~ час

---
[1] Future imperfective.

Уровень А1. Часть II. Урок 9

ЗАДАНИЕ 187. Диалог «Во сколько ты будешь?».

а) Слушайте! Кто разговаривает?

— Алло́! Почему́ ты ещё до́ма? Когда́ ты бу́дешь **на рабо́те**?
— **Че́рез час** или **час два́дцать**.
— Сейча́с **9:20**. Зна́чит, ты бу́дешь в 10:20?
— Во ско́лько? В 10:20? М... Ду́маю, что нет. Ну, мо́жет быть, в 10:30.
— Хорошо́.

~~на рабо́те (+час/1:20; в 9:20)~~
на вокза́ле (+20/30 мину́т, в 18:30)
на стадио́не (+30/40 мину́т, в 19:10)

б) Пишите SMS [эсэмэс]!

М о д е л ь : Я в метро́. Бу́ду че́рез 10 мину́т. О́льга.

~~+10 мину́т, О́льга~~; +20 мину́т, Анто́н и И́горь; +час, Андре́й, +15 мину́т, Ната́ша

ЗАДАНИЕ 188. Диалоги «Погода».

Кли́мат: хо́лодно (...−20°С...) → **тепло́** (+15°С...) → **жа́рко** (+35°С...)

а) — Приве́т! Это пра́вда, что ты был **в Ита́лии**? Там **бы́ло тепло́**?
— Нет, к сожале́нию, **бы́ло хо́лодно**.

~~Ита́лия: тепло́ / хо́лодно.~~   Иркутск: хо́лодно / о́чень тепло́.
Еги́пет: жа́рко / о́чень жа́рко.   Сенега́л: жа́рко / не о́чень тепло́.
Пеки́н: хо́лодно / тепло́.

Снег, дождь, ве́тер, со́лнце

б) — Сего́дня так **хо́лодно**! **Дождь**!.. Ты зна́ешь прогно́з на за́втра?
— Да, зна́ю. За́втра **бу́дет +25 и со́лнце**!

~~Хо́лодно, дождь / +25, со́лнце.~~
Тепло́, со́лнце / +3, дождь.
Жа́рко / +30, дождь.
Хо́лодно, снег / −10, ве́тер.
Хо́лодно, снег и ве́тер / +2, дождь.

ЗАДАНИЕ 189. Смотрите на рисунки! Что и когда было/~~есть~~/будет: ветер, солнце, дождь или снег?

Вчера́ б_____

Позавчера́ б_____

За́втра б_____

Сего́дня_____

Уровень А1. Часть II. Урок 9

ЗАДАНИЕ 190. Это/«~~оно~~» + ~~есть~~/было/будет + как.

М о д е л ь :   Здесь хо́лодно.
(Вчера́) здесь **бы́ло** хо́лодно. (За́втра) здесь **бу́дет** хо́лодно.

1. Э́то тру́дно… 2. Всё о́чень вку́сно… 3. В кварти́ре ти́хо… 4. Сейча́с в Петербу́рге тепло́… 5. В А́фрике жа́рко… 6. Э́то легко́… 7. Э́то интере́сно… 8. Э́то ва́жно… 9. На Аля́ске хо́лодно… 10. Всё хорошо́…

ЗАДАНИЕ 191. + нача́ло или коне́ц глаго́ла **быть** + хо́лодно, тепло́ или жа́рко?

1. На Ко́рсике бу_____ _____. 2. В Антаркти́де _____.
3. В Маро́кко бы_____ _____. 4. В Петербу́рге _____ло _____.
5. В ба́не _____дет _____. 6. В холоди́льнике _____.
7. В метро́ бы_____ _____.
8. Но́чью _____, у́тром и ве́чером _____, а днём _____.
9. **Зимо́й** _____, **весно́й** _____, **ле́том** _____, **о́сенью** _____.

ЗАДАНИЕ 192. Рабо́тайте по моде́ли.

М о д е л ь :   а) — У тебя́ **есть** де́ньги?
— Коне́чно! У меня́ всегда́ **бы́ли**, **есть** и **бу́дут** де́ньги!

б) — У тебя́ **есть** де́ньги?
— Нет, но **ско́ро бу́дут**. / Нет, но **ра́ньше бы́ли**.

??? Маши́на, иде́и, рабо́та, пробле́мы, эне́ргия, тала́нт, де́ньги, кварти́ра, дом, вопро́сы.

ЗАДАНИЕ 193. Пиши́те фра́зы!

Кто и где был, ~~есть~~ или бу́дет?

1. Вчера́, мы, в, теа́тр. → _____
2. За́втра, о́фис, в, они́. → _____
3. Она́, позавчера́, до́ма. → _____
4. Вы, за́втра, рабо́та, на. → _____
5. Сейча́с, я, здесь. → _____
6. Че́рез час, мы, в, рестора́н. → _____
7. В, ты, за́втра, би́знес-центр. → _____
8. Ты, год наза́д, Копенга́ген, в. → _____
9. Сейча́с, мы, уро́к, на. → _____
10. Москва́, послеза́втра, я, в. → _____

Урок 10

10.1

К, Г, Х + Ы, Я!

ха, хо, ху, хе, хи — **хé**[э]ппи-энд — Мюн**хе**н, тé**х**ника — с**х**éма; **хо**рошó ≠ пло**хо**, **х**ор, ша́**х**маты, **х**улигáн, **х**имия;

га, го, гу, ге, ги — **ГЭ**С — **гé**ны, **га**рмóния — **Ге**рмáния, **Го**нкóнг — **ге**нерáл, **га**лáнтный, **г**рек, **го**норáр, **гá**нгстер, **га**лерéя;

ка, ко, ку, ке, ки — кóш**ка** — кóш**ки** — **Кý**ба — барбе**кю**, **кý**хня — мани**кю**р, **кó**мпас, **кá**рта, кило́мéтр, **кó**нсул, **ке**гельбáн, Мé**х**ико, кон**та**кт

ОНИ
Множественное число (plural)

-∅, -а →	**ы**	-о →	**а**
-ь/й, -я →	**и**	-е →	**я**

-Ы/-И

он (m.)
актёр → актёр|**ы**
рубл|ь → рубл|**и́**
музé|й → музé|**и**

санатóр**и**|й → санатóр**и**|**и**

она (f.)
актрúс|а → актрúс|**ы**
кровáт|ь → кровáт|**и**
недéл|я → недéл|**и**
семь|я́ → сéмь|**и**
лéкц**и**|я → лéкц**и**|**и**

-А/-Я

оно (n.)
дéл|о → дел|**á**
мóр|е → мор|**я́**

задáн**и**|е → задáн**и**|**я**

-к/г/ х/ч/ж/ш/щ И

бáнк|и, врач|ú, этаж|ú, плащ|ú
(-к|и ← -к)

фáбрик|и, кнúг|и, дáч|и, кáш|и
(-к|и ← -к|а)

ЗАДАНИЕ 194.

а) Модель: ...л|ь → ы = ...ли
                   и

...б|ы и	...е|а я	...й|ы и	...г|а ы и	...о|а я	...ж|ы и	...к|ы и

...я|ы и	...а|ы и	...т|ь ы и	...щ|ы и	...ь|е а я	...ч|а ы и	...н|ы и

Уровень А1. Часть II. Урок 10

б) Время. ✎

Модель: день — **дни**

секу́нда — _____
мину́та — _____
моме́нт — _____
день — _____
неде́ля — _____

ме́сяц — _____
год — _____
век — века́
суббо́та — _____
воскресе́нье — _____

> !!! сосе́д → сосе́д**и**,
> доч|ь → до́ч**ер**|и, мат|ь → ма́т**ер**|и,
> и́м|я → им**ен**|а́, де́рев|о → дере́в**ь**|я

Задание 195. Единственное число → множественное число (sing. → pl.).

Модель: ро́за — **ро́зы** (роз|а → ы)

ла́мпа — _____
се́ссия — _____
мо́ре — _____
ру́чка — _____
да́ча — _____
сига́ра — _____
де́ло — _____
проце́сс — _____
и́мя — _____
чек — _____
фа́брика — _____
гара́ж — _____
те́ло — _____

актёр — _____
каранда́ш — _____
витами́н — _____
рубль — _____
неде́ля — _____
ва́за — _____
ко́шка — _____
эта́ж — _____
де́рево — _____
ме́сто — _____
дочь — _____
колле́га — _____
семья́ — _____

бизнесме́н — _____
сантиме́тр — _____
сло́во — _____
това́рищ — _____
окно́ — _____
банк — _____
сосе́д — _____
результа́т — _____
гара́нтия — _____
роль — _____
автомоби́ль — _____
врач — _____
мать — _____

ЗАДАНИЕ 196. Множественное число → единственное число (pl. → sing.).

Модель: твой ро́зы — **твоя́ ро́за**

её вопро́сы — _____
мой дела́ — _____
ва́ши же́нщины — _____
твой ко́шки — _____
мой обе́ды — _____
твой за́втраки — _____

твой кни́ги — _____
на́ши мужчи́ны — _____
их коты́ — _____
его́ уро́ки — _____
твой ча́шки — _____
твой словари́ — _____

наши у́жины — _____
на́ши о́кна — _____
твои́ пи́сьма — _____
ва́ши места́ — _____
ва́ши цари́ — _____
их ва́зы — _____
мои́ рубли́ — _____
на́ши ма́тери — _____

мои́ дя́ди — _____
их профе́ссии — _____
ва́ши отве́ты — _____
мои́ упражне́ния — _____
ва́ши жи́зни — _____
твои́ зада́ния — _____
на́ши моряки́ — _____
твои́ дере́вья — _____

■ **Страна́ — стра́ны**
Национа́льность — национа́льности

стран|а́	*А́встри|я	а) Ме́ксик|а	б) Кита́й
иностра́н|ец — m.	австри́|ец	мексик|а́нец	кита́|ец
иностра́н|ка (-и) — f.	австри́й|ка	мексик|а́нка	кита|я́нка
иностра́н|цы — pl. (m. + f.)	австри́й|цы	мексик|а́нцы	кита́|йцы

Испа́н\|ия, Голла́нд\|ия, *Бе́льг**и**\|я, Кана́д\|а, Швейца́р\|ия, Герма́ния (не́м\|ец), Япо́н\|ия...
*Австра́ли\|я, *Евро́п\|а (европе́\|ец)...

а) Аме́рик\|а, А́фрик\|а, Ита́л\|ия (-ьян-)
б) Коре́\|я, И́нди\|я, Брази́л\|ия...

Росси́|я	Да́н|ия	Фра́нц|ия	Фин|ля́ндия
росси|я́нин	да**т**|ча́нин	франц|у́з	фин|н
росси|я́нка (-и)	да**т**|ча́нка	франц|у́женка	фи́н|ка
росси|я́не	да**т**|ча́не	франц|у́зы	фи́н|ны
+ Еги́пет...	+ А́нгли|я		

Шве́ц|ия	Ту́рц|ия	Герма́ния	Русь	Ва́ша страна́:
шве**д**	ту́рок	не́м|ец	ру́с|ский	_____
шве́**д**|ка	тур**ч**|а́нка	не́м|ка	ру́с|ская	_____
шве́**д**|ы	ту́рк|и	не́м|цы	ру́с|ские	_____

▲ А кто вы (по национа́льности)? Кто ва́ши роди́тели? Кто ва́ши де́душки и ба́бушки?

_____
_____
_____

??? 1. Как вы ду́маете, кто хорошо́/пло́хо рабо́тает вме́сте? Наприме́р, как рабо́тают вме́сте англича́не и францу́зы, ру́сские и испа́нцы, америка́нцы и не́мцы, инди́йцы и фи́нны, европе́йцы и азиа́ты… Кто рабо́тает вме́сте у вас в фи́рме?

2. Как вы ду́маете, интернациона́льная семья́ — э́то хорошо́?

Идеа́льная интернациона́льная семья́ — э́то _____ + _____
                                                                 (муж)   (жена́)

ЗАДА́НИЕ 197. Игра́ «Города́».

Оди́н челове́к говори́т го́род, а друго́й говори́т, кто там живёт.

Н а п р и м е р: Рим — италья́нцы, Петербу́рг — ру́сские…

ЗАДА́НИЕ 198. 1. Смотри́те на рису́нок: кто, где и о ком говори́т?
2. Слу́шайте диало́г «Кто они́?» Вы так ду́мали?

— Кто э́то?
— Э́то Ма́ртин Фи́шер.
— Кто он?
— Он наш архите́ктор.
— А же́нщина?
— Э́то его́ жена́.
— Они́ иностра́нцы?
— Да, они́ швейца́рцы, но рабо́тают здесь.

ЗАДА́НИЕ 199. (⊙ стр. 304–305.)

a) 1. Слу́шайте текст и пиши́те национа́льности. 2. Слу́шайте ещё раз и контроли́руйте себя́.

☺ КТО ЧТО ХОРОШО́ ДЕ́ЛАЕТ?

Врачи́ говоря́т, что **алкоголи́зм**, **табак**ома́ния, **кофе**ма́ния и **шокола́д**ома́ния — э́то на́ши пробле́мы. Но лю́ди лю́бят алкого́ль, ко́фе и чай, шокола́д и табак. Мо́жет быть, поэ́тому они́ зна́ют, кто и где хорошо́ де́лает вино́, шокола́д **и т. д.** (и так да́лее).

Все зна́ют, что вино́ хорошо́ де́лают _____ и _____, а та́кже _____, _____, _____, _____ и _____. Во́дка — э́то _____ реце́пт. А ви́ски хорошо́ де́лают _____.
_____ хорошо́ де́лают сига́ры, а _____ — сигаре́ты.
_____, _____ и хорошо́ де́лают ко́фе. А _____, _____ и

_____ хорошо́ де́лают чай. О́чень лю́бят чай _____, осо́бенно зимо́й, когда́ хо́лодно.

Шокола́д хорошо́ де́лают _____, _____, _____ и _____.

Сыр — э́то ещё одна́ «ма́ния». Его́ хорошо́ де́лают _____, _____, и _____.

Что ещё лю́бят лю́ди? Автомоби́ли, коне́чно! Здесь ли́деры — _____, _____, _____. Все зна́ют их маши́ны: «мерседе́с», BMW [бээмвэ́], «фольксва́ген», «пежо́», «рено́», «тойо́та»...

В результа́те, когда́ лю́ди всё э́то сли́шком лю́бят, они́ **покупа́|ют** в апте́ке медикаме́нты. А их хорошо́ де́лают _____, _____ и _____.

б) Чита́йте текст и расска́зывайте.

в) Как вы ду́маете, что в те́ксте пра́вда и что непра́вда? Почему́? Что хорошо́ де́лают у вас в стране́ / го́роде?

_____
_____
_____
_____

ПРЕДЛОЖЕНИЯ БЕЗ СУБЪЕКТА[1]
«~~они~~» + глаго́л

Лю́ди здесь **говоря́т** по-ру́сски. = Здесь **говоря́т** по-ру́сски.

---
[1] Когда́ мы де́лаем акце́нт на де́йствии (а́кции) и нева́жно, кто его́ де́лает, мы не говори́м субъе́кт, а глаго́л стои́т в фо́рме «они́».

Уровень А1. Часть II. Урок 10

ЗАДАНИЕ 200. + глагол.

а) 1. Ру́сский язы́к так бы́стро не _____ (изуча́ть). 2. Меня́ _____ (звать) Мари́я. 3. Здесь не _____ (кури́ть). 4. Там не _____ (говори́ть) по-англи́йски. 5. В библиоте́ке мно́го _____ (чита́ть). 6. Я не зна́ю, пра́вда э́то и́ли нет, но _____ (говори́ть), что там о́чень краси́во.

б) ??? Где отдыха́ют днём, потому́ что днём там о́чень жа́рко? Где хорошо́ де́лают часы́? Где хорошо́ де́лают сыр? Где хорошо́ де́лают вино́? Где хорошо́ де́лают маши́ны? Где хорошо́ де́лают шокола́д?..

ЗАДАНИЕ 201. Кроссво́рд «Национа́льности».

☺ Стереоти́пы

148

Т.Л. Эсмантова. Русский язык: 5 элементов

Вертикаль:

1. Они́ хорошо́ де́лают часы́ и сыр.
2. Все зна́ют, что они́ гурма́ны.
3. **Лю́б|ят** морепроду́кты и хорошо́ де́лают шокола́д.
4. Они́ живу́т в стране́, где есть и снег, и па́льмы.
6. Хорошо́ де́лают чай.
7. Они́ мно́го говоря́т о пого́де.
8. Сли́шком мно́го рабо́тают.
10. Йо́га — э́то их иде́я. Они́ хорошо́ де́лают медикаме́нты.
12. Они́ живу́т и в Евро́пе, и в А́зии. Хорошо́ де́лают ко́фе.
13. Отдыха́ют днём. У них есть сие́ста.

Горизонталь:

5. У них хоро́шие писа́тели и шахмати́сты.
7. Там, где они́ живу́т, о́чень жа́рко. Они́ хорошо́ танцу́ют (← та́нец).
9. Ма́ло говоря́т.
11. Никогда́ не опа́здывают и хорошо́ де́лают автомоби́ли.
14. Они́ живу́т не в А́зии, не в А́фрике, не в Аме́рике и не в Австра́лии.
15. Говоря́т о́чень темпера́ментно. Хорошо́ де́лают **о́бувь**.
16. Лю́бят карнава́лы.

ЗАДА́НИЕ 202. Отвеча́йте на вопро́сы. Пиши́те ва́ши отве́ты.

1. Сли́шком мно́го рабо́тать — э́то хорошо́ и́ли пло́хо?
_____
2. Йо́га — э́то спорт и́ли филосо́фия?
_____
3. Карнава́л — э́то интере́сно?
_____
4. Отдыха́ть днём — э́то хорошо́?
_____

ЗАДА́НИЕ 203. ☺ «Провока́ция». Констру́кция «не то́лько…, но и…».

М о д е л ь: — Италья́нцы хорошо́ де́лают то́лько о́бувь.
— Непра́вда, италья́нцы хорошо́ де́лают **не то́лько** о́бувь, **но и** ме́бель, …

а) Америка́нцы лю́бят то́лько га́мбургеры. Англича́не говоря́т то́лько о пого́де. Италья́нцы то́лько говоря́т и ничего́ не де́лают. Францу́зы ду́мают то́лько о еде́ (← **еда́**). Испа́нцы днём то́лько отдыха́ют. Не́мцы лю́бят то́лько пи́во. Швейца́рцы и бельги́йцы хорошо́ де́лают то́лько шокола́д. Куби́нцы ку́рят то́лько сига́ры. Япо́нцы лю́бят то́лько су́ши.

+ ва́ши вариа́нты…

б) Я ду́маю, что ты слу́шаешь то́лько рок.
Вы говори́те то́лько по-англи́йски.
Ты здесь то́лько отдыха́ешь.

+ ваши варианты...

ЗАДАНИЕ 204. ☺ Стереотипы. Рай или ад?

Рай — э́то когда́
    по́вар — италья́нец,
    меха́ник — не́мец,
    полице́йский — англича́нин,
    любо́вник — францу́з,
    организа́тор — швейца́рец.

Ад — э́то когда́
    по́вар — _____,
    меха́ник — _____,
    полице́йский — _____,
    любо́вник — _____,
    организа́тор — _____.

ЗАДАНИЕ 205. ☺ Кто о чём думает? Где пары?

францу́зы	о рабо́те
япо́нцы	о сы́ре
не́мцы	о ба́нке
швейца́рцы	о пи́ве
фи́нны	о войне́ и ми́ре
ру́сские	о са́уне

1) К, Г, Х + Ы, Я!

г-к — **г**рим — **К**рым, **г**ном — о**к**но́, **Г**о́ша — **к**о́жа, **Г**ир — **Ки**ри́лл, **г**ара́ж — **Ка**ла́шников, КГБ;

к-х — че**к** — че**х**, че́**к**и — че́**х**и, **х**иру́рг[**к**], **к**ра**х**, **х**ара́ктер, мелан**х**о́лик, **к**у́хня, **х**окке́й, **х**оле́рик, **х**араки́ри;

га-ка-ха — **га**́нгстер — **ко**нта́кт — **хо**рошо́;

ге-ке-хе — **ге**́ны — **Ке**́ния — с**хе**́ма;

го-ко-хо — **го**д — **ко**т — **хо**р; **ги-ки-хи** — **Ге**рма́ния — **ки**ломе́тр — **хи**́мия;

гу-ку-ху — **гу**рма́н — **ку**ро́рт — **ху**лига́н;

2) та-тя-тья — раке́**та** — тё**тя** — бра́**тья**; **жа-жья** — ло́**жа** — му**жья́**;

за-зя-зья — фра́**за** — дру**зья́**;

ва-вя-вья — сло**ва́** — сыно**вья́**; **ла-ля-лья** — учите**ля́** — сту́**лья**

ЗАДАНИЕ 206. Работайте по модели.

Модель: — Здра́вствуйте! Как ва́ши дела́? Как ва́ши **де́ти**?
               — Спаси́бо! У нас всё хорошо́. А как твой **роди́тели**?
               — Спаси́бо! То́же хорошо́.

~~де́ти~~, ~~роди́тели~~, сёстры, бра́тья; сыновья́, до́чери; сосе́ди, студе́нты...

ИСКЛЮЧЕНИЯ
Множественное число (plural)

m. (-а ← ∅)

домá, городá, поездá, номерá, паспортá, островá, лесá, берегá, цветá, векá, голосá, глазá, поварá, докторá, директорá, мастерá, профессорá, учителя́

n.
я́блок|о/я́блоки
у́х|о/у́ши
плеч|о/плéчи

ребёнок — дéти (pl.)
человéк — лю́ди (pl.)

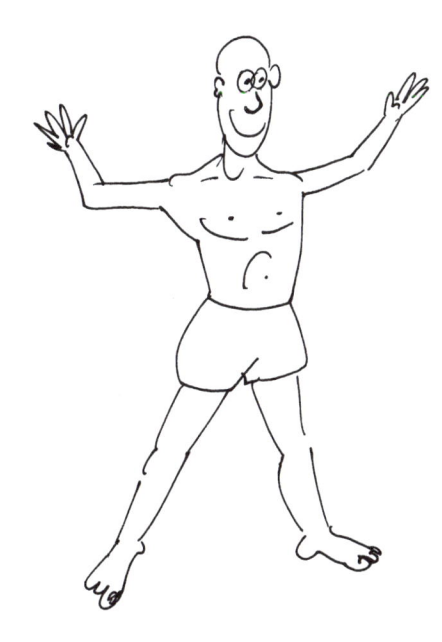

(-ья ← ∅)

брат
муж
друз
сын|ов
дерев
лист
стул

дéрево/дерéвья

лист/ли́стья
я́блоко/я́блоки

стул/сту́лья

тéло
головá
лицó
глаз /-а
нос
рот
у́хо / у́ши
плеч|о /-и
рук|а /-и
сéрдце
ног|а /-и

Уровень А1. Часть II. Урок 10

151

ЗАДАНИЕ 207. Слушайте диалог. Кто разговаривает? У них есть проблема? Читайте и играйте диалог.

ВО СКОЛЬКО НАШ ПОЕЗД?

— Алло! Ты помнишь, во сколько наш поезд?
— Да, конечно, в 23:10.
— А во сколько наш самолёт?
— А самолёт утром, в 9:00.
— А где наши паспорта?
— И паспорта, и билеты у меня.
— Уф... Хорошо. До завтра!
— Почему до завтра? Наш поезд сегодня вечером!
— Да?! Сегодня уже пятница? Моя голова работает **совсем** плохо...

ЗАДАНИЕ 208. Множественное число (plural).

Модель: У меня есть друг. А у вас? — ... →
— У меня есть **друг**. А у вас?
— У нас тоже есть **друзья**.

1. У меня был паспорт, а у них? — ...
2. У него было яблоко, а у вас? — ...
3. У неё есть сосед, а у него? — ...
4. У них есть стул, а у вас? — ...
5. У меня есть брат, а у тебя? — ...
6. У неё есть дочь, а у него? — ...
7. У него есть дом и фабрика, а у тебя? — ...
8. У неё есть сын и муж, а у них? — ...
9. У меня была проблема, а у тебя? — ...

ЗАДАНИЕ 209. + множественное число (plural).

вопрос — ___	друг — ___	письмо — ___
брат — ___	сестра — ___	дерево — ___
дело — ___	доллар — ___	номер — ___
рубль — ___	учитель — ___	ухо — ___
система — ___	нота — ___	доктор — ___
глаз — ___	кактус — ___	модель — ___
лист — ___	стул — ___	имя — ___
семья — ___	коллега — ___	ребёнок — ___
мужчина — ___	муж — ___	человек — ___
нога — ___	яблоко — ___	рука — ___
поезд — ___	жена — ___	женщина — ___

ЗАДАНИЕ 210. Контекст слева + слово справа = фраза.

1. Когда я гуляю, работают мои **ноги**.   руки и ноги
2. _____ смотрят.   ноги
3. Когда я играю в теннис, работают мои _____.   тело
4. Ночью моё _____ отдыхает.   глаза
5. Когда у меня стресс, моё _____ работает слишком активно.   уши
6. _____ слушают.   голова
7. Когда я делаю проекты, работает моя _____.   сердце

ЗАДАНИЕ 211. Пишите слова внизу в 3 группы:

тело	голова	лицо

Нос, сердце, руки, уши, рот, плечо, нога, глаз, рука, ухо, глаза, ноги, плечи…

ЗАДАНИЕ 212. Кроссворд «Исключения», pl.

Горизонталь:
2. Это документы, там есть виза.
3. Транспорт, но не автобусы.
5. Они «делают» O_2 (кислород). Например, джунгли — это…
7. Бас, тенор, баритон, сопрано…
8. Они работают в ресторане или кафе, делают обеды или ужины…

Вертикаль:
1. Медики. Они работают в клинике.
2. Преподаватели в университете.
4. Архитектура. Там живут люди.
6. Петербург, Рим, Париж… — это…

КАК ЧАСТО?
часто ≠ редко, обычно,
всегда — иногда — никогда (не)

ЗАДАНИЕ 213. Спрашивайте и отвечайте!

1. Вы смотрите телевизор? Как часто? 2. Вы курите? Как часто? 3. Вы часто отвечаете на вопросы? 4. Как часто вы играете в волейбол (футбол, боулинг…)?

Уровень A1. Часть II. Урок 10

5. Вы обы́чно молчи́те и́ли говори́те? 6. Вы ча́сто не по́мните, где ва́ши ве́щи? 7. Как ча́сто вы чита́ете газе́ты? журна́лы? кни́ги? 8. Вы ча́сто спра́шиваете? 9. Иногда́ лю́ди не за́втракают, а вы за́втракаете? Всегда́?

● **ЗАДАНИЕ 214. Рисунки: Кто что часто/редко делает?**

_____   _____
_____   _____

● **ЗАДАНИЕ 215. Это правда?**

Бизнесме́ны ча́сто отдыха́ют. Де́ти ре́дко спра́шивают. Лю́ди всегда́ ду́мают. Эгои́сты никогда́ не слу́шают. Актёры всегда́ игра́ют. Же́нщины обы́чно не де́лают макия́ж. Мужчи́ны ча́сто смо́трят по телеви́зору сериа́лы. Же́нщины ре́дко по́мнят да́ты. Мужчи́ны ча́сто говоря́т по телефо́ну. Де́ти иногда́ ку́рят. Преподава́тели ре́дко отвеча́ют на вопро́сы. Программи́сты ре́дко зна́ют, как рабо́тает компью́тер.

Строи́тели ре́дко стро́ят дома́. Доктора́ и фармаце́вты обы́чно хорошо́ зна́ют медикаме́нты. Мужчи́ны ча́сто де́лают маникю́р. Жёны всегда́ зна́ют, где их мужья́. Режиссёры ре́дко зна́ют, как игра́ть роль. Спортсме́ны никогда́ не ку́рят. Мужья́ ча́сто говоря́т комплиме́нты. Профессора́ никогда́ не зна́ют и не по́мнят да́ты и имена́.

▲ **ЗАДАНИЕ 216. Множественное число (plural) + конец фразы.**

Модель: **Поли́тики ча́сто** ду́мают, что всё зна́ют.

1. Дру___ обычно _____
2. ~~Ребёнок~~ _____ часто _____
3. Студент ___ редко _____
4. Повар ___ часто _____
5. Жён___ никогда не _____
6. Профессор ___ часто _____
7. Муж___ редко _____
8. Брат___ и сёстр___ часто _____
9. Сосед___ всегда _____
10. Спортсмен___ обычно _____
11. Политик___ иногда _____
12. Директор___ редко _____

ЗАДАНИЕ 217. + где?

1. Мы иногда завтракаем _____ .
2. Учителя обычно работают _____ , а преподаватели и профессора работают _____ .
3. Мужья иногда отдыхают _____ .
4. Школьники редко читают книги _____ .
5. Бизнесмены обычно работают _____ .
6. Клиенты часто считают деньги _____ .
7. Повара и официанты работают _____ .
8. Жёны часто работают _____ .

библиотека
университет
бар
кафе
офис
школа
дома
банк
ресторан

ЗАДАНИЕ 218. Конфликт или полемика?

— Я думаю, что обычно в теннис играют спортсмены.
— А я думаю, что **не только** спортсмены, **но и** политики.

Вопросы:

1. Кто обычно делает фотографии?
2. Кто слишком много спрашивает?
3. Кто строит города?
4. Кто не работает?
5. Кто обычно много думает?
6. Кто часто отвечает на письма?
7. Кто обычно много курит?
8. Кто знает ваш телефон?
9. Кто всё понимает?
10. Кто знает, что делать, но ничего не делает?
11. Кто знает, когда футбольный матч?
12. Кто слишком много смотрит телевизор?
13. Кто спрашивает, где деньги?
14. Кто никогда не молчит?

Ответы:

дети, спортсмены, мужья, жёны, родители, политики, фотографы, друзья, братья и сёстры, студенты, сыновья, дочери, пенсионеры, повара, бизнесмены, президенты, преподаватели, учителя, туристы, журналисты, женщины, мужчины, строители, соседи, экономисты, банкиры, коллеги, хулиганы…

ЗАДАНИЕ 219. Быть (один раз, конкретно) ↔ быва|ть (часто, регулярно).

а) ??? Где часто бывают дожди? Где часто бывает солнце? Где редко бывают дожди? Где очень редко бывает снег? Где и когда редко бывает солнце? У вас в стране часто бывает минус 15? А минус 25? Где вы часто бываете вечером? Вы часто бываете в театре? в кино?

б) М о д е л ь: Вчера мы **были** в кафе. → Раньше мы **часто бывали** в кафе.

1. Мы были в ресторане. 2. Сейчас мы в театре. 3. Вчера мы не были в музее. 4. Позавчера было холодно. 5. Сегодня здесь тепло. 6. В Мексике жарко. 7. Мы были здесь в **отпуске**.

ЗАДАНИЕ 220. (стр. 317)

а) Пишите начало!

Это исключения (m. pl.)!

б) Пишите эти слова ещё раз.

1. Ми́ша, О́ля, Андре́й и Михаи́л — мои́ _____.
2. В кварти́ре цветы́, а на у́лице _____.
3. Э́то моя́ жена́, а э́то мой _____: Пётр и Па́вел. Пётр и Па́вел — _____.
4. Здесь стои́т то́лько стол, а где стоя́т на́ши _____?
5. О́льга и Викто́рия бы́ли в фи́тнес-клу́бе. А где бы́ли их _____: Ви́ктор и Оле́г?
6. Уже́ октя́брь, в па́рке везде́ лежа́т жёлтые _____.

[grid with letters: ж, т, з, т, л, в, в / бя]

ЗАДАНИЕ 221.

!!! Всегда́ еди́нственное число́ (sing. f.)!
посу́да, еда́, оде́жда, о́бувь, ме́бель

а) Пишите слова в группы.

~~сви́тер~~, ча́шка, стол, джи́нсы, я́блоки, кроссо́вки, футбо́лка, бутербро́д, сту́лья, бейсбо́лка, сыр, боти́нки, ю́бка, таре́лка, хлеб, санда́лии, брю́ки, суп, шарф, крова́ть, помидо́ры, ча́йник, ша́пка, ры́ба, самова́р, дива́н

посу́да:	еда́:	оде́жда:	о́бувь:	ме́бель:
		сви́тер		

б) Пишите фразы, как в модели.

М о д е л ь: Сви́тер — э́то оде́жда.

156

Т.Л. Эсмантова. Русский язык: 5 элементов

КОНТРОЛЬНАЯ РАБОТА II
(время: 25 минут)

Результат: _____ / 60 баллов (максимум)

ЗАДАНИЕ 1. Лексика (а: ___ / 7 + б: ___ / 3 + в: ___ / 3,5 + г: ___ / 5 = ___ / 18,5 баллов).

а) Пишите **антонимы**:

Интересно ≠ _____, днём ≠ _____, начало ≠ _____, всегда ≠ _____, часто ≠ _____, вопрос ≠ _____, через час ≠ _____.

б) Пишите **национальности**:

Испания → _____ (он), Америка → _____ (она), Япония → _____ (они).

в) Пишите **дни недели** [один день = 0,5]:

п_____к, в_____к, с_____а, ч_____г, п_____а, с_____а, в_____е

г) Пишите «**портрет**»:

Л_____о — это г_____а, н_____, р_____, у_____ .

ЗАДАНИЕ 2. Вопросы (_____ / 11).

1. _____? — Хорошо. Он работает хорошо.
2. _____? — В ресторане.
3. _____? — В 10:00.
4. _____? — Утром.
5. _____? — Час. Они обедали час.
6. _____? — Редко. Я очень редко здесь бываю.
7. _____? — Он немец.
8. _____? — Работают.
9. _____? — Телевизор. У меня был телевизор.
10. _____? — Строители. Дом строят строители.
11. _____? — Вальс. Он играл вальс.

ЗАДАНИЕ 3. Форма (а: _____ / 7 + б: _____ / 9,5 + в: _____ / 5 = _____ / 21,5).

а) Быть, бывать — past/present/future.

1. Вчера у меня _____ вопросы, а сегодня нет. 2. Мы часто здесь _____, а раньше _____ редко. 3. Завтра _____ дождь. 4. У тебя сейчас _____ время? 5. Послезавтра мы _____ в офисе. 6. Сейчас лампа _____ не справа, а слева.

б) Past или present? + учить, помнить, курить, лежать, молчать, стоять, смотреть, жить, начинать + работать [1,5]:

1. Вчера я весь вечер _____ слова, но сегодня я их не _____ . 2. У тебя есть сигареты? — Нет, я не _____ . 3. Мама, где мой свитер? — Он _____ на стуле. 4. Почему так тихо? — Потому что дети _____ . 5. Раньше стол и стулья _____ здесь. 6. Час назад я _____ по телевизору «Новости». 7. Где ты сейчас _____: в доме или в квартире? 8. Во сколько ты _____?

в) Plural:

Друг — _____, письмо — _____, словарь — _____, стол — _____, дом — _____ .

ЗАДАНИЕ 4. Синтаксис (_____ / 7).
+ если / так как / поэтому / как / что / когда / не только… но и.

1. Они здесь _____ отдыхают, _____ работают. 2. _____ сегодня воскресенье, магазин не работает. 3. Я не понимаю, _____ работает механизм. 4. Это интересно, _____ я это делаю. 5. Мы не знаем, _____ они начинают работать. 6. _____ у тебя есть идея, мы тебя слушаем. 7. Мы знаем, _____ они уже работают.

ЗАДАНИЕ 5. Коммуникация (_____ / 2).
Диалоги! Фраза (слева) + реакция (справа).

1) — Вы делаете это очень хорошо!   а) — Не за что!

2) — Спасибо за кофе!   б) — Спасибо за комплимент.

3) — Приятного аппетита!   в) — Спасибо!

ЧАСТЬ III

🔊 фо-нетика	■ грамматика ⚓ повторение	● разговор / ситуации общения	◉ текст

УРОК 11 (стр. 160–170)

| н-н' | 1. Прилагательные.
2. *Это* или *этот*. *Этот* ≠ *тот*. | Какой человек? Какая вещь?
Иностранные языки:
Я знаю русский язык.
Я говорю по-русски.
Кто этот молодой человек?
Ты смотрела этот фильм? | «Семейное счастье» |

УРОК 12 (стр. 171–185)

| т, ч | 3. Сравнительная степень прилагательных и наречий (компаратив аналитический): *более ≠ менее, чем; так(ой) же, как.*
Искл.: *больше ≠ меньше, лучше ≠ хуже.*
4. Превосходная степень (суперлатив).
5. Сложное предложение (+ *который*).
6. *Хотеть, мочь, быть должным.* | Чей или какой? Как или какой?
Такой же, как…
Кто работает лучше?
Хотеть или мочь:
Где вы не хотите и не можете жить / работать? | «Коллега»
«Всё не так, как должно быть» |

УРОК 13 (стр. 186–196)

| л-л' | 7. Глаголы II спряжения с чередованием: *люб\|ить, сп\|ать, эконом\|ить, готов\|ить (бл, вл, пл, мл).*
8. Асс. m. неодуш., f., n.: nouns, possessive pronouns, adj. (существительные, притяжательные местоимения, прилагательные).
9. Императив: *Делай(те)! Давай(те) делать!* | Что вы любите? Что вы готовите?
В магазине.
Покупки (одежда и продукты).
Ты хочешь/должен работать?
— Работай!
Ты не можешь работать?
— Не работай! | «Странный мужчина?»
«Брат и сестра» |

УРОК 14 (стр. 197–205)

| с-з
з-ж | 10. Структура предложения, вопросы.
11. Прямая и косвенная (непрямая) речь: специальный вопрос и ответ.
12. Отрицательные местоимения.
13. Предложный падеж существительных единственного числа (prep. sing. nouns): 1) где? (-е, -и).
14. Гл. *жить*. | Кто что рассказывает?
Никто никогда нигде ничего не делает.
Все всегда везде всё делают.
Где вы живёте?
Национальности. | «Муж и жена» |

УРОК 15 (стр. 206–219)

| в-ф | 15. Где? (-ии). Исключения m. (-у).
16. *В* или *на*?
17. Предложный падеж (prep.): 2) о ком, о чём? Личные местоимения в предложном падеже (pers. pronouns, prep.).
18. Гл. *мечтать, спорить, пис\|ать (с/ш).*
19. Компаратив ↔ *(не) такой …, как*
20. Цветовые прилагательные: *белый, серый, чёрный, розовый, красный, жёлтый, оранжевый, синий, голубой, зелёный, коричневый.* | О чём вы мечтаете?
Что вы об этом думаете?
Императив: Не думай об этом!
Животные: кошка, собака, корова, свинья, слон, волк, крокодил, мышь, медведь, обезьяна… | «Где лучше жить?»
«Зоопарк» |

КОНТРОЛЬНАЯ РАБОТА III (стр. 220–222)
СЛОВАРЬ к урокам 11—15 (стр. 290–291)

Урок 11

11.1

Н ↔ Н' — на-ня-нья, но-нё-ньё, нэ-не-нье, ну-ню-нью, ны-ни-ньи;
Афи**ны** — **Ни**цца, **Нэ**нси — **не**мец — брако**нье**р, **ну**ль — **ню**анс — **нью**фа́ундленд, ва́**нн**а — ба́**ня**, х**на** — ку́х**ня**, вол**на́** — спа́ль**ня**, Каберне́[э] — **не**, **на́**ша **ня́**ня
Я не ня́ня. У меня́ есть ва́нна. Меня́ нет.
ны́й-**ни**й, **на**я-**ня**я, **но**е-**не**е, **ны**е-**ни**е;
норма́ль**ный** — ра́**нний**, арома́т**ный** — вече́р**ний**, культу́р**ный** — дома́ш**ний**, **не**лега́ль**ный**, **не**йтра́ль**ный**, **у**ниверса́ль**ный**

КАК**ОЙ**, КАК**АЯ**, КАК**ОЕ**, КАК**ИЕ**?
Прилага́тельные (adjectives)

ЗАДАНИЕ 222. Как|**о́й** (m.), как|**а́я** (f.), как|**о́е** (n.) или как|**и́е** (pl.: m./f./n.)?

М о д е л ь: Как___ зада́ни**е**? — Как**о́е** зада́ни**е**?

Как___ отве́т? Как___ жизнь? Как___ лю́ди? Как___ де́ло? Как___ у́лица? Как___ челове́к? Как___ мужчи́на? Как___ же́нщина? Как___ окно́? Как___ ребёнок? Как___ де́ти? Как___ мо́ре? Как___ брю́ки? Как___ ме́бель? Как___ пого́да? Как___ письмо́? Как___ биле́т? Как___ кни́ги? Как___ о́бувь?

ЗАДАНИЕ 223.

а) Кто, когда́ и где говори́т э́то? Игра́йте ситуа́ции!

— До́бр|**ый** день!
— Здра́вствуйте. Пожа́луйста, оди́н суп.
— Как|**о́й**? Больш|**о́й** и́ли ма́леньк|**ий**?
— Ма́леньк|**ий**, пожа́луйста.

— Пожа́луйста! Вот ваш суп.
— Больш|**о́е** спаси́б**о**!

день (m.): суп (m.)
у́тро (n.): ко́фе (m.)
ве́чер (m.): пи́во (n.)

б) Что зна́чит? (adj. m. sing.)

прекра́сн|ый ≠ ужа́сн|ый	ста́р|ый ≠ но́в|ый/молод|**о́й**
хоро́ш|ий ≠ плох|**о́й**	лёгк|ий ≠ тяжёл|ый/тру́дн|ый
ме́дленн|ый ≠ бы́стр|ый	гро́мк|ий ≠ ти́х|ий
до́бр|ый ≠ зл|**ой**	твёрд|ый ≠ мя́гк|ий
дорог|**о́й** ≠ дешёв|ый	больш|**о́й** — сре́дн|ий — ма́леньк|ий
чи́ст|ый ≠ грязн|ый	горя́ч|ий — тёпл|ый — холо́дн|ый

Т.Л. Эсмантова. Русский язык: 5 элементов

Какая это собака?
_____

▲ **ЗАДАНИЕ 224. Отвечайте на вопросы и стройте фразы.**

1. Кака́я у вас ру́чка: но́вая и́ли ста́рая? дорога́я и́ли дешёвая? краси́вая и́ли некраси́вая?
   — У меня́ _____, _____ и _____ ру́чка.
2. Како́й э́то чай: горя́чий, холо́дный и́ли тёплый? хоро́ший и́ли плохо́й? дорого́й и́ли дешёвый?
   — Э́то _____, _____, _____ чай.
3. Каки́е у вас ру́ки: больши́е, ма́ленькие и́ли сре́дние? чи́стые и́ли гря́зные? краси́вые и́ли некраси́вые?
   — У меня́ _____, _____, _____ ру́ки.
4. Како́е э́то **пла́тье**: прекра́сное и́ли ужа́сное? но́вое и́ли ста́рое? лёгкое и́ли тёплое?
   — Э́то _____, _____, _____ пла́тье.

■ **1. Твёрдый вариант под ударением:**

больш|**о́й**, дорог|**о́й**, зл|**о́й**, молод|**о́й**, плох|**о́й**, ночн|**о́й** ≠ дневн|**о́й**

m.:	как	о́й	**-ОЙ**	зл	**о́й** / больш	**о́й**
f.:	как	а́я	**-АЯ**	зл	**а́я** / больш	**а́я**
n.:	как	о́е	**-ОЕ**	зл	**о́е** / больш	**о́е**
pl.:	как	и́е	**-ЫЕ***	зл	**ы́е** / больш	**и́е***

🗣 * к/г/х/ч/ж/ш/щ + **и, а**

плохи́е ↔ плоха́я
больши́е ↔ больша́я
горя́чий ↔ горя́чая...

▲ **ЗАДАНИЕ 225.**

а) какой/какая/какое/какие?

М о д е л ь: _____ (___)? — больши́е → <u>каки́е (pl.)</u>?

_____ (___)? — злы́е	_____ (___)? — плоха́я	_____ (___)? — плохо́е
_____ (___)? — больша́я	_____ (___)? — молоды́е	_____ (___)? — больши́е
_____ (___)? — ночно́й	_____ (___)? — дневно́й	_____ (___)? — дороги́е
_____ (___)? — дорого́е	_____ (___)? — большо́е	_____ (___)? — молода́я

Уровень А1. Часть III. Урок 11

б) + о/а/ы/и?

М о д е л ь: какой? — больш__й → большо́й.

кака́я? — зл__я   каки́е? — молод__е   кака́я? — плох__я   како́е? — дорог__е
како́й? — молод__й   како́е? — больш__е   каки́е? — зл__е   како́й? — молод__й
каки́е? — плох__е   каки́е? — дневн__е   каки́е? — больш__е   кака́я? — больш__я
како́е? — дневн__е   кака́я? — дорог__я   како́й? — дорог__й   каки́е? — ночн__е

1.2. Твёрдый вариант:

прекра́сн|**ый**, ужа́сн|**ый**, ме́дленн|**ый**, бы́стр|**ый**, до́бр|**ый**, дешёв|**ый**, чи́ст|**ый**, гря́зн|**ый**, тёпл|**ый**, холо́дн|**ый**, ста́р|**ый**, но́в|**ый**, тяжёл|**ый**, тру́дн|**ый**, *ма́ленък|**ий**, *лёгк|**ий**, *гро́мк|**ий**, *ти́х|**ий**

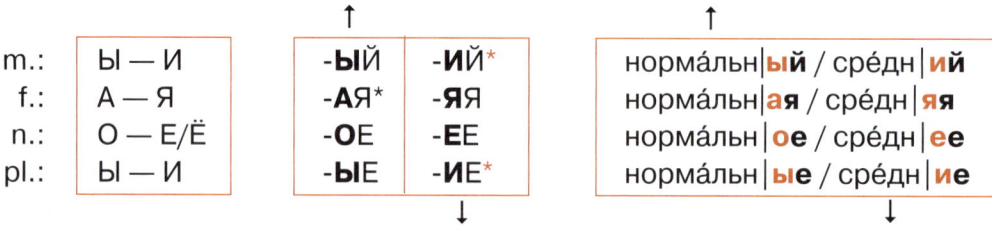

m.:	Ы — И	-ЫЙ	-ИЙ*	норма́льн	**ый** / сре́дн	**ий**
f.:	А — Я	-АЯ*	-ЯЯ	норма́льн	**ая** / сре́дн	**яя**
n.:	О — Е/Ё	-ОЕ	-ЕЕ	норма́льн	**ое** / сре́дн	**ее**
pl.:	Ы — И	-ЫЕ	-ИЕ*	норма́льн	**ые** / сре́дн	**ие**

2. Мягкий вариант:

дома́шн|**ий**, сре́дн|**ий**; *хоро́ш|**ий**, *горя́ч|**ий**,
у́тренн|**ий**, **вече́р**н|**ий**, **ра́н**н|**ий**, **по́здн**н|**ий**, **вчера́**шн|**ий**, **сего́дня**шн|**ий**,
весе́нн|**ий**, **ле́т**н|**ий**, **осе́н**н|**ий**, **зи́м**н|**ий**

ЗАДАНИЕ 226. твёрдый вариант

М о д е л ь: прекра́сн____ пого́да → прекра́сн**ая** пого́да (**она́**).

1. бы́стр____ отве́т, бы́стр____ рабо́та, бы́стр____ результа́ты;
2. ме́дленн____ проце́сс, ме́дленн____ реа́кция;
3. зл____ иро́ния, зл____ челове́к, зл____ сло́во, зл____ соба́ки;
4. до́бр____ у́тро, до́бр____ ве́чер, до́бр____ же́нщина, до́бр____ дела́;
5. тяжёл____ су́мка, тяжёл____ хара́ктер, тяжёл____ столы́, тяжёл____ де́рево;
6. ночн____ клуб, ночн____ жизнь, ночн____ кошма́ры, ночн____ **не́бо**;
7. прекра́сн____ жизнь, прекра́сн____ вре́мя, прекра́сн____ го́род, прекра́сн____ лю́ди;
8. чи́ст____ ру́ки, чи́ст____ стол, чи́ст____ окно́, чи́ст____ су́мка

ЗАДАНИЕ 227. мягкий вариант

у́тренн____ газе́та   сего́дняшн____ информа́ция   у́тренн____ ко́фе
вече́рн____ програ́мма   сего́дняшн____ пробле́мы   вчера́шн____ репорта́ж
у́тренн____ но́вости   по́здн____ ве́чер   вече́рн____ атмосфе́ра
дома́шн____ вино́   у́тренн____ меню́   за́втрашн____ **встре́ча**
вече́рн____ пла́тье   дома́шн____ оде́жда   дома́шн____ тради́ции
ра́нн____ у́тро   по́здн____ ребёнок   дома́шн____ а́дрес

ЗАДАНИЕ 228. Отвечайте на вопросы. Работайте в паре.

1. Кака́я у вас жизнь? 2. Како́е э́то де́ло — изуча́ть ру́сский язы́к? 3. Кака́я у́лица Не́вский проспе́кт? 4. Како́й вы челове́к? 5. Како́й вы специали́ст? 6. Каки́е лю́ди ва́ши друзья́? 7. Кака́я у вас рабо́та? 8. Каки́е кни́ги вы чита́ете? 9. Кака́я у вас до́ма ме́бель? 10. Кака́я сего́дня пого́да? 11. Кака́я у вас сего́дня о́бувь?

ЗАДАНИЕ 229. Где правильная форма? (⊙ стр. 305.)

холо́дн(ая/яя) вода́   ночн(а́я/я́я) дискоте́ка   вече́рн(ый/ий) чай
до́бр(ое/ее) сло́во   горя́ч(ое/ее) молоко́   прекра́сн(ый/ий) день
молод(а́я/я́я) же́нщина   дома́шн(ое/ее) зада́ние   ночн(ы́е/и́е) у́лицы
у́тренн(ый/ий) душ   вече́рн(ое/ее) пла́тье   доро́г(ая/яя) жизнь
дешёв(ые/ие) биле́ты   тру́дн(ая/яя) рабо́та   горя́ч(ое/ее) се́рдце
вчера́шн(ая/яя) газе́та   сего́дняшн(ые/ие) пробле́мы тёпл(ый/ий) день

6:00 — э́то ра́нн(ое/ее) у́тро.   23:00 — э́то по́здн(ый/ий) ве́чер.
Март — э́то ра́нн(ая/яя) весна́.   Ноя́брь — э́то по́здн(ая/яя) о́сень.

ЗАДАНИЕ 230. Стройте «базовые» формы: m. sing. nom.

М о д е л ь: доро́г|ое → доро́г|о́й, ра́нн|ее → ра́нн|ий.

до́бр|ое →   молод|ы́е →   больш|а́я →
плох|о́е →   дешёв|ое →   лёгк|ие →
горя́ч|ее →   но́в|ая →   по́здн|ее →
гря́зн|ые →   чи́ст|ое →   зл|а́я →
ста́р|ые →   ра́нн|яя →   зи́мн|яя →

ЗАДАНИЕ 231. (⊙ стр. 305.) Текст «Семейное счастье».

а) Смотри́те на рису́нок в те́ксте. Кто э́то? Что и когда́ они́ де́лают? О чём бу́дет текст?

б) В те́ксте бу́дут но́вые слова́. Вот они́: **сча́стье, статья́, дом**охозя́йка, ино**стра́н**ный, ка́ждый день, ка́ждое у́тро. Как вы ду́маете, о чём текст?

в) Слу́шайте текст и отвеча́йте да или нет.

да   нет

1. Ната́ша и Евге́ний — муж и жена́. А их де́ти — бра́тья.
2. Евге́ний ка́ждый ве́чер чита́ет газе́ты.
3. Ната́ша у́тром всегда́ де́лает арома́тный чай.
4. Евге́ний покупа́ет а́кции.
5. Евге́ний всегда́ по́мнит валю́тный курс и когда́ обе́денный переры́в.
6. Ната́ша и Кла́ус обы́чно говоря́т по-англи́йски.
7. Ната́ша ду́мает, что дома́шняя рабо́та о́чень тру́дная.
8. Её сыновья́ весь день смо́трят телеви́зор.
9. Ве́чером Ната́лья чита́ет кни́ги, а её де́ти слу́шают.
10. Ка́ждый ве́чер вся семья́ игра́ет в «Ле́го».
11. Евге́ний стро́ит дома́.

Уровень А1. Часть III. Урок 11

12. Ната́ша хорошо́ говори́т по-неме́цки.
13. У них до́ма есть компью́тер.
14. Де́ти гуля́ют оди́н раз в день.

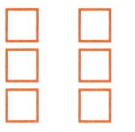

г) Слу́шайте текст ещё раз и пиши́те в него́ прилага́тельные.

СЕМЕ́ЙНОЕ СЧА́СТЬЕ

Ната́лья — **домохозя́йка**. Вы ду́маете, что она́ нигде́ не рабо́тает? Нет. Э́то непра́вда. Она́ о́чень мно́го рабо́тает. Но рабо́тает она́ до́ма. Её муж Евге́ний ду́мает, что Ната́лья — идеа́льн|ая жена́. Наприме́р, ка́ждое у́тро на за́втрак она́ де́лает арома́тн|ый ко́фе и́ли _____ шокола́д. А когда́ муж чита́ет газе́ты и́ли слу́шает _____ но́вости, Ната́ша де́лает для него́ горя́чие бутербро́ды и́ли блины́.

Евге́ний рабо́тает, коне́чно, о́чень мно́го, потому́ что у него́ есть де́ти, а его́ жена́ — домохозя́йка. У него́ _____ рабо́та. Весь день он ду́мает, счита́ет, анализи́рует... У него́ о́чень серьёзн|ая профе́ссия. Он фина́нсов|ый дире́ктор. Он мно́го зна́ет. Наприме́р, он зна́ет, что де́лать, когда́ в стране́ _____ кри́зис. Он зна́ет, когда́ и _____ а́кции покупа́ть. Он всегда́ зна́ет, како́й сейча́с валю́тн|ый курс и т. д. (и так да́лее).

К сожале́нию, днём Евге́ний обе́дает не до́ма. Он рабо́тает о́чень мно́го и иногда́ да́же не по́мнит, когда́ обе́денн|ый переры́в.

А Ната́лья днём изуча́ет неме́цкий язы́к. Она́ уже́ зна́ет англи́йский и испа́нский. Но _____ язы́к — э́то всегда́ интере́сно. Иностра́нн|ые языки́ — э́то её хо́бби. Она́ обы́чно изуча́ет язы́к до́ма. Ка́ждый день смо́трит специа́льн|ый видеоку́рс и слу́шает пле́ер, у́чит _____ слова́, чита́ет неме́цкие кни́ги и газе́ты и т. д. Ещё у неё есть друг. Его́ зову́т Кла́ус. Он не́мец. Ната́ша и Кла́ус ча́сто говоря́т по-неме́цки.

Днём, когда́ Ната́ша изуча́ет _____ язы́к, её сыновья́ игра́ют. Сего́дня они́ игра́ют в «Ле́го». Они́ стро́ят _____ дом. И ма́ма, и ма́льчики ду́мают, что э́то о́чень интере́сн|ая игра́. Пото́м они́ **все вме́сте** гуля́ют. Пото́м ма́льчики отдыха́ют, а Ната́ша де́лает обе́д. Де́ти говоря́т, что её обе́ды всегда́ вку́сн|ые. Как жаль, что па́па обе́дает не до́ма.

Пото́м де́ти игра́ют, а ма́ма рабо́тает. Же́нщины ча́сто говоря́т, что _____ рабо́та _____ и неинтере́сная. Но Ната́ша так не ду́мает. Как хорошо́, когда́ до́ма чи́сто и краси́во!

А ве́чером все до́ма. Все вме́сте у́жинают, иногда́ смо́трят телеви́зор. Пото́м вся семья́ (ма́ма, па́па и сыновья́) гуля́ет. Недо́лго, но _____ ве́чер. Пото́м ма́ма чита́ет де́тск|ие кни́ги, а де́ти слу́шают. А что де́лает па́па? У него́ то́же есть хо́бби. Интерне́т.

164

Т.Л. Эсма́нтова. Ру́сский язы́к: 5 элеме́нтов

д) Читайте и рассказывайте текст как 1) Наталья, 2) Евгений, 3) их сын.

Наталья — идеальная жена? А Евгений — идеальный муж?

е) Это традиционная семья или нет? Почему? Что значит «традиционная семья»? Это счастливая семья? Почему?

_____
_____
_____

ё) Кто обычно покупает компьютер: мужчины или женщины? Интернет — это интересное хобби? Почему?

_____
_____
_____

ж) Это диалоги. Как вы думаете, о чём говорят Наталья и Евгений? Евгений и его сыновья? Слушайте диалоги. У вас была правильная идея?

з) Читайте и играйте диалоги.

Наталья и Евгений:
— Наташенька, привет!
— А! Женечка, ты уже дома? Так рано?
— Почему рано? Как обычно. Уже восемь.
— Трудный сегодня был день?
— Нет, не очень. А как у вас дела? Что вы сегодня делали?
— Дети сегодня весь день строили дом. Думаю, они и сейчас его ещё строят. А я читала экономические **статьи** по-немецки. Ужасно трудно, но интересно.
— Какая ты у меня **молодец**! А ужин уже есть? Я очень **голодный**.
— Конечно, дорогой. Дети! Ужинать!

Папа и сыновья:
— Папочка! Папочка!
— Что мои мальчики сегодня делали?
— Мы строили дом! Он большой и красивый. Правда?
— Да-а. Вы просто профессиональные строители! Чей это был проект?
— Наш! Мы вместе его делали, а потом вместе строили.
— Молодцы! Но мама зовёт ужинать. А у вас, **наверное**, грязные руки.
— Нет, папа, у нас чистые руки! Вот!

Евгений — хороший отец? Почему?
Наталья — типичная домохозяйка? Почему она читает по-немецки экономические статьи?

165

Уровень A1. Часть III. Урок 11

ЗАДАНИЕ 232. Где пары?

арома́т**н**|ый	журна́л	обе́д**енн**|ый	и́гры
же́**нск**|ий	сча́стье	иностра́**нн**|ые	програ́мма
счаст**ли́в**|ые	дире́ктор	интере́с**н**|ые	переры́в
семе́й**н**|ое	опера́ция	специа́**льн**|ая	еда́
идеа́**льн**|ый	ко́фе	де́т**ск**|ая	языки́
фина́нс**ов**|ый	статья́	вку́с**н**|ая	интере́с
валю́т**н**|ая	лю́ди	профессиона́**льн**|ый	мужчи́на
но́в|ая	муж	голо́д**н**|ый	кни́га

*Какие суффиксы «делают» прилагательные (adjectives)?

ЗАДАНИЕ 233.

а) + кажд\|ый (-ая, -ое, -ые)

_____ ребёнок	_____ сло́во	_____ мужчи́на
_____ же́нщина	_____ челове́к	_____ вто́рник
_____ де́ло	_____ семья́	_____ воскресе́нье

б) каждый → все (sing. → pl.)

М о д е л ь 1: ка́ждый вопро́с = все вопро́сы

~~вопро́с~~	отве́т	челове́к — лю́ди
мужчи́на	ребёнок — де́ти	же́нщина
семья́	дом	костю́м
таре́лка	стул	го́род
колле́га	час — вре́мя	страна́

Пишите фразы!

М о д е л ь 2: Профе́ссор отвеча́ет **на ка́ждый вопро́с**, он зна́ет отве́ты **на все** на́ши **вопро́сы**.

в) + каждый день/вечер, каждое утро, каждый год…

1. Я за́втракаю _____ _____ .
2. Они́ смо́трят телеви́зор _____ _____ .
3. Он у́жинает _____ _____ .
4. Мы отдыха́ем на мо́ре _____ _____ .
5. Я покупа́ю хлеб _____ _____ .
6. Она́ ме́неджер и рабо́тает _____ _____ .

ЗАДАНИЕ 234. Кроссворд «Антонимы».

Горизонталь:
3. Старое (платье).
5. Дешёвое (вино).
9. Большая (девочка).
10. Тёплые (дни).

Вертикаль:
1. Летний (месяц).
2. Быстрая (музыка).
4. Тихий (голос).
6. Холодное (молоко).
7. Добрая (собака).
8. Лёгкая (сумка).
9. Старый (человек).

РУССКИЙ или ПО-РУССКИ?

какой? + существительное (noun)	**как?** + глагол (verb)
ру́сск|ий (-ая, -ое, -ие) Мы изуча́ем **ру́сский** язы́к и **ру́сские** тради́ции.	**по**-ру́сски Мы говори́м **по-ру́сски** и **по-англи́йски**.

к + -ий, -ие
~~-ый, -ые~~

ЗАДАНИЕ 235. Отвечайте на вопросы!

Кто (где) говори́т (говоря́т) по-ру́сски, по-францу́зски, по-англи́йски, по-испа́нски, по-неме́цки, по-португа́льски, по-голла́ндски, по-ара́бски?..

Как вы говори́те по-ру́сски, по-англи́йски, по-неме́цки, по-францу́зски, по-япо́нски?..
Какой язы́к вы хорошо́ зна́ете? Какой язы́к вы сейча́с изуча́ете?
Вы хорошо́ чита́ете по-ру́сски? Вы ду́маете по-ру́сски?
Когда́ лю́ди говоря́т по-фи́нски, по-япо́нски, по-кита́йски, вы их понима́ете?

Уровень A1. Часть III. Урок 11

ЗАДАНИЕ 236. Какой или как?

а) Отвечайте на вопросы.

1. Какие автомобили они покупают? (японские/по-японски)
2. Какой язык мы изучаем? (русский/по-русски)
3. Как они пишут? (китайские/по-китайски)
4. Какая косметика дорого стоит? (французская/по-французски)

б) М о д е л ь: Ты читаешь ___английск___. → Ты читаешь **по**-английск**и**.

1. Мы хорошо читаем ___русск___. 2. Наши ___русск___ друзья живут в Новосибирске. 3. Она любит ___бразильск___ карнавал. 4. Он медленно читает ___французск___. 5. У него ___французск___ машина. 6. Они быстро говорят ___английск___. 7. Это ___английск___ слово или ___немецк___? 8. Украинцы и белорусы хорошо понимают ___русск___ язык. 9. Я неплохо говорю ___финск___. 10. Японцы говорят ___японск___.

в) ☺ В «советское время» был стереотип, что русские читают очень много.
Как вы думаете, это правда? А сейчас?

_____
_____
_____
_____

ЗАДАНИЕ 237. ☺ **Стереотипы.**

Какие вещи хорошие? Какие вещи вы знаете?

М о д е л ь: А́нгли|я → англи́й**ск**|ий чай, англи́йск|ая короле́ва, англи́йск|ое сло́во, англи́йск|ие тради́ции.

Сначала читайте слова в таблице справа, потом стройте фразы, как в модели.

~~А́нглия~~, Аме́рика, Брази́лия, Бе́льгия, Герма́ния, Голла́ндия, Испа́ния, Ита́лия, Кита́й, Норве́гия, Росси́я, Ту́рция, Финля́ндия, Фра́нция, Швейца́рия, Япо́ния… + ваши варианты…	автомоби́ль, ~~чай~~, язы́к, суп, вино́, сыр, ко́фе, ~~сло́во~~, ба́ня, карнава́л, го́ры, ба́нки, конья́к, ку́хня, шокола́д, корри́да, ~~тради́ции~~, часы́, о́бувь, **душа́**, самолёты, компью́теры, модельéры, во́дка, диза́йн, рестора́н, му́зыка, та́нцы, тюльпа́ны, де́ньги, пунктуа́льность, ры́ба, **ка́чество**, авто́бусы…

_____
_____

168

ЭТО или ЭТОТ, ЭТА, ЭТО, ЭТИ?

Что это? Кто это? (Что это было?)　　　　　　　　　Какой (-ая, -ое, -ие)?

Э́то журна́л. **Э́то** хоро́ший **журна́л**. Э́то кни́га. **Э́то** (была́) но́вая **кни́га**. Э́то письмо́. Я зна́ю, что **э́то** твоё **письмо́**. Я ду́маю, что **э́то** краси́вые **маши́ны**.	m. **Э́тот** (= хоро́ший) **журна́л лежи́т** на столе́. f. **Э́та** (= но́вая) **кни́га лежи́т** на столе́. n. **Э́то** (= твоё) **письмо́ лежи́т** в кни́ге. pl. **Э́ти** (= краси́вые) **маши́ны стоя́т** здесь.

ЗАДАНИЕ 238.

а) + этот, эта, это или эти

1. Э́то но́вый режиссёр. _____ режиссёр не рабо́тает в Голливу́де.
2. Э́то ста́рая кни́га. _____ кни́га о́чень до́рого сто́ит.
3. Э́то ста́рые джи́нсы. Где лежа́т _____ джи́нсы?
4. Э́то чи́стое окно́. Я смотре́л в _____ окно́.
5. Э́то мои́ колле́ги. _____ лю́ди мно́го зна́ют.

б) Это или этот, эта, это, эти?

1. _____ ужа́сный фильм.
2. _____ же́нщина рабо́тает в о́фисе.
3. Я зна́ю, что _____ хоро́ший челове́к. _____ челове́к лежи́т на дива́не.
4. _____ ла́мпа уже́ не рабо́тает. Он ду́мает, что _____ хоро́шая ла́мпа.
5. _____ прекра́сный борщ.
6. _____ режиссёр рабо́тает в Голливу́де.
7. _____ пла́тье лежа́ло на сту́ле.
8. _____ джи́нсы бы́ли о́чень дороги́е.
9. Где стоя́ли _____ лю́ди?
10. Ты ду́маешь, что _____ хоро́шая кни́га?
11. _____ горя́чий чай.

ЗАДАНИЕ 239.

а) М о д е л ь:　— Ты зна́ешь, кто **э́тот молодо́й челове́к**?
　　　　　　　　　— Он аргенти́нец.

молодо́й челове́к/аргенти́нец	па́рень/ру́сский
мужчи́на/грек	де́вушка/италья́нка
де́вушка/китая́нка	лю́ди/не́мцы
ма́льчик/австри́ец	де́вочка/не́мка
де́ти/шве́ды	же́нщина/греча́нка
молодо́й челове́к/америка́нец	молодо́й челове́к/бельги́ец

Уровень A1. Часть III. Урок 11

б) Диалог «Где эти вещи?»

М о д е л ь: — **Молодо́й челове́к,** Вы не зна́ете, где дом № 5?
        — Нет, извини́те. Я не зна́ю, где **этот** дом.

~~Молодо́й челове́к/дом № 5.~~
О́ля/кра́сное вино́.
Де́вушка/кра́сные ро́зы.
Никола́й/реце́пт ризо́тто.

Де́вушка/аудито́рия № 3.
Молодо́й челове́к/фильм «21 грамм».
Де́душка/аспири́н и анальги́н (табле́тки).
Ба́бушка/папа́йя (фрукт).

э́тот ≠ **тот**   э́та ≠ **та**   э́то ≠ **то**   э́ти ≠ **те**

ЗАДАНИЕ 240. + антонимы.

1. Э́тот челове́к лежи́т, а _____ (челове́к) стои́т.
2. Э́та **река́** чи́стая, а _____ река́ гря́зная.
3. Э́ти лю́ди рабо́тают, а _____ отдыха́ют.
4. Тот чай инди́йский, а _____ цейло́нский.
5. Та фи́рма больша́я, а _____ ма́ленькая.
6. Те кни́ги хоро́шие, а _____ плохи́е.
7. Э́то де́ло интере́сное, а _____ ску́чное.
8. Э́тот сыр швейца́рский, а _____ францу́зский.

ЗАДАНИЕ 241.

а) Пишите слева антонимы.
Одна точка = одна буква.

ОЙ ≠ до́брый
ОЙ ≠ хоро́ший
ОЙ ≠ ма́ленький
ОЙ ≠ дешёвый
ОЙ ≠ ста́рый
ОЙ ≠ дневно́й

б) Пишите фразы!
Н а п р и м е р: Мой сосе́д — о́чень до́брый челове́к, но у него́ до́ма живёт зла́я соба́ка.

ЗАДАНИЕ 242.

**а) Слушайте диалог о фильме.
Как вы думаете: это хороший фильм?**

— Ты уже́ смотре́ла э́тот фильм?
— Нет. А что?
— Там игра́ет твой люби́мый актёр.
— Како́й? Джо́нни Депп?! Зна́чит, э́то хоро́ший фильм.

б) Аналоги́чно: Ричард Гир, Том Круз, Дастин Хофман, Николь Кидман, Джулия Робертс, Джек Николсон….

Урок 12

Т — Ч — та-ча, та-тя, тя-ча, то-тё, тё-чё, те-че, ты-ти, ти-чи, ту-тю, тю-чу;
чёрный — торт, чашка — Ташкент, часы — такси, чипсы — тип, чемпион — тема;
чистый, четыре, четверг, черти, чартер, качество, точка, часто, почти, почта, что, чтобы

ЧЕЙ или КАКОЙ?

ЗАДАНИЕ 243. Пишите вопросы и стройте фразы!

моё	новая	море
ваш	большие	дом
твоя	красивое	машина
наше	трудное	дети
твой	тёплое	платье
твоё	интересная	дело
их	гениальный	проект
моя	красивый	работа

1. Чьё? — мо|ё. Как|ое? — трудн|ое. = Моё трудное дело.
2. _____
3. _____
4. _____
5. _____
6. _____
7. _____
8. _____

КАК или КАКОЙ?

Интересн**ый** человек интересн**о** рассказывает.

Человек интересн**о** рассказывает.

Это интересн**ый** человек.

adverb + **verb**
— **Как** рассказывает? (интересно)

adjective + **substantive**
— **Какой** человек? (интересный)

??? Как вы обычно работаете? Какой вы студент? Как вы сегодня отвечаете? Как вы играете в боулинг? А в волейбол? Какие это игры? Как вы обедаете? Какой вчера был обед? Как вы рассказываете анекдоты? Как вы меня понимаете?

▲ **ЗАДАНИЕ 244.** + вопросы: как, какой или чей?

М о д е л ь: Он **хоро́ший** челове́к. → **Како́й** он челове́к?

1. Э́то хоро́шая рабо́та. _____
2. Вы хорошо́ рабо́таете. _____
3. Э́то ва́ша рабо́та. _____
4. Студе́нт логи́чно отвеча́ет. _____
5. Э́то его́ отве́т. _____
6. Э́то логи́чный отве́т. _____
7. Э́то гениа́льная тео́рия! _____
8. Э́то твоё де́ло. _____
9. Ты всё де́лаешь бы́стро. _____
10. Э́то плохи́е иде́и. _____
11. Он хорошо́ игра́ет на пиани́но. _____
12. Э́то мои́ пла́ны. _____
13. Он отли́чный пиани́ст. _____

■ **ЗАДАНИЕ 245.** Стро́йте прилага́тельные (adjectives) по моде́ли:

М о д е л ь: Она́ говори́т логи́чн|о. **Како́й** э́то расска́з? →
                 Э́то логи́чн|**ый** расска́з.

1. Э́то бана́льн|о. Как___ э́то пробле́ма? → _____ .
2. Мы де́лали аналоги́чн|о. Как___ э́то был вариа́нт? → _____ .
3. Он живёт обы́чн|о. Как___ он челове́к? → _____ .
4. Мы ду́маем наи́вн|о. Как___ мы лю́ди? → _____ .
5. Вы рабо́таете отли́чн|о. Как___ э́то рабо́та? → _____ .
6. Она́ отвеча́ет то́чн|о. Как___ э́то отве́т? → _____ .
7. Обы́чно они́ расска́зывают интере́сн|о. Как___ у них исто́рии? →
_____ .
8. Э́то бы́ло реа́льно. Как___ э́то была́ ситуа́ция? → _____ .
9. Э́то бы́ло вку́сн|о. Как___ э́то был десе́рт? → _____ .
10. Там ску́чн|о. Как___ э́то ме́сто? → _____ .
11. Они́ стро́ят профессиона́льн|о. Как___ они́ стро́ители? → _____ .
12. Он говори́т абстра́ктн|о. Как___ у него́ иде́я? → _____ .
13. Он говори́т краси́в|о. Как___ слова́ он говори́т? → _____ .
14. Он быва́л (= был) здесь ре́дк|о. Как___ он гость? → _____ .

⚓ **ЗАДАНИЕ 246.** Как или какой? (adv. или adj.)

1. Э́то пра́вильн____ отве́т. Он всегда́ пра́вильн____ отвеча́ет.
2. Я плох____ их понима́ю. Мо́жет быть, вы плох____ слу́шаете?
3. У нас краси́в____ ко́шка. На́ша ко́шка ти́х____ **мя́у**кает.
4. Э́то был гро́мк____ сканда́л! На́ша соба́ка гро́мк____ **гав**кает.
5. Андре́й Ива́нович — культу́рн____ челове́к. Он культу́рн____ отдыха́ет. А что зна́чит «культу́рн____ о́тдых»?
6. Ша́хматы — отли́чн____ игра́. Ру́сские шахмати́сты всегда́ отли́чн____ игра́ют.

7. Я ре́дк____ слу́шаю джаз. Э́то ре́дк____ колле́кция.
8. Э́то ужа́сн____ фильм. И актёры игра́ют ужа́сн____. Наве́рное, режиссёр то́же ужа́сн____.
9. Э́то абстра́ктн____ отве́т. Почему́ ты всегда́ абстра́ктн____ отвеча́ешь?
10. Он всегда́ гро́мк____ расска́зывает интере́сн____ исто́рии.
11. Э́то пра́вда, что краси́в____ же́нщина всё де́лает краси́в____?

ЗАДАНИЕ 247. Трансформация. Present → past.

Модель: Э́то ва́жно. → Э́то бы́л**о** ва́жн**о**.
Э́то ва́жный прое́кт. → Э́то был ва́жн**ый** прое́кт.

1. Э́то интере́сно. _____
2. Э́то больша́я пробле́ма. _____
3. Э́то ста́рые фа́кты. _____
4. Здесь жа́рко. _____
5. У нас горя́чий ко́фе. _____
6. Э́то тру́дно. _____
7. У него́ тру́дная рабо́та. _____
8. У нас но́вые вопро́сы. _____

СРАВНЕНИЕ
Компаратив

тип 1: ≠ БОЛЕЕ + adj./adv. + ЧЕМ...
МЕНЕЕ + adj./adv. + ЧЕМ...

Кра́сное мо́ре **бо́лее тёпло**е**, чем** Чёрное мо́ре.
Чёрное мо́ре **ме́нее тёпло**е**, чем** Кра́сное мо́ре.
В Еги́пте бы́ло **бо́лее тепло́, чем** на Кавка́зе.

Где пары?
этот	f.	то
эта	m.	та
это	pl.	те
эти	n.	тот

ЗАДАНИЕ 248. Более (+) или менее (–)?

Модель: Э́тот вопро́с _____ (+) тру́дн___, _____ тот. →
Э́тот вопро́с **бо́лее** тру́дн**ûé**, **чем** тот.

1. Э́тот фильм _____ (+) интере́сн____, _____ тот.
2. Тот фильм _____ (–) драмати́чн____, _____ э́тот.
3. Он рабо́тает _____ (+) бы́стр____, _____ ты.
4. На́ша кни́га _____ (–) интере́сн____, _____ ва́ша.
5. Нил — _____ (+) **дли́нн**____ река́, _____ Амазо́нка?

6. Ваш торт _____ (+) вкусн____, _____ наш.
7. Моё **пальто** _____ (+) стар____, _____ твоё.
8. Мои друзья _____ (+) серьёзн____, _____ его.
9. Она рассказывает _____ (−) скучн____, _____ он.

ЗАДАНИЕ 249. Сравниваем! (← сравнива|ть).

Н а п р и м е р :   «Фольксваген» **более комфортабельный, чем** «Лада». А «Лада» стоит **менее дорого, чем** «фольксваген».

1. «Мерседес» и «джип» (красивый, дорогой/дорого, мобильный, престижный).
2. Журнал и газета (интересный, дешёвый/дёшево, красивый, объективный, актуальный).
3. Петербург и Москва (красивый, дорогой/дорого, интересный/интересно, чистый/чисто, старый, холодный/холодно).
4. Мужчины и женщины (элегантный, красивый, логичный/логично, романтичный, практичный, агрессивный, активный/пассивный).
5. Джаз и рок (мелодичный, агрессивный, музыканты играют громко, красивый, старый).
6. Русские, немцы, французы, англичане, японцы… (весёлый, практичный, темпераментный, красивый, серьёзный, **труд**олюби́вый).

ЗАДАНИЕ 250. Более или менее… + наречие (adv.)

М о д е л ь :   — Ты **хорошо** это знаешь?
              — **Более или менее хорошо**.

1. Он **интересно** рассказывает?
2. Ты **давно** его знаешь?
3. Вы **хорошо** помните этот рассказ?
4. Сегодня **тепло** на улице?
5. Ты **хорошо** сегодня спал(а)?
6. Она **быстро** говорит по-английски?
7. Вы **хорошо** говорите по-русски?

более (+) ≠ менее (–)
так|о́й же, как (=)

ЗАДАНИЕ 251.

а) так|о́й же, как ↔ так же, как
Где правильный вариант?

1. Мой чемода́н (тако́й же/таки́е же), как твой.
2. Моя́ су́мка (тако́й же/така́я же) больша́я, как твоя́.
3. Мои́ кни́ги (таки́е же/тако́е же) интере́сные, как твои́.
4. Он зна́ет э́то (так же/тако́й же) хорошо́, как она́.

б) + **такой**/такая/такое/такие **же, как** или **так же, как**

1. Э́тот го́род _____ краси́вый, _____ наш го́род.
2. Э́та у́лица _____ дли́нная, _____ та.
3. Э́тот челове́к рабо́тает _____ мно́го, _____ ты.
4. Э́ти фру́кты _____ вку́сные, _____ те.
5. У нас в журна́ле статьи́ _____ интере́сные, _____ у вас.

в) Спорим!

Например:
1. (+) Япо́нский язы́к **бо́лее** тру́дн|ый, **чем** ру́сский.
2. (–) Япо́нский язы́к **ме́нее** тру́дн|ый, **чем** ру́сский.
3. (=) Ру́сский язы́к так|о́й же тру́дн|ый, как япо́нский.
adv.: Изуча́ть ру́сский язы́к так же тру́дно, как япо́нский.

1. Кли́мат в А́рктике и в Анта́рктике (холо́дный, стаби́льный...).
2. Жизнь в Евро́пе и в А́зии (дорога́я, интере́сная, тру́дная...).
3. Ара́бский язы́к и ру́сский язы́к (тру́дный, краси́вый, популя́рный...).
4. Адриати́ческое мо́ре и Средизе́мное (тёплое, солёное, большо́е...).
5. Ру́сские газе́ты и неме́цкие газе́ты (интере́сные, дороги́е, объекти́вные...).

Исключения

лу́чше ≠ ху́же	← хорошо́/хоро́ший ≠ пло́хо/плохо́й
бо́льше ≠ ме́ньше	← мно́го/большо́й ≠ ма́ло/ма́ленький
ра́ньше ≠ по́зже	← ра́но ≠ по́здно

ЗАДАНИЕ 252.

а) + **лу́чше ≠ ху́же, бо́льше ≠ ме́ньше, ра́ньше ≠ по́зже.**

1. Твоя́ иде́я хоро́шая, но её иде́я ещё _____ . 2. Здесь жизнь _____, чем там. 3. Я зна́ю мно́го, а мой брат ещё _____ . 4. Я чита́ю ма́ло, а ты ещё _____ . 5. Я игра́ю в футбо́л _____, чем мой друг, но в волейбо́л я игра́ю _____, чем он. 6. Но́вгород — ма́ленький го́род, _____, чем Петербу́рг. 7. _____ по́здно, чем никогда́! 8. Он начина́ет рабо́тать _____, чем я. Я конча́ю рабо́тать _____, чем он. 9.*_____ _____, но _____ ! 10. Что ты _____ лю́бишь: ко́фе или чай?

175

Уровень А1. Часть III. Урок 12

б) лучше ≠ хуже, чем или **так же, как**?

Модель: говори́ть по-ру́сски и по-францу́зски →
Я говорю́ по-ру́сски **лу́чше, чем** по-францу́зски.

Как вы говори́те, чита́ете, понима́ете... по-англи́йски и по-неме́цки, по-италья́нски и по-испа́нски, по-португа́льски и по-ру́сски, по-япо́нски и по-англи́йски, по-францу́зски и по-неме́цки... по-фи́нски, по-по́льски, по-норве́жски, по-голла́ндски...

в) Анекдот. Разгова́ривают пессими́ст ☹ и оптими́ст ☺ :

— В стране́ кри́зис. Всё ужа́сно! Ху́же, чем сейча́с, уже́ не мо́жет быть...
— Ну почему́ не мо́жет?! Мо́жет! Мо́жет!!!

??? Как вы ду́маете, что говори́т пессими́ст и что говори́т оптими́ст? Игра́йте диало́г!

ЗАДАНИЕ 253. Лу́чше → лу́чш|ий (-ая, -ее, -ие).

Где лучш____ в **ми́р**е футболи́сты?
Кто де́лает лучш____ в ми́ре вино́?
Где лучш____ в ми́ре конья́к?
В Ира́не лучш____ в ми́ре ковры́ (← **ковёр**).
Где лучш____ в ми́ре чай?
Кто де́лает лучш____ в ми́ре шокола́д?
Кто де́лает лучш____ в ми́ре компью́теры?
Кто де́лает лучш____ в Евро́пе хлеб?

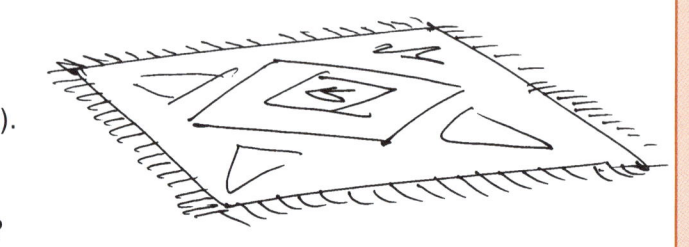

ЗАДАНИЕ 254. (⊙ стр. 306.) **Текст «Колле́га».**

а) В те́ксте Серге́й Петро́вич расска́зывает о колле́ге. Смотри́те на карти́нки в те́ксте, чита́йте но́вые слова́. Как вы ду́маете, что Серге́й Петро́вич расска́зывает о колле́ге?

Но́вые слова́: зарпла́та, бога́т|ый, весёл|ый, у́мный, си́льный.

б) Слу́шайте текст и пиши́те в него́ слова́.

КОЛЛЕ́ГА

У меня́ есть колле́га. Он рабо́тает у нас в фи́рме неда́вно, _____ я. И рабо́тает он, я ду́маю, _____ я. Его́ прое́кт в фи́рме _____ и тру́дный, чем мой прое́кт.

Э́тот колле́га бо́лее молодо́й, чем я, и э́то зна́чит, что он зна́ет _____. Да, он, мо́жет быть, бо́лее энерги́чный и **си́льный**, чем я. И говори́т он _____. Но я бо́лее **у́мный**, чем он. И рабо́таю я бо́льше и _____! Не понима́ю, почему́ у него́ **зарпла́та** бо́льше, чем у меня́! И почему́ шеф лю́бит его́ бо́льше, чем меня́?!

Но рабо́та — э́то ещё не всё. Его́ кварти́ра _____ краси́вая и комфорта́бельная, _____ моя́. Его́ автомоби́ль бо́лее дорого́й и прести́жный, чем мой ста́рый «фолькологе́н». Его́ да́ча бо́льше и лу́чше, чем моя́. Да, он бо́лее **бога́т|ый**, чем я! Но э́то непра́вильно, потому́ что я рабо́таю _____ он!

Да́же жена́ у него́ _____, краси́вая и элега́нтная, _____ у меня́! Не понима́ю, почему́ же́нщины лю́бят его́!? Да, он бо́лее **весёл|ый**, чем други́е мужчи́ны. Но я бо́лее у́мный, серьёзный и соли́дный челове́к! В ми́ре всё непра́вильно, всё не так...

??? Кто бо́лее энерги́чный, весёлый, у́мный, бога́тый, до́брый челове́к: ста́рый или молодо́й колле́га? Э́то ре́дкая ситуа́ция или типи́чная? У вас бы́ли таки́е колле́ги?

в) Чита́йте текст. Сейча́с вы — его́ молодо́й колле́га / его́ шеф / его́ жена́! Расска́зывайте исто́рию!

ПРЕВОСХО́ДНАЯ СТЕ́ПЕНЬ
Суперлати́в

са́м**ый**
са́м**ая**   + adjective
са́м**ое**
са́м**ые**

са́м**ый** краси́в**ый** го́род (m.)
са́м**ая** краси́в**ая** река́ (f.)
са́м**ое** краси́в**ое** мо́ре (n.)
са́м**ые** краси́в**ые** же́нщин**ы** (pl.)

ЗАДА́НИЕ 255. Форми́руйте суперлати́в и отвеча́йте на вопро́сы.

1. Како́е мо́ре _____ тёпл____?
   Кака́я река́ _____ дли́нн____?
   Кака́я плане́та _____ бли́зк____?
   Како́й фрукт _____ вку́сн____?
   Како́й проду́кт _____ калори́йн____?
   Како́е живо́тное _____ больш____?
   Како́й язы́к _____ краси́в____?
   Како́й язы́к _____ тру́дн____?
   Како́е ру́сское сло́во _____ тру́дн____?
   Како́й самолёт _____ быстр____?

Уровень А1. Часть III. Урок 12

2. Какой го́род _____ больш____?   Кака́я иде́я _____ гениа́льн____?
Кака́я страна́ _____ ма́леньк____?   Како́й вопро́с _____ тру́дн____?
Кака́я страна́ _____ больш____?   Кака́я война́ _____ дли́нн____?
Како́й тонне́ль _____ дли́нн____?   Кака́я кни́га _____ интере́сн____?

КАКО́Й или КОТО́РЫЙ?

Её зна́ет человек (♥).   Это книга (✖).
~~Он~~ здесь рабо́тает.   ~~Она́~~ там лежа́ла.

— **Како́й** челове́к её зна́ет?   — **Кака́я** э́то кни́га?
— Её зна́ет **челове́к, кото́рый** здесь рабо́тает.   — Это **кни́га, кото́рая** там лежа́ла.

ЗАДА́НИЕ 256. Отвеча́йте на вопро́с. + кото́р|ый (-ая, -ое, -ые).

1. Часы́ пло́хо рабо́тают. Каки́е часы́ не лю́бит Бори́с?
2. Мы покупа́ли карандаши́ в Швейца́рии. Каки́е карандаши́ здесь лежа́т?
3. Твой друг хорошо́ говори́т по-англи́йски. Како́й друг здесь рабо́тает?
4. Студе́нтка ка́ждый день де́лает дома́шнее зада́ние. Кто отвеча́ет на вопро́с?
5. Молоко́ бы́ло в холоди́льнике. Како́е молоко́ у меня́ в ко́фе?

ЗАДА́НИЕ 257. Диало́ги. + кото́р|ый (-ая, -ое, -ые).

а) М о д е л ь: **Студе́нт** чита́ет текст. **Он** уже́ хорошо́ зна́ет ру́сский. →
— **Како́й студе́нт** чита́ет текст?
— Студе́нт, **кото́рый уже́ хорошо́ зна́ет ру́сский**, чита́ет текст.

1. **Футболи́ст** отвеча́ет на вопро́сы. **Он** хорошо́ игра́ет в футбо́л.
2. Здесь живу́т мои́ **сосе́ди**. **Они́** мно́го ку́рят.
3. Это **мо́ре**. Капита́н **его́** хорошо́ зна́ет.
4. Я чита́ю **журна́л**. Ты **его́** уже́ чита́л.
5. **Де́вушка** чита́ет но́ты. **Она́** хорошо́ игра́ет на пиани́но.
6. Я покупа́ю **вино́**. **Оно́** до́рого сто́ит.
7. **Медсестра́** рабо́тает в кли́нике. **Эта же́нщина** вас хорошо́ зна́ет.
8. **Ста́рые колле́ги** там уже́ не рабо́тают. **Они́** нас по́мнят.
9. Здесь живёт мой **друг**. **Он** меня́ хорошо́ зна́ет.
10. Здесь стои́т **вентиля́тор**. **Он** не рабо́тает.

Пиши́те фра́зы 3, 7, 8.

б) Где пра́вильный вариа́нт?

1. Кто зна́ет но́вости?   Челове́к, кото́рый смотре́л кино́.
                                    Челове́к, кото́рый чита́л газе́ты.
                                    Челове́к, кото́рый был в магази́не.

2. Кто зна́ет вас лу́чше?   Челове́к, кото́рый мно́го о вас говори́т.
                                    Челове́к, кото́рый вас слу́шает.
                                    Челове́к, кото́рый вас спра́шивает.

▲ **ЗАДАНИЕ 258.** + который.

а) Какой это музыкант?

_____
_____
_____

б) Смотрите на рисунки на стр. 183 и 210 и комментируйте, какие это люди.

▲ **ЗАДАНИЕ 259.** Где «который»? Где начало и конец фразы? Стройте фразы.

1. я читаю / фразы / которые / ты не понимаешь

2. часы / лежат на столе / которые / хорошо работают

3. актёры / очень талантливые / которые / играют в спектакле

4. машина / маленькая и красивая / стоит дёшево / которая

5. стоял на столе / чай / уже холодный / который

6. менеджер / здесь работает / который / не знает о проекте

ХОЧУ, МОГУ или ДОЛЖЕН?

ХОТ|ЕТЬ (I + II) + inf./acc.	МО|ЧЬ (I) + inf.	ДОЛЖ(ЕН) БЫТЬ + inf.
я хоч|у́	я мог|у́	я, ты, он — ДО́ЛЖЕН
ты хо́ч|ешь	ты мо́ж|ешь	я, ты, она — ДОЛЖНА́
он хо́ч|ет	он мо́ж|ет	оно — ДОЛЖНО́
мы хот|и́м	мы мо́ж|ем	мы, вы, они — ДОЛЖНЫ́
вы хот|и́те	вы мо́ж|ете	
они хот|я́т	они мо́г|ут	
past: хоте́||л (-а, -о, -и)	мог, мог||ла́ (-о́, -и́)	был (-а́, -о, -и) до́лж|ен (-на́, -но́, -ны́)

ЗАДАНИЕ 260.

а) Трансформация.

Модель: я сплю → 1) я хочу спать
                 2) я могу спать

~~я сплю~~, мы отдыхаем, вы ужинаете, они смотрят, ты гуляешь, он учит, они строят, я не отвечаю, она стоит, мы не знаем, я не сплю

179

Уровень А1. Часть III. Урок 12

б) past + present

Модель 1: Я хотел и хочу.   Модель 2: Я мог и могу.

я, ты, он, мы, вы, они, я, она, ты, они

▲ **ЗАДАНИЕ 261. Пишите правильные формы.**

а) хотеть

1. Они _____ всё знать. 2. Ты не _____ работать? 3. Он ничего не _____ рассказывать. 4. Сейчас ты _____ изучать английский, а вчера _____ изучать немецкий. Я думаю, что ты не знаешь, что ты _____ . 5. Я _____ **спать**. 6. Вы _____ знать слишком много. 7. Когда они _____ начинать этот проект? 8. Раньше я _____ здесь жить. 9. Он был голодный. = Он _____ **есть**.

б) мочь

1. Спасибо, всё очень вкусно, но я уже не _____ есть. 2. Он не _____ работать, потому что у него грипп. 3. На улице очень холодно, я не хочу и не _____ гулять. 4. Дети _____ гулять, даже когда холодно. 5. Ты _____ говорить не так громко? 6. Они ничего не _____ делать, потому что не знают как. 7. Сейчас я **почти** каждый вечер играю в теннис и не понимаю, как я _____ раньше весь вечер лежать на диване. 8. Вы _____ рассказывать анекдоты весь вечер? 9. Дирижёр уже здесь, мы _____ начинать концерт. 10. У меня отличная библиотека. Я _____ читать редкие книги.

●▲ **ЗАДАНИЕ 262. а) Что хотят, но не могут делать эти люди? Почему?**

б) 1. Где вы хотите работать? Почему? 2. Где и почему вы не хотите работать? 3. Где вы не можете работать? Почему? 4. Где вы можете особенно хорошо работать? 5. Где вы хотите жить? Почему? 6. Где вы не можете жить? Почему? 7. Как долго вы можете работать? 8. Вы хотите изучать русский язык? Почему?

_____
_____
_____
_____
_____
_____
_____
_____
_____
_____

ЗАДАНИЕ 263. должен, должна, должно, должны (быть).

а) будущее время:

я (f.) **должна́ бу́ду** рабо́тать
я (m.) _____
ты _____
он _____

она́ _____
мы _____
вы _____
они́ _____

б) 1. Что я _____ тепе́рь де́лать?
2. Студе́нты _____ учи́ть ле́кции, так как за́втра у них экза́мен.
3. Вы _____ рабо́тать за́втра весь ве́чер.
4. У меня́ пробле́ма: я не хочу́ де́лать, что (я) _____ де́лать.
5. Уже́ 12:00, а ты _____ _____ быть здесь в 10:00.
6. Вы не _____ не́рвничать.
7. Когда́ мы рабо́таем на компью́тере, мы _____ де́лать переры́в ка́ждый час.
8. Почему́ я _____ де́лать э́то? Э́то не моя́ рабо́та!
9. Почему́ ксе́рокс и факс не рабо́тают? Они́ _____ _____ рабо́тать ещё вчера́!

в) М о д е л ь: Я рабо́таю. → Я до́лжен рабо́тать.

1. Мы изуча́ем ру́сский. _____
2. Вы зна́ете отве́т. _____
3. Они́ бу́дут гуля́ть. _____
4. Ты покупа́ешь проду́кты. _____
5. Он живёт. _____
6. Она́ отдыха́ет. _____
7. Мы отвеча́ли. _____
8. Я молчу́. _____
9. Оно́ рабо́тает. _____
10. Ты говори́шь. _____
11. Они́ у́чат слова́. _____
12. Мы бу́дем там. _____
13. Они́ бы́ли здесь. _____
14. Дом сле́ва. _____
15. У меня́ есть де́ньги. _____

ЗАДАНИЕ 264. (⊙ стр. 306.) Текст «Всё не так, как должно быть».

а) Смотрите на рисунки. Это один человек. Что у него есть на рисунке справа? Что он может/хочет делать?

ВСЁ НЕ ТАК, КАК ДОЛЖНО БЫТЬ

б) Слушайте текст и отвечайте да или нет.

                          да   нет

1. Он вчера не мог читать, потому что не знал, где лежат его очки.
2. Его кофе должен стоять в комнате на столе.
3. Он курит.
4. Он может работать **без** кофе.
5. Он не знает, где его жена.
6. У него была машина.

??? Как вы думаете, почему сегодня утром у него всё не так, как должно быть? Где его жена? Что может и хочет делать кот?

в) Левая часть + правая часть.

новости	который не может работать без кофе
кот	которая должна стоять на улице
жена	который не хочет завтракать один
машина	которая знает, где его вещи
мужчина	который всегда хочет спать и есть
коллега	которые люди читают в газете

г) Отвечайте на вопросы + который.

1. Какие газеты он хочет читать? _____
2. Какая у него жена? _____
3. Какой кот у него был? _____
4. Какой у него шеф? _____
5. Какой он человек? _____

▲ **д)** Его жена рассказывает:

_____
_____
_____
_____

▲ Утром вы знаете, где ваши вещи? Вы можете работать без кофе? Вы читаете утром газеты? Что вы должны делать утром?

_____
_____
_____

***ЗАДАНИЕ 265.**

> могу **не** делать = **не должен** делать
> **не** могу **не** делать = хочу = должен делать

1. Когда вы не можете работать? _____
2. Когда вы можете не работать? _____
3. Вы можете не ужинать? не завтракать? _____
4. Когда вы не можете не нервничать? _____
5. Когда вы не можете не говорить? _____

ЗАДАНИЕ 266. Что хотят, что не могут и что должны делать эти люди?

Уровень А1. Часть III. Урок 12

183

ЗАДАНИЕ 267. Вы хотите, можете или должны это делать? Почему?

М о д е л ь :   Отдыхать. → Я хочу сейчас отдыхать, потому что я много работал.
Я не могу сейчас отдыхать, потому что я должен много работать.

0. Отдыхать. 1. Смотреть телевизор. 2. Работать. 3. Покупать «феррари». 4. Гулять. 5. Делать домашнее задание. 6. Работать на компьютере. 7. Говорить по телефону. 8. Понимать, что говорят русские на улице. 9. Отдыхать на море. 10. Отвечать на вопросы.

«гармония» ↔ «дисгармония»
я хочу **и** могу ↔ я хочу, **но не** могу = я **не** могу, **но** хочу
я **не** хочу **и не** могу

ЗАДАНИЕ 268. + и/но + почему?

Н а п р и м е р :   Я **не** должен (–), **но** могу (+) **и** хочу (+) жить в Петербурге, потому что это красивый город.

субъект	мочь	хотеть	должен...	+ что делать
1. Я	+	+	—	жить в Петербурге
2. Они	+	—	—	работать в Стамбуле
3. Ты	—	+	+	отдыхать на Кипре
4. Она	+	—	—	играть в футбол
5. Вы	+	—	+	знать китайские традиции
6. Я	—	+	—	изучать японский язык
7. Мы	+	—	+	работать лучше

● ▲   **ЗАДАНИЕ 269. Спрашивайте и отвечайте! Работайте в паре!**

1. Как, когда и как часто люди должны отдыхать?
2. Вы должны часто отдыхать или вы можете долго работать?
3. Что вы должны делать сейчас на работе? Что вы раньше должны были делать?
4. Как должны реагировать родители, когда дети не хотят делать домашнее задание?
5. Что должны делать преподаватели, когда студенты не делают домашнее задание?
6. Что должен делать шеф, когда коллеги не хотят работать?

ЗАДАНИЕ 270. Тест: хотеть, мочь или долж|ен /-на /-ны?
(Результат: _____ /8 баллов.)

а) 1. Ты _____ читать не так быстро? 2. Она _____ читать рапорты каждый день. 3. Вы _____ говорить не так громко? 4. Они _____ есть, они голодные. 5. Обычно мы начинаем работать в 10:00, но если вы _____, мы _____ начинать в 9:30. 6. Сегодня всё, как вчера. Опять рутина! Я не _____ так жить! 7. Каждый день у меня проблемы, я не _____ так жить!

б) Отвечайте на вопросы.

1. Что вы хотите **и** можете делать (на работе, на уроке, в жизни…)? _____
_____
2. Что вы **не** можете, **но** хотите делать? _____
3. Что вы должны **и** хотите делать? _____
4. Что вы **не** хотите, **но** должны делать? _____

в) Смотрите на рисунки. Кто что хочет/может/должен делать?

1. _____
2. _____
3. _____
4. _____
5. _____

185

Уровень А1. Часть III. Урок 12

урок 13

13.1

🗣 Л — Л' — ла-ля-лья, ло-лё-льё, лу-лю-лью, лэ-ле-лье, лы-ли-льи; или-ил-иль, али-ал-аль, оло-ол-оль;

с**л**о́во, ми**лли**а́рд, ми**лли**о́н, **лу**на́, сто**лы́**, и́**ли**, А**л**ба́ния, А**тл**анти́да, ми́**лый**;
к**л**уб — п**л**юс, по**л**уча́ть — **л**юби́ть, **л**ук — **л**юк, б**лу́**зы — б**лю́**зы, ма**лы́**ш — по**ли́**тик, де**л**а́ — неде́**ля**, **л**уна́ — **лю́**ди;
футбо́**л** — футбо́**ли**ст, говори́**л** — говори́**ли**, был — бы́**ли** — бы**л**а́, пил — шпи**ль**, жи**л** — жи́**ли** — жи**л**а́;
Во́**л**га, до́**л**го; шё**л**к, во**л**к, а**л**кого́**ль**;
жи**л**о́й — жи**в**о́й, к**л**асс — к**в**ас, **л**о́дка — **в**о́дка, **Л**е́на — **В**е́на;
лю-лу-лю, лу-лю-лу, **люблю́** А́**л**лу, **люблю́** Ю́**л**ю, **люблю** с**лу́**шать Ва́**л**ю

ГЛАГОЛЫ (тип II)

б → бл	лю**б**|и́ть →		лю**бл**|ю́	люб|ишь, люб|ят;	люби||л
п → пл	с**п**|а́ть →	**Я**	с**пл**|ю	сп|ишь, сп|ят;	спа||л
в → вл	гото́**в**|ить →		гото́**вл**|ю	гото́в|ишь, гото́в|ят;	гото́ви||л
м → мл	эконо́**м**|ить →		эконо́**мл**|ю	эконо́м|ишь, эконо́м|ят;	эконо́ми||л

то́лько «**я**»!

> люби́ть, гото́вить, эконо́мить + объект (асс.),
> спать + где

▲ **ЗАДАНИЕ 271. Пишите глаголы.**

а) Ты люб____, они эконом____, я люб____, вы сп____, я сп____, они люб____, мы гото́в____, я эконом____, вчера́ я гото́в____, час наза́д ты сп____, я гото́в____ .

б) ☺ ШУТКА (говоря́т до́ктор и пацие́нт).

Д.: Вы говори́те, когда́ сп___?
П.: Нет, до́ктор, я не говорю́, когда сп___. Но я ча́сто говорю́, когда́ сп___ други́е.
Д.: Как э́то?
П.: Я чита́ю ле́кции в университе́те.

??? Кто пацие́нт по профе́ссии? Где он рабо́тает? Почему́ на его́ ле́кции студе́нты спят?

▲ **ЗАДАНИЕ 272. Любить, готовить или экономить?**

Я _____ де́ньги. Вы ка́ждый день _____ спаге́тти? Ты _____ вре́мя. Я о́чень _____ тебя́. Он пло́хо _____ сала́ты. Я о́чень _____ во́ду.

186   Т.Л. Эсмантова. Русский язык: 5 элементов

Что вы любите делать? Вы любите изучать языки, гулять, играть в шахматы?..

ЗАДАНИЕ 273. Диалог «Белые ночи».

а) Вы знаете, что значит «белые ночи»? Где они бывают? Какие проблемы могут быть в это время?

б) Слушайте диалог. Когда ночью в Петербурге светло?

в) Читайте и играйте диалог!

— До́брое у́тро!
— До́брое! Вы сего́дня хорошо́ спа́ли?
— Нет, ужа́сно.
— Почему́? Сейча́с сли́шком жа́рко?
— Да. И сли́шком **светло́**. Не могу́ спать в ию́не в Петербу́рге.
— Да-а, бе́лые но́чи! К сча́стью, я сплю хорошо́, да́же когда́ но́чью светло́.

??? Вы лю́бите «бе́лые но́чи»? Вы мо́жете спать, когда́ светло́? Вы сего́дня хорошо́ спа́ли?

ЗАДАНИЕ 274. (⊙ стр. 306–307.)

а) Пишите глаголы.

б) Слушайте текст и корректируйте, если у вас есть ошибки.

СТРА́ННЫЙ МУЖЧИ́НА?

Я _____ (люби́ть) гото́вить и спать. Мо́жет быть, поэ́тому я всегда́ хочу́ есть и спать. Ку́хня — моё люби́м|ое ме́сто в до́ме. Когда́ я не _____ (спать), я _____ (гото́вить). К сожале́нию, я до́лжен _____ (эконо́мить). Вчера́ я обе́дал в кафе́, зна́чит, я _____ (эконо́мить) вре́мя. Но е́сли у меня́ фина́нсовые пробле́мы и я _____ (эконо́мить) де́ньги, то я обе́даю до́ма.

Я хорошо́ _____ (гото́вить) сала́ты, супы́, десе́рты. А моя́ сестра́ _____ (люби́ть) де́лать безалкого́льные кокте́йли. Я и моя́ семья́ не _____ (люби́ть) алкого́льные кокте́йли, потому́ что по́сле них мы пло́хо _____ (спать). И поэ́тому никто́ в семье́ их не _____ (гото́вить).

До́ма я _____ (спать) на дива́не. А на да́че я _____ (люби́ть) спать в гамаке́.

У меня́ есть кот. Он то́же _____ (люби́ть) спать. Я ду́маю, что все коты́ мно́го _____ (спать). Мой кот обы́чно _____ (спать) в кре́сле. (← **кре́сло**) Но когда́ на у́лице бы́ло хо́лодно, он _____ (спать) у меня́ на дива́не.

Уровень А1. Часть III. Урок 13

187

??? **в)** 1. Кто расска́зывает? Како́й он челове́к? Он стра́нный мужчи́на и́ли нет? Почему́?
2. Вы спи́те мно́го или ма́ло, хорошо́ или пло́хо?
3. Ско́лько вре́мени (как до́лго) вы спи́те?
4. У вас есть/была́ ко́шка и́ли соба́ка? Где они́ спят/спа́ли?
5. Что вы эконо́мите: вре́мя, де́ньги, проду́кты, электри́чество, ничего́?.. Вы лю́бите эконо́мить?

▲ Вы лю́бите гото́вить? Почему́? Вы ча́сто гото́вите? Что вы ча́сто гото́вите? Что вы гото́вите у́тром, днём, ве́чером? Что вы никогда́ не гото́вите?

ВИНИТЕЛЬНЫЙ ПАДЕЖ
(Accusative case sing.)[1]

ЧТО? КОГО? ♥

Фо́рма:

f. sing.		m., n., pl.
noun	-а → -у	
✘ что? / ♥ кого́?	-я → -ю	✘ что? = nom.
	-ь = -ь	♥ кого́? = gen.[2]
adj.		
✘ / ♥ каку́ю?	-ая(-яя) → -ую(-юю)	

Фу́нкции:

1. **Объе́кт**: что/кого́? — Я чита́ю кни́г|у.
2. **Вре́мя** (пери́од): как до́лго? — Я чита́ю кни́гу неде́л|ю.
3. **Когда́?** — в сре́ду, че́рез час[3].

+ глаго́лы:
люб|и́ть, уч|и́ть, изуча́|ть, расска́зыва|ть, зна|ть, чита́|ть, де́ла|ть, понима́|ть, покупа́|ть, стро́|ить, эконо́м|ить, гото́в|ить, по́мн|ить, кур|и́ть, зв|ать...

nom. → acc.

m., n., pl.: Э́то журна́л, письмо́, газе́ты. → Я чита́ю журна́л, письмо́, газе́ты.
f. sing.: Э́то мо|я́ доро́г|ая сестр|а́, тёт|я и мать. → Я люблю́ мо|ю́ доро́г|у́ю сестр|у́, тёт|ю и мать.

pronouns acc.: меня́, тебя́, его́, её, нас, вас, их

ЗАДА́НИЕ 275.

а) Кто? кого́? что? *или* как до́лго?

Моде́ль: ма́му ← кого́?

ты ____	меня́ ____	стол ____	па́пу ____
ме́сяц ____	вас ____	я ____	неде́лю ____
кни́гу ____	де́вушку ____	ба́бушка ____	де́душку ____
молоко́ ____	у́лицу ____	мину́ту ____	тебя́ ____
его́ ____	вино́ ____	во́ду ____	сестра́ ____

---
[1] Асс. pl. см. уро́к 26 в уче́бнике у́ровня А2.
[2] **кого́:** ∅ (-й, -ь) → -а (-я); **како́го:** -ой, -ый (-ий) → -ого (-его).
[3] См. уро́к 19 в э́том уче́бнике.

б) Где субъект (кто/что) и где объект (кого/что)? Пишите фразы.

Модель:　　(я) лю́бят (ма́ма и па́па) → Меня́ лю́б**ят** ма́ма и па́па.
　　　　　　(я) люблю́ (ма́ма и па́па) → Я любл**ю́** ма́му и па́пу.

1. (ты) _____ понима́ешь _____ (я).
2. (де́ти) _____ лю́бят _____ (мать).
3. (соба́ка) _____ не лю́бит _____ (ко́шка).
4. (журнали́стка) _____ спра́шивает _____ (актри́са).
5. (пу́блика) _____ слу́шает _____ (рок-**звезда́**).
6. (преподава́тельница) _____ слу́шает _____ (студе́нтка).
7. (колле́га) _____ покупа́ет _____ (газе́та).
8. (магази́н) _____ покупа́ет _____ (маши́на).
9. (медсестра́) _____ спра́шивает _____ (пацие́нтка).
10. (де́вочка) _____ лю́бят _____ (роди́тели и друзья́).

Что вы лю́бите? Что лю́бят ва́ши друзья́, колле́ги, ва́ша семья́?

_____

_____

ЗАДА́НИЕ 276.

а) Это текст о бра́те и сестре́. Смотри́те на рису́нок: кто брат и сестра́? Как вы ду́маете, что расска́зывает брат?

б) Слу́шайте текст и отвеча́йте да и́ли нет.

БРАТ И СЕСТРА́

Это пра́вда и́ли нет?　　　　　　　　　　　　　да　нет

1. Брат и сестра́ — друзья́.
2. Вчера́ они́ гото́вили ры́бу и сала́т.
3. Сестра́ изуча́ет фи́зику.
4. Брат ку́рит.
5. Брат хорошо́ зна́ет англи́йский язы́к и литерату́ру.
6. Вчера́ у них был весёлый ве́чер, потому́ что они́ смотре́ли коме́дию.
7. В университе́те они́ слу́шают му́зыку.

в) Пишите формы асс. Слушайте текст и корректируйте ошибки, если они у вас есть.

Я студе́нт. Моя́ сестра́ то́же студе́нтка. _____ (я) зову́т Фёдор, а _____ (она́) зову́т Ни́на. Я изуча́ю _____ (фи́зика) и _____ (матема́тика), а она́ изуча́ет _____ (литерату́ра, исто́рия) и _____ (англи́йский язы́к).

Ка́ждый день мы вме́сте де́лаем _____ (дома́шнее зада́ние). Сего́дня то́же. Я учу́ _____ (пра́вило) и _____ (фо́рмула), а она́ у́чит _____ (слова́) и _____ (пра́вила). Обы́чно днём в университе́те мы слу́шаем _____ (ле́кция) или _____ (ле́кции), чита́ем _____ (кни́га, **учебник**, слова́рь, статья́).

Ве́чером мы отдыха́ем: гото́вим _____ (пи́цца) или _____ (па́ста) и у́жинаем, а пото́м смо́трим _____ (телеви́зор) или _____ (ви́део) — я люблю́ _____ (коме́дии), а моя́ сестра́ лю́бит _____ (мелодра́мы). Иногда́ мы слу́шаем _____ (му́зыка). Я люблю́ _____ (рок), а сестра́ — _____ (кла́ссика).

Вчера́ у нас был нетрадицио́нный у́жин, мы гото́вили _____ (шашлыки́) и _____ (сала́т), потому́ что вчера́ у нас бы́ли го́сти. Они́ лю́бят _____ (мя́со) и _____ (вино́). Так как на́ши го́сти хорошо́ расска́зывают _____ (исто́рии) и _____ (анекдо́ты), вчера́ у нас был весёлый ве́чер.

А сейча́с я курю́ _____ (сига́ра) и чита́ю _____ (рефера́т). А моя́ сестра́ чита́ет _____ (письмо́) по-англи́йски — у неё есть англи́йский друг. Иногда́ она́ смо́трит _____ (сло́во) в словаре́, а _____ (грамма́тика) она́ зна́ет хорошо́. Она́ молоде́ц! А я хорошо́ зна́ю то́лько _____ (ру́сский язы́к).

г) Пишите информацию в диаграмму и рассказывайте историю!

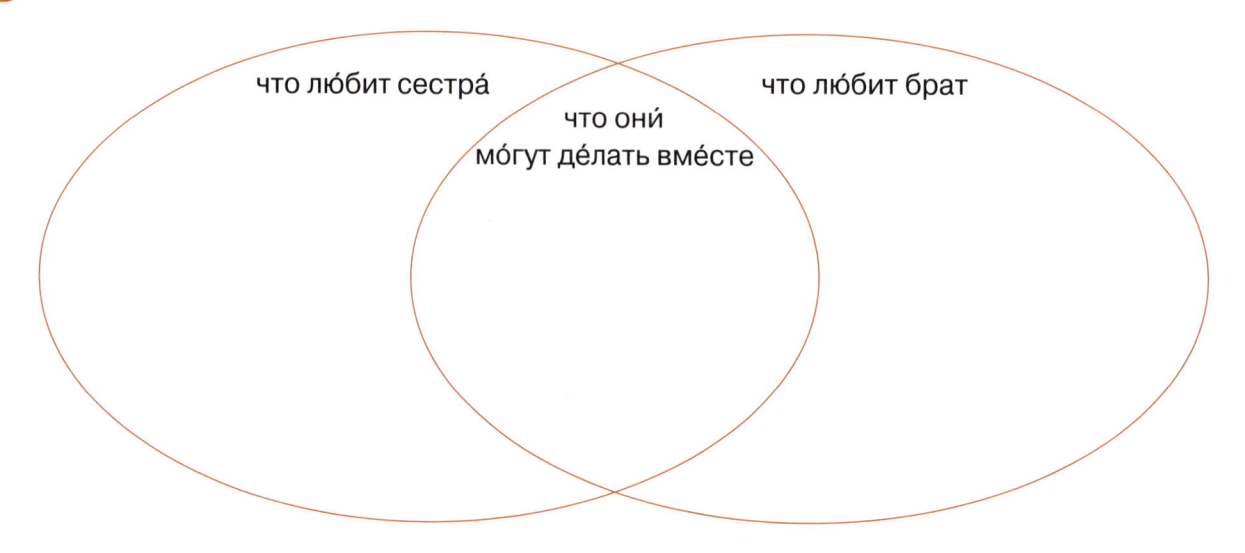

что лю́бит сестра́

что они́ мо́гут де́лать вме́сте

что лю́бит брат

190

Т.Л. Эсмантова. Русский язык: 5 элементов

● ▲   д) Что рассказывает их мама/папа?

_____
_____
_____
_____

● ▲   **ЗАДАНИЕ 277. Спрашивайте и отвечайте! Работайте в паре!**

а) 1. Что вы сейча́с изуча́ете? 2. Вы хорошо́ зна́ете грамма́тику? 3. Что вы изуча́ли в шко́ле? 4. Вы лю́бите поэ́зию? 5. Что вы слу́шаете ве́чером? 6. Что вы сейча́с чита́ете? 7. Что вы хорошо́ зна́ете? 8. Что вы не понима́ете? 9. Вы всегда́ говори́те пра́вду? 10. Вы ча́сто гото́вите пи́ццу? 11. Что вы эконо́мите (во́ду, эне́ргию, электри́чество, де́ньги, вре́мя)? 12. Вы по́мните ваш рабо́чий телефо́н? 13. Вы ку́рите? Что вы ку́рите?

⚓ **б) Чей? Чьё? Чьи? (✖)**

acc. = nom.: m., n., pl. (posses. pronoun).

М о д е л ь: **Чей** журна́л он чита́ет? _____ (я). → Он чита́ет **мой** журна́л.

1. Чей дом они́ стро́ят? — _____ (мы).
2. Чьё дома́шнее зада́ние ты де́лаешь? — _____ (он).
3. Чьи вопро́сы мы понима́ем? — _____ (вы).
4. Чьё вре́мя они́ эконо́мят? — _____ (вы).
5. Чей прое́кт он изуча́ет? — _____ (она́).
6. Чьи инстру́кции они́ чита́ют? — _____ (ты).

■   **acc. f.: чью? (✖ / ♥)** — мо**ю**, тво**ю**, его, её, наш**у**, ваш**у**, их

в) М о д е л ь: **Чью** кни́гу он чита́ет? _____ (я). → Он чита́ет **мою́** кни́гу.

1. Чью газе́ту ты чита́ешь? — _____ (мы).
2. Чью сестру́ он лю́бит? — _____ (я).
3. Чьё письмо́ ты чита́ешь? — _____ (я).
4. Чью ма́му он зна́ет? — _____ (вы).
5. На чьи вопро́сы я отвеча́ю? — _____ (ты).
6. Чью рабо́ту они́ де́лают? — _____ (мы).
7. Чью пробле́му вы понима́ете? — _____ (я).
8. Чью дочь он лю́бит? — _____ (ты).
9. Чью му́зыку они́ слу́шают? — _____ (она).
10. Чей журна́л он покупа́ет? — _____ (они).
11. Чью да́чу мы стро́им? — _____ (вы).
12. Чью исто́рию ты расска́зываешь? — _____ (мы).
13. Чью сига́ру он ку́рит? — _____ (я).
14. Чьи де́ньги она́ эконо́мит? — _____ (он).

ЗАДАНИЕ 278. + чей? + весь.

а) 1. Я зна́ю _____ (твоя́ сестра́).
2. Он чита́ет _____ (их журна́л).
3. Они́ не понима́ют _____ (на́ша дочь).
4. Вы ещё не чита́ли _____ (моя́ статья́)?
5. Они́ счита́ют _____ (на́ши де́ньги).
6. Я люблю́ _____ (его́ жена́).
7. Мы эконо́мим _____ (ва́ше вре́мя).
8. Я по́мню _____ (твоя́ мать).

б) 1. Мы де́лали э́тот прое́кт _____ (вся неде́ля).
2. Я живу́ здесь _____ (вся жизнь).
3. _____ (Весь ме́сяц) мы отдыха́ли там.
4. Я гото́вила за́втрак _____ (всё у́тро).
5. Мы не спа́ли _____ (вся ночь).
6. Они́ эконо́мили _____ (вся жизнь).
7. Мы слу́шали _____ (все ле́кции).
8. Студе́нты чита́ли текст _____ (весь уро́к).
9. Я зна́ю _____ (вся их семья́).
10. Он понима́ет _____ (вся э́та систе́ма).
11. Я не по́мню _____ (вся э́та статья́).

ЗАДАНИЕ 279. Спра́шивайте: что, кого́, (чей ... чьи; чью)?

М о д е л ь :   Я хорошо́ зна́ю **их ба́бушку**. → **Кого́** я хорошо́ зна́ю? (**Чью** ба́бушку я зна́ю?)

1. Я о́чень люблю́ **твою́ сестру́**. _____
2. Мы покупа́ем **сок** и **кока-ко́лу**. _____
3. Э́то твои́ друзья́. Я **их** зна́ю. _____
4. Вы уже́ чита́ли **его́ кни́гу**? _____
5. **Меня́** зову́т Илья́. _____
6. Она́ лю́бит **ро́зы**. _____
7. У неё есть муж и она́ **его́** лю́бит. _____
8. Вы **нас** по́мните? _____
9. Он смо́трит **програ́мму** «Но́вости». _____
10. Он не лю́бит **мою́ соба́ку**. _____

ЗАДАНИЕ 280. Где субъект и объект? Стройте предложения!

М о д е л ь :   мой / работа / я / люби́ть / о́чень → Я о́чень люблю́ мою́ рабо́ту.

1. мать / мой / подру́га / понима́ть / мой / хорошо́ _____
2. люби́ть / ты / я? _____
3. сего́дня / спать / весь день / потому́ что / я / вчера́ / гуля́ть / весь / ночь
_____
4. они́ / не / эконо́мить / де́ньги / люби́ть _____
5. он / покупа́ть / карти́на / твой _____

6. я / люби́ть / пи́цца / и / о́чень / она́ / гото́вить / бы́стро _____
7. на / я / обы́чно / спать / дива́н _____
8. он / я / понима́ть / но / обы́чно / у́тром / конфли́кт / сего́дня / быть / у / мы
_____
9. мы / ваш / чита́ть / до́лго / кни́га _____
10. они́ / до́лжен / вода́ / эконо́мить / электри́чество / и _____
11. я / э́та / чита́ть / неде́ля / кни́га / уже́ / понима́ть / но / ничего́ / не
_____

ЗАДА́НИЕ 281. Поку́пки (пиши́те пра́вильные фо́рмы acc.!).

а) Что лю́ди покупа́ют в магази́не…

«Проду́кты»?	ро́з|ы, тюльпа́н|ы, и́рисы, ка́ктус, ва́за, **земл|я́**…
«Оде́жда»?	санда́ли|и, **боти́нк|и, та́пк|и, сапог|и́, ту́фл|и**…
«О́бувь»?	сви́тер, пла́ть|е, ю́бк|а, брю́к|и, ку́ртк|а, шарф, **руба́шка**, ша́пк|а…
«Цветы́»?	сок, молоко́, хлеб, сыр, вино́, пи́цца, макаро́ны, рис, фру́кты, о́вощи…
«Кни́ги»?	кроссо́вк|и, футбо́лк|а, велосипе́д, спорти́вн|ый костю́м, **мяч**…
«Спорт»?	телеви́зор, магнитофо́н, на́**у́ш**ник|и, компью́тер, при́нтер, телефо́н…
«Те́хника»?	моро́жено|е, десе́рт, **пиро́жно|е**, капучи́но, эспре́ссо, америка́но…
в кафе́?	кни́г|а, журна́л, газе́т|а, календа́рь, тетра́дь…

б) Пиши́те / говори́те фо́рмы adjective acc.

1. Обы́чно мы покупа́ем _____ _____ (мо́дная, дорога́я) оде́жду. 2. Мой муж чита́ет _____ (у́тренняя) газе́ту, а я смотрю́ _____ (вече́рние) но́вости. 3. Я не люблю́ _____ (холо́дная) во́ду и _____ (горя́чее) молоко́. 4. Она́ не чита́ла _____ (ва́ша но́вая) кни́гу. 5. Она́ лю́бит _____ (краси́вые) ту́фли. 6. Вы покупа́ете _____ (больша́я) пи́ццу, а мы — _____ (минера́льная) во́ду и _____ (италья́нское) вино́. 7. Она́ лю́бит _____ (класси́ческие) костю́мы: _____ (дли́нная) ю́бку и _____ (стро́гий) жаке́т. 8. Мы слу́шаем _____ (авангардный) джаз, а они́ — _____ (класси́ческая) му́зыку. 9. Она́ лю́бит _____ (горя́чая) ва́нну, а он — _____ (холо́дный) душ.

в) Кто покупа́ет э́ти ве́щи? Ва́ши ми́ни-те́ксты!

М о д е л ь: Сейча́с я покупа́ю в магази́не «Оде́жда» пла́тье и ю́бк**у**, а мой муж покупа́ет брю́ки и га́лстук. Я ча́сто покупа́ю оде́жд**у**, потому́ что ду́маю, что мо́дная оде́жда — э́то ва́жно. Мой муж лю́бит класси́ческий стиль, а я — аванга́рдный.

Уровень А1. Часть III. Урок 13

193

ЗАДАНИЕ 282. Диалоги в магазине. Что говорит покупатель и что — продавец?

М о д е л ь: Магазин «Продукты».

— Пожалуйста, кока-ко**лу** и чипсы. Сколько это стоит?
— 150 рублей.
— Извините, ещё я **хотела бы** йогурт.
— Да, пожалуйста. За всё 180 рублей.

ИМПЕРАТИВ

уч|у́ — у́ч|ат; говор|ю́ — говор|я́т

стро́|ю — стро́|ят, де́ла|ю — де́ла|ют

гото́в|л|ю — гото́в|ят, эконо́м|л|ю — эконо́м|ят

«ты»			«вы/Вы»
учи́!	говори́!	**-И**	учи́**те**
стр**ой**!	де́л**ай**!	**-Й**	стро́й**те**
гото́в**ь**!	эконо́м**ь**!	**-Ь**	гото́в**ь**те

ЗАДАНИЕ 283. Формируйте императив!

sing. говори́ть, расска́зывать, эконо́мить, жить, покупа́ть, спать, ду́мать, стоя́ть, гуля́ть, отвеча́ть, молча́ть, учи́ть, быть, игра́ть

pl. быть, рабо́тать, люби́ть, знать, чита́ть, лежа́ть, смотре́ть, слу́шать, гото́вить

ЗАДАНИЕ 284. Делай, что хочешь/должен/можешь делать! / Не делай, что не хочешь/не можешь делать!

М о д е л ь: Вы хотите курить? → Вы хотите курить? Курите!

1. Ты до́лжен говори́ть по-ру́сски? _____
2. Вы хоти́те гуля́ть? _____
3. Ты не хо́чешь обе́дать? _____
4. Ты хо́чешь чита́ть? _____
5. Вы хоти́те спать? _____
6. Ты не мо́жешь стоя́ть? _____
7. Вы хоти́те стро́ить дом? _____
8. Вы хоти́те здесь жить? _____
9. Ты хо́чешь лежа́ть? _____
10. Ты не хо́чешь молча́ть? _____
11. Ты не хо́чешь учи́ть пра́вило? _____
12. Вы должны́ рабо́тать? _____
13. Ты не мо́жешь эконо́мить? _____

ЗАДАНИЕ 285. Слушайте диалоги. Кто разговаривает? Какая ситуация на рисунке? Читайте и играйте диалоги.

1. — Извини́те! Говори́те, пожа́луйста, не так бы́стро! Я пло́хо вас понима́ю!
   — Пожа́луйста!

2. — Почему́ ты молчи́шь? Не молчи́! Отвеча́й, когда́ я тебя́ спра́шиваю!
   — ...

3. — Пожа́луйста, не кури́ мно́го и не рабо́тай на компью́тере весь день. Бо́льше отдыха́й!
   — Хорошо́, дорога́я!

4. — А-а-апчхи́!
   — Будь здоро́в!
   — Спаси́бо!

Будь здоро́в / здоро́ва!
Бу́дьте здоро́вы!

«мы»

Дава́йте говори́ть!	«+» дава́й(те)[1] + глагол в инфинитиве (inf. verb)
Давайте не будем говорить!	«–» давай(те) не будем + глагол в инфинитиве[2]

ЗАДАНИЕ 286. Приглашение.

а) М о д е л ь: Я хочу́ игра́ть. А ты (вы)? → Дава́й(те) игра́ть!

1. Я хочу́ танцева́ть. А ты хо́чешь? _____
2. Я хочу́ игра́ть в волейбо́л. А вы хоти́те? _____
3. Я не хочу́ рабо́тать. А вы? _____
4. Я не хочу́ чита́ть. А ты? _____
5. Я хочу́ слу́шать джаз. А вы? _____
6. Мы хоти́м гуля́ть. А ты? _____
7. Мы хоти́м жить здесь. А вы? _____
8. Мы хоти́м отдыха́ть. А вы? _____
9. Я хочу́ спать, а ты? _____

---
[1] Мы = я + ты → давай делать!
Мы = я + вы/Вы → дава́й**те** делать!
[2] inf. verb imperf. Но: Давай(те) не скажем! (verb perf.)

б) Слушайте диалоги! Кто и когда их говорит? Играйте ситуации!

1. — Это хороший фильм. А «Новости» вы уже смотрели утром. **Давайте** смотреть фильм!
   — Хорошо, **давай**.

2. — Какая хорошая музыка! **Давай** танцевать!
   — **Давай**!

в) Что вы думаете о принципе:

1. Никогда не говори «никогда»!
2. Меньше говори, больше делай!

Когда люди говорят эти фразы?

ЗАДАНИЕ 287. Говорите императив в ситуации:

а) 1. Коллеги должны работать, но они уже час рассказывают анекдоты. _____
2. Ваш сын молчит и не отвечает на ваш вопрос. _____
3. Человек не слушает, что вы говорите. _____
4. Ваш коллега больше не может работать, он должен отдыхать. _____
5. Вы думаете, что ваш друг покупает плохие книги. _____
6. Ваша подруга и вы вместе смотрите телевизор. Но она хочет смотреть фильм, который вы уже смотрели и который вы не любите. _____
7. Вы не любите, когда ваш муж / ваша жена курит в комнате. _____
8. Ваша дочь хочет жить одна. _____

б) Что говорят люди на рисунке?

Урок 14

14.1

С — З — са-за, ся-зя, со-зо, сё-зё, су-зу, сю-зю, сэ-зэ, се-зе, сы-зы, си-зи
ся-сья-зя-зья, сё-сьё-зё-зьё, сю-сью-зю-зью, се-сье-зе-зье, си-сьи-зи-зьи;
с**у**п — **з**уб, **с**лой — **з**лой, голо**с**а́ — гла**з**а́, **с**ад — на**з**а́д, **с**ын — ро́**з**ы, **с**ва́дьба — **з**вать, **с**но́ва — **з**нать, **С**о́фья — **з**ову́т, весна́ — ви**з**и́т, мока**с**и́ны — мага**з**и́ны, **С**и́ма — **з**има́, **с**е́вер — **з**е́бра; ве**сь** — ве**з**де́
[с]: га**з** — га́**з**ы, гла**з** — гла**з**а́, эски́**з** — эски́**з**ы, моро́**з** — моро́**з**ы, сою́**з** — сою́**з**ы, капри́**з** — капри́**з**ы, гипно́**з** — гипноти**з**ёр, си́нте**з** — в си́нте**з**е, до**сь**е́ — дру**зь**я́, па**сь**я́нс — обе**зь**я́на; ска́**з**ка, блу́**з**ка

СТРУКТУРА ПРЕДЛОЖЕНИЯ

что/кто? + что делает? + что/кого?

субъект → предикат → объект

какой? чей?

как?

как часто? как долго?

когда?

где?

а) нейтрально:
Здесь на́ши **де́ти** до́лго **чита́ют** журна́л.

б) акцент:
1. На́ши **де́ти** до́лго **чита́ют** журна́л **здесь**.
2. Здесь до́лго **чита́ют** журна́л на́ши **де́ти**.
3. Здесь на́ши **де́ти чита́ют** журна́л **до́лго**.

Какая ситуация на рисунке: 1, 2 или 3?

ЗАДАНИЕ 288.

Модель:
— **Кто** читáет?
— Студéнты.
— **Что** студéнт**ы** **дéла****ют**?
— Читáют. / Студéнты читáют.
— **Что** они́ читáют?
— Текст. / Они́ читáют текст.
— **Когдá** они́ читáют текст?
— Сегóдня. / Они́ читáют текст сегóдня.
— **Как** они́ сегóдня читáют текст?
— Прáвильно. / Они́ сегóдня читáют текст прáвильно.
— **Где** они́ сегóдня прáвильно читáют текст?
— Здесь. / Они́ сегóдня прáвильно читáют текст здесь.

→ Сегóдня здесь **студéнты** прáвильно **читáют** текст.

1. здесь / студéнты / сегóдня / прáвильно / читáть / текст
2. ты / отдыхáть / недóлго / всегдá / днём
3. мы / сегóдня / понимáть / быстро / задáние
4. актри́са / краси́вый / иногдá / в ресторáне / обéдать / вéчером
5. мой / брáтья / вчерá / весь вéчер / здесь / расскáзывать / анекдóты

ПРЯМАЯ РЕЧЬ

Оля: — Где **ты** отдыхáла**?** = Óля спрáшивает: «Где **ты** отдыхáла**?**»
Аня: — **Я** отдыхáла на мóре**.**   Áня отвечáет: «**Я** отдыхáла на мóре»**.**

НЕПРЯМАЯ РЕЧЬ

вопрос (**?**) → кто/как/где/когдá
факт (**.**) → **+** что

Óля спрáшивает**, где** Áня отдыхáла.
Áня отвечáет**, что онá** отдыхáла на мóре.

198   Т.Л. Эсмантова. Русский язык: 5 элементов

ЗАДАНИЕ 289. Прямая речь → непрямая речь.

!!! *Время в непрямой речи такое же, как в прямой речи. Но местоимения я, мы, ты, вы трансформируют.* Н а п р и м е р:
Она́ говори́ла: «**Мы** здесь рабо́та**ем**». → Она́ говори́**ла**, **что они́** здесь рабо́та**ют**.

1. Ма́ша говори́т: «Компью́тер рабо́тал пло́хо». → _____

2. Они́ спра́шивали нас: «Когда́ **вы** рабо́таете?» → _____

3. Она́ отвеча́ла: «**Мы** так не ду́маем».→ _____

4. Он уже́ спра́шивал меня́: «Как **тебя́** зову́т?» → _____

5. Она́ иногда́ отвеча́ла: «**Я** понима́ла, что э́то пло́хо». → _____

6. Мы их спра́шиваем: «Где **вы** вчера́ бы́ли?» → _____

7. «Где **вы** бы́ли?» — спра́шивает нас ма́ма. → _____

8. «Что **ты** вчера́ чита́ла?» — спра́шивает он меня́. → _____

9. Она́ меня́ спра́шивала: «Что **я** здесь де́лаю?» → _____

10. Вы говори́ли: «**Мы** всё зна́ем». → _____

ЗАДАНИЕ 290. Делайте диалог (прямая речь) и комментарий (непрямая речь).

а) М о д е л ь:
Челове́к 1: — Как её зову́т?
Челове́к 2: — Её зову́т А́нна.

Комментарий:
Оди́н челове́к спра́шивает, **как** её зову́т.
Друго́й челове́к отвеча́ет, **что** её зову́т А́нна.

1. ~~Как её зову́т?~~
2. Где Пётр рабо́тает?
3. Как рабо́тает механи́зм?
4. Чья э́то маши́на?
5. Ско́лько э́то сто́ит?
6. Почему́ она́ сего́дня до́ма?

Он рабо́тает хорошо́.
Он рабо́тает здесь.
~~Её зову́т А́нна.~~
Сто е́вро.
…потому́ что у неё грипп.
Э́то моя́ маши́на.

Уровень А1. Часть III. Урок 14

б) Модель:
— **Как** её зовут?
— Я не помню, **как** её зовут.

Комментарий:
Один человек спрашивает, **как** её зовут.
Другой отвечает, **что он** не помнит, как её зовут.

1. ~~**Как** её зовут?~~
2. **Где** Пётр работает?
3. **Как** работает механизм?
4. **Чья** это машина?
5. **Сколько** это стоит?
6. **Почему** она сегодня дома?

Я не знаю, _____ она дома.
~~Я не помню,~~ **как** ~~её зовут.~~
Я не понимаю, _____ он работает.
Я не знаю, _____ он работает.
Я не помню, _____ это стоит.
Я не знаю, _____ это машина.

ЗАДАНИЕ 291. (⊙ стр. 307.) Текст «Муж и жена».

а) Какие только женские и только мужские профессии вы знаете? Кто люди на рисунке, где они работают?

МУЖ И ЖЕНА

б) Слушайте текст «Муж и жена», часть 1, и отвечайте да или нет.

Это правда?   да   нет

1. Муж строит дома.
2. Муж любит, когда люди его спрашивают.
3. Дома муж тоже очень много и активно работает.

в) 1. Как вы думаете, где работает жена? Кто она?
   2. Как вы думаете, что рассказывает о ситуации муж?

г) Слушайте текст «Муж и жена», часть 2 и отвечайте на да или нет.

Это правда?   да   нет

1. Жена хорошо знает, как работают компьютеры.   ☐   ☐
2. Жена любит смотреть по телевизору сериалы.   ☐   ☐
3. Муж спрашивает, а жена отвечает на его вопросы.   ☐   ☐

д) Что муж отвечает, когда жена спрашивает его, как у него дела? У них есть проблема? Почему? Как вы думаете, почему жена так много спрашивает, а муж не отвечает на её вопросы? Как вы думаете, кто реагирует неправильно: муж или жена?

е) Читайте текст. Рассказывайте, что говорил муж и что говорила жена.

ё) Вы психолог. Делайте анализ ситуации: что муж и жена должны делать? Пишите ваши рекомендации в диаграмму.

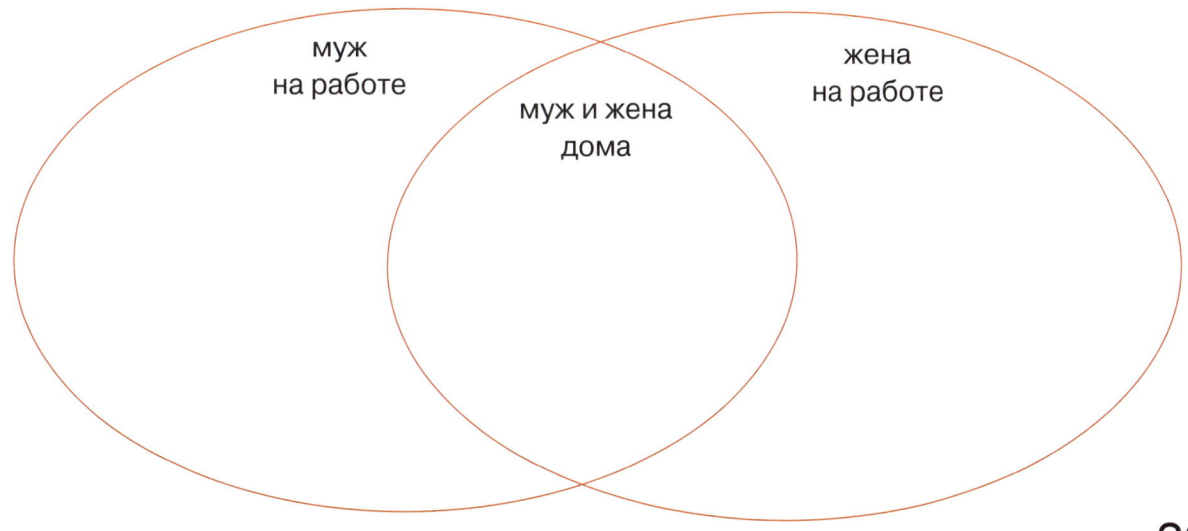

муж на работе — муж и жена дома — жена на работе

Уровень A1. Часть III. Урок 14

201

ж) Что думают муж / жена / их друзья?

_____
_____
_____
_____
_____
_____
_____
_____
_____

з) 1. Мужья и жёны (братья и сёстры, друзья…) должны вечером рассказывать, что они делали днём? Почему?

2. А вы вечером рассказываете, что делали? Кто вас спрашивает?

**НИКТÓ НИКОГДÁ НИГДÉ НИЧЕГÓ НЕ ДÉЛАЕТ
≠ ВСЕ ВСЕГДÁ ВЕЗДÉ ВСЁ ДÉЛАЮТ**

кто?	**НИ**КТÓ ≠ ВСЕ
что?	**НИ**ЧЕГÓ ≠ ВСЁ
когда?	**НИ**КОГДÁ ≠ ВСЕГДÁ
где?	**НИ**ГДÉ ≠ ВЕЗДÉ

ЗАДАНИЕ 292.

а) Стройте диалоги, как в модели.

Модель: говори́ть/молча́ть → — **Что** ты говори́шь?
— Я **ничего́ не** говорю́. Я молчу́.

~~говори́ть/молча́ть~~   чита́ть / смотре́ть телеви́зор
по́мнить/учи́ть   понима́ть/ду́мать
де́лать/отдыха́ть

б) Начало фразы + ничего не + глагол. 🗝

1. У неё амнези́я, она́ _____
2. Что ты говори́шь? Это абсу́рд! Я _____
3. — У него́ есть прогре́сс?
   — Нет, потому́ что он _____
4. Что они́ де́лают? Это стра́нно! Мы _____
5. Сего́дня они́ отдыха́ют, они́ _____

ЗАДАНИЕ 293. Работайте по модели.

Модель:
— **Кто** говори́т?
— **Никто́ не** говори́т.   = **Все** молча́т.
— Кто и **когда́** говори́т?
— **Никто́ никогда́ не** говори́т.   = **Все всегда́** молча́т.
— Кто и **где** говори́т?
— **Никто́ нигде́ не** говори́т.   = **Все везде́** молча́т.
— Кто и **что** говори́т?
— **Никто́ ничего́ не** говори́т.   —

☞ **Никто** никогда́ нигде́ ничего́ **не** говори́т. ☜
Все всегда́ везде́ молча́т.

~~говори́ть (что?) / молча́ть~~   спра́шивать (что?) / понима́ть (что?)
слу́шать (что?) / расска́зывать (что?)   по́мнить (что?) / спра́шивать (что?)
отдыха́ть / рабо́тать

ЗАДАНИЕ 294. + субъект.

☺ Стереоти́пы.

Модель:
— Как ты ду́маешь, кто никогда́ ничего́ не у́чит?
— Я ду́маю, что пенсионе́ры никогда́ ничего́ не у́чат.

~~0. Как ты ду́маешь, кто никогда́ ничего́ не у́чит?~~
1. Кто нигде́ никогда́ не отдыха́ет?
2. Кто всегда́ и везде́ спра́шивает?
3. Кто нигде́ никогда́ ничего́ не отвеча́ет?
4. Кто всегда́ всё зна́ет?
5. Кто никогда́ не зна́ет, где его́ ве́щи?
6. Кто никогда́ ничего́ не по́мнит?
7. Кто никогда́ не зна́ет что де́лать?
8. Кто всегда́ всё понима́ет?
9. Кто никогда́ ничего́ не спра́шивает?

Студе́нты, де́ти, друзья́, же́нщины, поли́тики, ~~пенсионе́ры~~, бизнесме́ны, мужья́, жёны, бра́тья и сёстры, преподава́тели, журнали́сты, сосе́ди, роди́тели, мужчи́ны, милиционе́ры, никто́…

Уровень А1. Часть III. Урок 14

ПРЕДЛОЖНЫЙ ПАДЕЖ
(Prepositional case)
Функция 1: ГДЕ? (статика)

+ жить, быть, рабо́тать, отдыха́ть, лежа́ть, стоя́ть, гуля́ть, стро́ить, кури́ть, игра́ть, у́жинать…

m. Петербу́рг, Неа́пол|ь, Кита́|й

f. Москв|а́, земл|я́, семь|я́

n. мо́р|е, окн|о́

В/НА — Е

Петербург
Неапол
Кита
Москв
земл
семь
мор
окн

в Сибир**И**, на площад**И**

!!! f. Сиби́р|**ь**, пло́щад|**ь**

ЗАДАНИЕ 295. Спрашивайте и отвечайте.

Моде́ль: Где живёт О́ля? — О́ля живёт в Ки́еве.

а) 1. Илья́ живёт в _____ (Кана́да).
2. Он никогда́ не ку́рит в _____ (ко́мната).
3. На́ша семья́ всегда́ отдыха́ет на _____ (мо́ре) и́ли на _____ (океа́н).
4. Я живу́ в _____ (Му́рманск).
5. Лари́са жила́ в _____ (Сиби́рь).
6. Бори́с рабо́тает в _____ (о́фис).
7. Анже́ла рабо́тала на _____ (фа́брика).
8. Дании́л живёт в _____ (**гости́**ница), а Даниéль — в _____ (оте́ль).
9. Ма́рко рабо́тал в _____ (Неа́поль).
10. Ко́шка отдыха́ет на _____ (окно́).

б) 1. Де́ти гуля́ли в _____ (парк).
2. Кни́га лежи́т на _____ (крова́ть).
3. Мы за́втракаем в _____ (бистро́).
4. Вчера́ он у́жинал в _____ (рестора́н).
5. **Ключ** был в _____ (дверь).
6. Вчера́ мы бы́ли в _____ (музе́й).
7. Мы жи́ли в _____ (Тверь).
8. Мой дом стои́т на _____ (пло́щадь).
9. Он обе́дает в _____ (кафе́).
10. У меня́ в _____ (жизнь) всё хорошо́.
11. Моя́ маши́на стои́т в_____ (гара́ж), а мотоци́кл — на _____ (у́лица).
12. Они́ вчера́ бы́ли в _____ (це́рковь).

ЗАДАНИЕ 296. Пишите фразы!

Какие это города? Кто там живёт? На каком языке они говорят?

М о д е л ь: 1. Монреа́ль — кана́д**ск**ий го́род. В Монреа́ле живу́т кана́дцы. Кана́дцы говоря́т **по**-францу́з**ски** и **по**-англи́й**ски**.

1. Монреа́ль	норве́жцы	2. Пари́ж... _____
2. Пари́ж	швейца́рцы	_____
3. Брюссе́ль	англича́не	_____
4. Жене́ва	кана́дцы	_____
5. Петербу́рг	бельги́йцы	_____
6. Ливерпу́ль	ру́сские	_____
7. Нью-Йо́рк	япо́нцы	_____
8. Барсело́на	америка́нцы	_____
9. О́сло	испа́нцы	_____
10. Берли́н	италья́нцы	_____
11. То́кио	францу́зы	_____
12. Неа́поль	кита́йцы	_____
13. Пеки́н	не́мцы	_____

ЗАДАНИЕ 297. жить (урок 9), жив|о́й (♥), жизнь (f.)

а) жить, жизнь

М о д е л ь: Я **живу́** интере́сно. → У меня́ интере́сн**ая** жи́знь.

Ты _____ ску́чно. Мы _____ отли́чно. Он _____ пло́хо.
Они́ _____ краси́во. Я _____ обы́чно. Я _____ сча́стливо.
Вы _____ хорошо́.   Они́ _____ пра́вильно. Мы _____ тру́дно.

б) жив|о́й

М о д е л ь: живы́е ро́зы

жив____ му́зыка, жив____ цветы́, жив____ ры́ба, жив____ глаза́, жив____ ребёнок

● Как вы думаете, что это значит?

Н а п р и м е р: «Жива́я му́зыка — это му́зыка на конце́рте или в кафе́, когда́ её игра́ют музыка́нты. Это не му́зыка на ди́ске (CD)».

▲ 1. Как вы живёте? Какая у вас жизнь? 2. У вас живой характер? 3. У вас дома есть живые цветы? 4. У вас дома есть **животные**?

_____
_____
_____
_____
_____

Уровень A1. Часть III. Урок 14

Урок 15

15.1

🔊 В — Ф

[в]: в го́роде, в гараже́, в рестора́не, в гости́нице, в Москве́, в Неа́поле, **в В**е́не, **в В**ене́ции;

[ф]: **в к**варти́ре, **в К**ана́де, **в П**етербу́рге, **в С**иби́ри, **в п**а́рке, **в т**еа́тре, **в ф**о́нде, **в ф**еврале́

ГДЕ?

m.	санато́р**и**|й		санато́р**и**
f.	Росс**и́**|я	**В/НА**	Росс**и**
n.	зада́н**и**|е		зада́н**и**

И

ЗАДАНИЕ 298. + где: -е, -и, -ии.

а) 1. А́нна живёт в _____ (Ита́ли|я). 2. В _____ (зада́ни|е) бы́ло но́вое сло́во. 3. Жира́фы живу́т в _____ (А́фрика). 4. Вы зна́ете, кто живёт в _____ (Антаркти́да)? 5. Я была́ и в _____ (Евро́па), и в _____ (А́зия). 6. Снача́ла он рабо́тал в _____ (Аме́рика), пото́м в _____ (Брази́лия), а тепе́рь в _____ (Коре́я). 7. Ра́ньше я никогда́ не́ был в _____ (Росси́я). 8. Он рабо́тает в _____ (музе́й), а она́ рабо́тает в _____ (галере́я). 9. Э́то сло́во бы́ло у меня́ в _____ (тетра́дь). 10. Когда́ Анато́лий рабо́тал в _____ (обсервато́рия), его́ жена́ отдыха́ла в _____ (санато́рий). 11. Она́ рабо́тает в _____ (капе́лла) и́ли в _____ (консервато́рия). 12. На́ша фи́рма стро́ит дома́ в _____ (Москва́) и _____ (Петербу́рг).

15.2

🔊 В/НА

[ва]: **в А**ме́рике, **в А**мстерда́ме, **во Ф**ра́нции, **во Ф**лоре́нции, **во В**лади́мире, **во В**ладивосто́ке, [вы]: **в И**та́лии, **в И́**ндии, **в И**ерусали́ме, [ву]: **в У**фе́, **в У́**гличе

н**а А**ля́ске, н**а а**рхипела́ге, н**а о**кеа́не, н**а о**кне́, н**а о**рби́те

б) Де́лайте ещё раз зада́ние 296. Пиши́те, где э́ти города́.

_____
_____
_____
_____
_____
_____

В или НА?
(внутри или снаружи?)

В
1) космосе; в мире;
2) внутри: в доме, квартире, комнате;
3) Африке, Азии..., стране, провинции, городе, деревне, штате, районе (административные границы);
4) океане, море, реке = в воде;
5) здании и организации: банке, музее, театре, школе, кафе, университете, клинике...

НА
1) острове, горе;
2) проспекте, площади, улице, стадионе, рынке, балконе;
3) планете, континенте; полюсе, севере ≠ юге, западе ≠ востоке (географические границы);
4) океане, море... = не в воде;
5) работе, экскурсии, опере, уроке, лекции, операции...
6) факультете, курсе, этаже (структура)

Исключения:

в горах (pl.)	**на** родине
в отпуске, экспедиции, командировке	**на** почте, станции, вокзале
	на кухне, даче, фабрике, заводе

Уровень А1. Часть III. Урок 15

ЗАДАНИЕ 299. Комментируйте, почему «в» или «на».

На Ма́рсе, в ко́смосе, в А́фрике, на Луне́, на восто́ке, на Со́лнце, в Петербу́рге, на ро́дине, на Эвере́сте, в А́льпах, в Росси́и, в Калифо́рнии, в Ке́рале, дом на реке́, на Ки́пре, на се́вере, я́хта в мо́ре, в кварти́ре, на балко́не, на ку́хне, в музе́е, на по́чте, на фа́брике.

В шко́ле, на Ура́ле, на уро́ке, на вокза́ле, на этаже́, в о́тпуске, на Ко́рсике, на экску́рсии, в экспеди́ции, на о́пере, на у́лице, в кафе́, на бале́те, в дере́вне, на планта́ции, на стадио́не, в А́зии, на по́люсе, в Жене́ве, в до́ме № 5, в ба́нке, на ю́ге, на экза́мене.

ЗАДАНИЕ 300. Ориентация.

Сейча́с вы в Росси́и. Где (на се́вере, ю́ге, за́паде или восто́ке) э́ти стра́ны: Фра́нция, Кита́й, Ита́лия, Коре́я, Финля́ндия, И́ндия, Кана́да, Испа́ния, Аме́рика, Ку́ба...
А е́сли вы сейча́с в Япо́нии?

ЗАДАНИЕ 301. + где: в или на?

1. У нас ___ (факульте́т___) рабо́тают хоро́шие профессора́. 2. Сего́дня ___ (стадио́н___) игра́ют в футбо́л две институ́тские гру́ппы. 3. Когда́ мы отдыха́ем ___ (мо́ре___), мы всегда́ игра́ем ___ (пляж___) в волейбо́л. 4. ___ (кли́ника___) рабо́тали отли́чные доктора́. 5. У них ___ (шко́ла___) рабо́тают прекра́сные учителя́. 6. Они́ жи́ли ___ (центр___) и́ли ___ (прови́нция___)? 7. Снача́ла моя́ сестра́ рабо́тала ___ (по́чта___) ___ (вокза́л___), а тепе́рь ___ (ста́нция___). 8. Ва́ша соба́ка одна́ гуля́ет ___ (у́лица___). 9. Вы уже́ бы́ли ___ (экску́рсия___) ___ (Эрмита́ж___)? 10. Мы отдыха́ли ___ (санато́рий___) ___ (юг___). 11. Э́та ры́ба живёт ___ (мо́ре___) и́ли ___ (океа́н___)? 12. Мой друг был ___ (экспеди́ция___) ___ (по́люс___).

ЗАДАНИЕ 302. (⊙ стр. 307–308.) **В, на, у или ничего?**

Снача́ла пиши́те, пото́м слу́шайте диало́г и корректи́руйте оши́бки, е́сли они́ у вас есть.

ТЕЛЕФО́ННЫЙ РАЗГОВО́Р

— Алло́!
— До́брый день, Ни́на Петро́вна. Э́то Ви́ктор. Оле́г ___ до́ма?
— Здра́вствуй, Ви́тя. Оле́г ___ университе́те. А ты где? Почему́ не ___ университе́те?
— Я сейча́с не ___ Петербу́рге, а ___ Москве́ — ___ пра́ктике.
— Интере́сно. А мой Оле́г был ___ пра́ктике ___ Я́лте, ___ мо́ре. А где ты ___ Москве́ живёшь?
— ___ Москве́ жил мой брат, сейча́с он рабо́тает ___ се́вере, ___ Му́рманске. Я живу́ ___ его́ кварти́ре.
— О́чень хорошо́. А когда́ ___ тебя́ бу́дут экза́мены?
— Ещё не зна́ю. А ___ ско́лько Оле́г бу́дет до́ма?
— ___ 6 и́ли 7.
— Спаси́бо. До свида́ния.
— Счастли́во!

??? Кто разгова́ривал? Где они́ живу́т? Кто студе́нт?

▲ Как Ни́на Петро́вна расска́зывает э́тот диало́г, е́сли её слу́шает её сын / её муж?
_____
_____

ЗАДА́НИЕ 303. + где: в или на?

1. Я изуча́л ру́сский язы́к ____ (университе́т__). 2. Космона́вты уже́ бы́ли ____ (Луна́__). 3. Э́то рабо́чая семья́: па́па рабо́тает ____ (заво́д__), ма́ма — ____ (фа́брика__). 4. Их сын рабо́тает ____ (банк__) ____ (компью́тер__). 5. Сейча́с он ____ (экспеди́ция__) ____ (се́вер__). 6. У нас ____ (го́род__) два кафе́: одно́ ____ (пло́щадь__) и друго́е ____ (парк__). 7. ____ (о́стров__) о́чень краси́вые па́льмы. 8. Вы живёте ____ (го́род__) и́ли ____ (дере́вня__)? 9. Они́ слу́шали джаз ____ (джаз-клу́б__). 10. Вы ду́мали, что ва́ши де́ти ____ (шко́ла__) ____ (уро́к__), а они́ ____ (кинотеа́тр__) ____ (коме́дия__). 11. Мой брат рабо́тает ____ (ра́дио__), а сестра́ ____ (телеви́дение__) — они́ о́ба ди́кторы. 12. ____ ра́дио не рабо́тает дина́мик. 13. Его́ оте́ц не машини́ст, но он рабо́тает ____ (депо́__), а его́ брат рабо́тает ____ (метро́__). 14. Как вы ду́маете, ____ (Марс__) есть жизнь?

ПРЕДЛО́ЖНЫЙ ПАДЕ́Ж
(Prepositional case)
Фу́нкция 2: О ЧЁМ? О КОМ? ♥

расска́зыва|ть, чита́|ть, спра́шива|ть, ду́ма|ть, по́мн|ить, пис|а́ть*, спо́р|ить, мечта́|ть…

О рабо́те
любви́
Егѝпте

👆 об о́тдыхе, об а́рмии… об э́том, обо всём (← всё)

* пис|а́||ть:
пиш|у́, пи́ш|ешь, пи́ш|ет, пи́ш|ем, пи́ш|ете, пи́ш|ут;
писа́||л (а, и)

ЗАДА́НИЕ 304. Вопро́с и отве́т.

Моде́ль: **О ком** он ду́мает? — Он ду́мает **о жене́**.

а) 1. _____? — Она́ ду́мает _____ (муж___).
2. _____? — Они́ говоря́т _____ (рабо́та___).
3. _____? — Инжене́р спра́шивает _____ (прое́кт___).
4. _____? — Семья́ мечта́ет _____ (кварти́ра___).
5. _____? — Э́ти лю́ди говоря́т _____ (пого́да___).
6. _____? — Спортсме́н расска́зывает _____ (чемпиона́т___).
7. _____? — Ма́ма пи́шет письмо́ _____ (до́чка___ и сын___).
8. _____? — Президе́нт ду́мает _____ (Росси́я___).
9. _____? — Бизнесме́н говори́т _____ (би́знес___).
10. _____? — Ба́рмен расска́зывает _____ (во́дка___).
11. _____? — По́вар мечта́ет _____ (рестора́н___).
12. _____? — Поли́тик говори́т и пи́шет _____ (пробле́ма___).

У́ровень А1. Часть III. Уро́к 15

б) 1. _____ ? — Бе́лый медве́дь не зна́ет _____ (пингви́н___).
2. _____ ? — Актёры мечта́ют _____ (популя́рность___).
3. _____ ? — Мы ча́сто спо́рим _____ (поли́тика___).
4. _____ ? — Гид расска́зывает _____ (экспона́т___).
5. _____ ? — Космона́вт мечта́ет _____ (ко́смос___ и ракета___).
6. _____ ? — Мы по́мним _____ (экску́рсия___).
7. _____ ? — Я пишу́ кни́гу _____ (любо́вь___).
8. _____ ? — Журнали́ст пи́шет сего́дня в газе́те _____ (катастро́фа___).
9. _____ ? — Пу́блика спра́шивает _____ (спекта́кль___).
10. _____ ? — Дире́ктор мечта́ет _____ (автомоби́ль___).
11. _____ ? — Он уже́ _____ (всё___) зна́ет.
12. _____ ? — Инжене́р и архите́ктор говоря́т _____ (аэропо́рт___), потому́ что они́ де́лают но́вый прое́кт.

ЗАДАНИЕ 305. О чём ду́мают, говоря́т, по́мнят, чита́ют, пи́шут… э́ти лю́ди? Кто они́?

О чём спо́рят поли́тики? исто́рики? футболи́сты? музыка́нты? актёры? экономи́сты? мужчи́ны? же́нщины?

ЗАДАНИЕ 306. Это правда или нет?

1. Студе́нты никогда́ не ду́мают об экза́мене. 2. Трудого́лики мечта́ют об о́тпуске. 3. Же́нщины ча́сто ду́мают о пи́ве. 4. Атеи́сты всегда́ ду́мают о Бо́ге и рели́гии. 5. Экономи́сты спо́рят об эконо́мике. 6. Писа́тели ча́сто пи́шут о любви́. 7. Журнали́сты не пи́шут о пробле́ме. 8. Ма́мы спра́шивают об обе́де. 9. Мужчи́ны ча́сто чита́ют о косме́тике.

О КОМ? (о чём?)

nom. кто/что	я	ты	он	она́	мы	вы	они́
acc. кого́/что	меня́	тебя́	его́	её	нас	вас	их
prep. **о ком/чём**	**обо мне́**	**о тебе́**	**о нём**	**о ней**	**о нас**	**о вас**	**о них**

ЗАДАНИЕ 307. + о ком.

а) 1. У меня́ есть жена́, я всё вре́мя ду́маю __ _____ .
2. Она́ лю́бит его́ и всегда́ __ _____ по́мнит.
3. «Ива́н Петро́вич! Как хорошо́, что Вы уже́ здесь, а мы 5 мину́т наза́д __ _____ говори́ли!»
4. «Мы хоти́м знать, что они́ ду́мают __ _____ !» — «А почему́ **вы** ду́маете, что они́ ду́мают __ _____ ?»
5. Э́ти лю́ди живу́т о́чень далеко́, и мы __ _____ абсолю́тно ничего́ не зна́ем.
6. Где ты был? Мы __ _____ ничего́ не зна́ли!
7. Вы не зна́ете, кто он? __ _____ писа́ли все газе́ты!

б) — Она́ меня́ не лю́бит!
— Непра́вда, она́ всегда́ говори́т __ _____ , а э́то зна́чит, что она́ ду́мает __ _____ .
— Ну и что? Мо́жет быть, она́ ду́мает __ _____ , но э́то не зна́чит, что она́ меня́ лю́бит.

*****ЗАДАНИЕ 308**. кого́/что? или о ком/чём?

1. Где ты был? Я ка́ждый день спра́шивал _____ (она́) _____ (ты), но она́ ка́ждый раз говори́ла, что ничего́ _____ (ты) не зна́ет.
2. Я зна́ю _____ (он), но не ду́маю _____ (он).
3. Ты мечта́ешь _____ (она́), но ты _____ (она́) не зна́ешь.
4. Мы ра́ньше чита́ли _____ (они́) в газе́те, а тепе́рь мы _____ (они́) расска́зываем.
5. Они́ не зна́ют _____ (мы), они́ не смотре́ли вчера́ програ́мму _____ (мы).

Уровень A1. Часть III. Урок 15

ЗАДАНИЕ 309. Спрашивайте и отвечайте.

О чём эти книги, фильмы, газеты, журналы? Пишите!

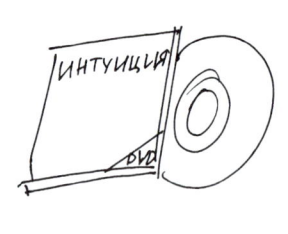

ЗАДАНИЕ 310. Спрашивайте и отвечайте.

1. Кто часто думает о бизнесе, политике, работе, любви, спорте? Кто часто мечтает об отдыхе, о доме, о семье, о любви, об **успехе**? Кто часто спорит о политике, о спорте, о работе, о литературе, об истории? Кто часто пишет о кризисе, о катастрофе, о прогрессе, об экономике, о природе, о жизни, о любви, о войне?
2. О чём спорят политики, экономисты? муж и жена? дети?

ЗАДАНИЕ 311.

а) Пишите в таблицу формы.

я	ты	он	оно́	она́	мы	вы	
(у) меня́				её / у неё			их / у них
	о тебе́		о нём				

б) Императив.

Модель: Я хочу писать о войне. → Не пиши о ней!

1. Ты мечтаешь об отпуске? 2. Мы пишем о катастрофе. 3. Вы мечтаете об экспедиции? 4. Я думаю о тебе. 5. Ты рассказываешь о работе? 6. Вы думаете обо всём? 7. Ты мечтаешь об этом? 8. Мы спорим о политике. 9. Мы пишем об эксперименте.

ЗАДАНИЕ 312. Спрашивайте и отвечайте.

О чём/ком вы любите книги, фильмы, анекдоты, статьи, рассказы? О чём/ком вы хотите много знать? О чём/ком вы не хотите думать/помнить? О чём вы часто спорите? О чём вы никогда не спорите? О чём вы спорите на работе? О чём вы мечтаете, когда слишком много работали? О чём вы мечтали вчера вечером?

Что вы думаете о жизни в России, в Европе и Азии, в Америке, в Африке, в Австралии?..

ЗАДАНИЕ 313. (стр. 308.) Текст «Где лучше жить?».

а) Слушайте текст «Где лучше жить?» и отвечайте да или нет.

Как вы понимаете текст?   да   нет

1. Вся семья раньше жила в Угличе.
2. Эту историю рассказывает сестра.
3. В Петербурге климат лучше, чем в Угличе и Москве.
4. Брат и сестра живут в Москве.
5. Брат и сестра никогда не спорят.

??? Кто и о чём спорит? А вы часто спорите? О чём? Как вы думаете, где в России жить лучше: в Петербурге, в Москве или в Угличе? Вы были там?

б) Слушайте текст ещё раз и пишите информацию в таблицу.

Сравнение. Что вы о них знаете? Какие они:

	где?		
	в Москве	в Петербурге	в Угличе
река воздух зарплата рестораны архитектура квартиры			

в) Читайте и рассказывайте текст!

г) Смотрите в таблицу в пункте б) и пишите статью о ситуации в Москве, Петербурге и Угличе.

Н а п р и м е р :   Москва — самый большой и дорогой город в России.

д) Эту историю рассказывает соседка, которая живёт в Угличе. Пишите её рассказ.

Задание 314.

Где вы живёте, где жили раньше? Где лучше жить у вас в стране? Почему? Какой у вас в городе воздух, климат, архитектура? Для вас важно, какая в городе атмосфера?

ЗАДАНИЕ 315.

[ф]: **в**сё, **в** Петербу́рге, **в** поря́дке, **в**сё **в** поря́дке

Читайте диалоги. Когда мы спрашиваем «Как дела?» и когда «У вас всё в порядке?»?

а) — Приве́т! Как де́ла?
— Спаси́бо, всё в поря́дке. А у тебя́?
— У меня́ то́же всё хорошо́.

б) — Приве́т! У тебя́ всё в поря́дке?
— Да. А что?
— Почему́ у тебя́ глаза́ **кра́сные**?
— Це́лый день рабо́тал на компью́тере.

ЗАДАНИЕ 316. Формируйте компаратив: более (+) или менее (–).

Компаратив: бо́лее ≠ ме́нее + adj./adv., чем...	Исключения: лу́чше ≠ ху́же, бо́льше ≠ ме́ньше

а) Краси́вый дом (+), интере́сная исто́рия (–), но́вый райо́н (+), ста́рый го́род (+), здесь краси́во (–), хоро́ший (+), тепло́ (+), жа́рко (–), большо́й (+), чи́стый (–), мно́го (+), тру́дный (+), ма́ло (+).

б) компаратив → «не такой ..., как»

М о д е л ь: Петербу́рг **ме́ньше, чем** Москва́. →
　　　　　　　Петербу́рг **не тако́й большо́й, как** Москва́.

1. Во́здух в У́гличе ме́нее гря́зный, чем в Петербу́рге. 2. Ко́фе в Петербу́рге сто́ит ме́нее до́рого, чем в Москве́. 3. Зарпла́та в Москве́ бо́льше, чем в Петербу́рге. 4. Нева́ ме́нее дли́нная, чем Во́лга. 5. Моско́вская архитекту́ра ме́нее краси́вая, чем петербу́ргская. 6. В У́гличе кли́мат лу́чше, чем в Петербу́рге. 7. Метро́ в Петербу́рге ме́ньше, чем в Москве́.

⚓ **ЗАДАНИЕ 317.** + **а / и / но.**

а) 1. В Москве́ гря́зный во́здух ___ в Петербу́рге то́же гря́зный, ___ в дере́вне чи́стый. 2. Э́то тру́дно, ___ интере́сно. 3. Он не хо́чет здесь жить, ___ я хочу́, ___ мои́ друзья́ то́же хотя́т здесь жить. 4. Она́ ду́мает о нём, ___ он о ней нет (= не ду́мает). 5. У меня́ есть э́та кни́га, ___ я её ещё не чита́ла ___ не зна́ю, о чём она́.

б) + начало фразы:

1. _____ и в А́фрике.
2. _____ , а они́ в А́фрике.
3. _____ , но никогда́ там не́ был.
4. _____ , и я то́же.
5. _____ , а я не люблю́.
6. _____ , но ещё тепло́.
7. _____ , а мы эспре́ссо.

■ ГДЕ? — ИСКЛЮЧЕНИЯ (m.)

лес → в лесу́	пол → на полу́	год → в году́
сад → в саду́	шкаф → в/на шкафу́	ад → в аду́ ≠ рай → в раю́
бе́рег → на берегу́	у́гол → в/на углу́	
мост → на мосту́	(аэро)по́рт → в (аэро)порту́	

НО: о ле́се, са́де, ... шка́фе.

ЗАДАНИЕ 318. Prep.: правила и исключения.

а) + -е или + -у?

1. **Сад**о́вник рабо́тает в сад___, а **лес**ни́к — в лес___. 2. Де́ти игра́ют в дом___. 3. Что там на пол___? 4. Мы на берег___, а на́ши друзья́ на мост___. 5. Мы бы́ли на стадио́н___. 6. Где ты обы́чно гуля́ешь: в па́рк___ и́ли в сад___? — Не в па́рк___ и не в сад___, я гуля́ю в лес___. 7. Они́ бы́ли на Кипр___. 8. Он всегда́ отдыха́ет в Крым___. 9. Здесь на о́стров___ лю́ди живу́т, как в ра___. 10. **Корабли́** стоя́т в порт___, маши́ны — в гараж___, а самолёты — в аэропорт___. 11. Корабли́ бы́ли в мор___ и океа́н___, маши́ны — на земл___, а самолёты — в во́здух___.

215

Уровень А1. Часть III. Урок 15

б) -е, -и, -ии, -у

1. Я жила́ _____ (Верса́ль). 2. Че́рез час мы бу́дем _____ (аэропо́рт). 3. Он жил _____ (оте́ль) _____ (пло́щадь). 4. Весна́! Дере́вья _____ (парк) и _____ (сад) уже́ зелёные! 5. _____ (по́езд) бы́ли контролёры, но, к сча́стью, у нас бы́ли биле́ты. 6. Кто э́то? Рок-звезда́? Почему́ у тебя́ _____ (дверь) его́ фотогра́фия? 7. Он говори́т, что когда́ у него́ _____ (жизнь) всё хорошо́, жить ску́чно. Стра́нный челове́к! 8. _____ (Фра́нция), _____ (Марсе́ль) есть порт. 9. _____ (порт) рабо́тают моряки́. 10. Мой сви́тер был _____ (шкаф) _____ (**по́лка**) _____ (у́гол). 11. _____ (Росси́я), да́же _____ (Сиби́рь), не всегда́ хо́лодно.

в) где или о чём?

1. Мой ребёнок хо́чет знать, кто живёт _____ (лес), поэ́тому мы сейча́с чита́ем кни́гу _____ (лес), _____ (фло́ра и фа́уна) _____ (Земля́). 2. Моя́ ма́ма лю́бит рабо́тать _____ (сад), она́ ча́сто расска́зывает _____ (сад). 3. Инжене́ры и архите́кторы говори́ли _____ (мост), кото́рый они́ стро́ят. Они́ ещё то́чно не зна́ют, каки́е фонари́ бу́дут _____ (мост). 4. Он изуча́ет Би́блию, расска́зывает о _____ (рай) и _____ (ад). Он говори́т, что а́нгелы живу́т _____ (рай), а де́моны _____ (ад). Но он не зна́ет, где живёт Бог. 5. Мы бы́ли у вас _____ (аэропо́рт). О́чень краси́во! Ка́ждый го́род мечта́ет _____ (аэропо́рт), как у вас. 6. Он тако́й ску́чный челове́к: говори́л то́лько _____ (ме́бель), _____ (потоло́к) и _____ (пол). Мо́жет быть, э́то потому́, что он де́лает ремо́нт в кварти́ре? 7. Э́то хорошо́, что ты игра́л. Но почему́ твой игру́шки лежа́т _____ (пол)? Они́ должны́ быть _____ (шкаф)!

ЗАДАНИЕ 319. Где вы работаете?

а) Сначала пишите, потом слушайте и контролируйте!

— Мой роди́тели рабо́тают в порт____.
— А кака́я у них профе́ссия? Они́ **моряки́**?
— Па́па — капита́н, а ма́ма — кок. Кок — э́то по́вар на корабл____.
— А мой па́па рабо́тает в аэропо́рт____.
— Он пило́т?
— Нет, он стюа́рд.
— Я ду́мал, что э́то же́нская профе́ссия.
— Ну почему́ же? Не то́лько же́нская, но и мужска́я.

??? 1. Каки́е профе́ссии обы́чно же́нские и́ли мужски́е?
2. Где рабо́тает архите́ктор, космона́вт, капита́н, по́вар, пило́т?
3. Где рабо́таете вы, ва́ши роди́тели, сёстры, бра́тья, друзья́?

б) Сначала пишите, потом слушайте и контролируйте!

— Ты не зна́ешь, где мои́ джи́нсы?
— Мо́жет быть, они́ лежа́т в шкаф____?
— Нет. Не в шкаф____.
— Наве́рное, на сту́л____ в угл____.
— Нет. Не на сту́л____. А! Вот они́! В угл____, но на пол____.

~~Где мои́ джи́нсы?~~
Где мой сви́тер?
Где моя́ су́мка?
Где мой га́лстук?
Где мои́ брю́ки?

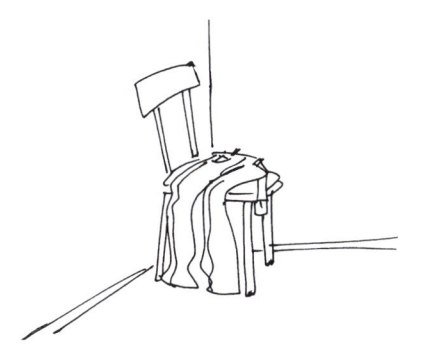

● Когда́ Вы бы́ли ма́ленький/ма́ленькая, Вы ча́сто стоя́ли в углу́? За что = почему́?

ЦВЕТ — ЦВЕТА[1]

бе́л|ый, чёрн|ый, се́р|ый
ро́з**ов**|ый, кра́сн|ый,
жёлт|ый, ора́н**ж**|ый, кори́чн**ев**|ый
си́н|**ий**, голуб|**о́й**, зелён|ый

ЗАДАНИЕ 320. «Палитра».

Худо́жник зна́ет, как де́лать но́вый цвет. Наприме́р: чёрный + бе́лый = се́рый. Ита́к, вы худо́жники и сейча́с **экспериме́нт**ируете.

а) Кра́сный + бе́лый = _____, кра́сный + чёрный = _____,
бе́лый + си́ний = _____, жёлтый + кра́сный = _____,
си́ний + жёлтый = _____, чёрный + бе́лый = _____.

б) Се́рый = чёрный + бе́лый, ро́зовый = _____ + _____,
жёлтый = _____ + _____, голубо́й = _____ + _____,
зелёный = _____ + _____,
ора́нжевый = _____ + _____,
кори́чневый = _____ + _____.

ЗАДАНИЕ 321. + цвета́.

а) Молоко́ _____. Ко́ка-ко́ла _____. Лимона́д _____.
Помидо́р _____. Огуре́ц _____. Лимо́н _____.
Шокола́д _____, _____.

---
[1] См. приложе́ние 7.

Чай _____, _____, _____.
Вино́ _____, _____, _____.
Виногра́д _____, _____. Морко́вь _____.
Соль _____. Пе́рец _____, _____, _____.

б) 1. Земля́ — _голуба́я_ плане́та. 2. Ле́том в Петербу́рге _____ но́чи. 3. Сего́дня у меня́ весь день пробле́мы, сего́дня — _____ день. 4. Говоря́т, что Марс — _____ плане́та. 5. В о́зере Байка́л о́чень чи́стая _____ вода́. 6. Когда́ на у́лице лежи́т снег, всё вокру́г _____. 7. Дере́вья — на́ши _____ друзья́. 8. Я люблю́ _____ ко́фе и _____ и́ли _____ чай. 9. Ле́том ли́стья на де́реве _____, а о́сенью — _____, _____, _____. 10. Когда́ на у́лице со́лнце, асфа́льт _____. А когда́ дождь, он почти́ _____. 11. Вчера́ была́ прекра́сная пого́да: _____ не́бо и _____ со́лнце. Но сего́дня не́бо опя́ть _____. Когда́ бу́дет ле́то?

ЗАДА́НИЕ 322. (⊙ стр. 308–309.) Текст «Зоопа́рк».

a) Слу́шайте моноло́ги «Зоопа́рк». Пиши́те, каки́е живо́тные их говоря́т, и но́мер моноло́га. Кто живёт в зоопа́рке, а кто — в до́ме?

б) Что медведь может рассказать о слоне, о мыши? Какое животное ваше любимое?

ЗАДАНИЕ 323.

а) Кто что делает?

свинья́	**мя́у**кает (мяу-мяу)
соба́ка	**хрю́**кает (хрю-хрю)
тигр, лев	**га́в**кает (гав-гав)
ко́шка	**мы**чи́т (му-му)
коро́ва	**р**ычи́т (р-р-р)

б) Как кто?

1. Он гря́зный, как _____ .
2. Михаи́л си́льный, как _____ .
3. Сла́ва большо́й, как _____ .
4. Я голо́дный, как _____ .

| медве́дь |
| слон |
| свинья́ |
| **волк** |

в) Какое животное живёт у вас дома? Как его зовут? Почему вы его любите / не любите?

_____
_____
_____
_____
_____

ЗАДАНИЕ 324. Игра «Любознательный ребёнок».

Один человек — папа, один — ребёнок. Стройте их диалог.

Н а п р и м е р:
— Па́па, а како́й слон?
— Се́рый и о́чень большо́й.
— А он си́льный?
— Да, он о́чень си́льный.
— А он у́мный?
— Да, коне́чно.
— Он лю́бит шокола́д?
— Нет, не лю́бит.
— _____
— _____
— _____
— _____
— _____

Аналогично: о корове, свинье, собаке, тигре, кошке, крокодиле и т. д.

Уровень А1. Часть III. Урок 15

КОНТРОЛЬНАЯ РАБОТА III
(время: 35 минут + 5 минут сочинение)

Результат: _____ / 90 баллов (максимум)

ЗАДАНИЕ 1. Лексика
(а: ___ / 6 + б: ___ / 4,5 + в: ___ / 4,5 + г: ___ / 5 + д: ___ / 3 = ___ / 23).

а) Пишите антонимы.

Дорог|ой ≠ _____, чист|ые ≠ _____, молод|ой ≠ _____, горячая ≠ _____, злые ≠ _____, раннее ≠ _____.

б) Сравнение (+ компаратив/суперлатив) [1 пункт = 1,5].

1. Этот салат б_____ вкусн_____, _____ тот салат. 2. Эти фрукты т_____ красив_____, _____ те фрукты. 3. Эта книга с_____ интересн_____.

в) Какие это животные? [1 пункт = 1,5].

1) м . . . . ь, к . . . а, 2) о . . . . . а, к . . . а, 3) с . . н, с . . . . я

г) Какие это цвета?

Снег _____. Я люблю _____ и _____ чай.
Обычно небо _____, но сегодня оно _____, потому что на улице дождь.

д) Национальность и язык.

Мой друг живёт в Германии. Он — _____. Он говорит _____. Он думает, что _____ литература — лучшая литература в мире.

ЗАДАНИЕ 2. Вопросы (___ / 7).

Вчера на столе весь вечер лежали её дорогие книги.

1. _____? — Книги.
2. _____? — Лежали.
3. _____? — На столе.
4. _____? — Дорогие.
5. _____? — Её.
6. _____? — Вчера.
7. _____? — Весь вечер.

ЗАДАНИЕ 3. Форма.

3.1. Существительные/местоимения (nouns/pronouns)
(а: ____ / 13 + б: ____ / 8 + в: ____ / 8 = ____ / 29).

а) Prep. sing.:

1. Он работает _____ (Марсель), _____ (порт). 2. Сейчас я живу _____ (Россия), _____ (Петербург). 3. Ключ был _____ (дверь). 4. Его сестра была _____ (Америка), _____ (Вашингтон). 5. Мы отдыхали _____ (Франция), _____ (море). 6. Мы были _____ (стадион), _____ (футбол). 7. Я мечтаю _____ (отпуск): _____ (море и солнце).

б) Acc. sing./pl.:

1. Я изучаю _____ (химия). 2. Мы покупаем _____ (одежда), _____ (обувь) и _____ (продукты). 3. Я не люблю _____ (коньяк), _____ (водка) и _____ (вино). *4. Я знаю _____ (твоя тётя).

в) Pronouns: pers. (кто, кого), poss. (чей):

1. Что _____ о _____ думаешь (он, ты)? 2. Я знаю _____, но не помню _____ имя. У _____ есть дети (он). 3. Извините, как _____ зовут? _____ — _____ соседка (вы, мы)?

3.2. Глаголы (а: ____ / 9 + б: ____ /3 = ____ / 12).

а) хотеть + спать [1,5], мочь + работать [1,5], спать, жить, готовить [2], любить + обедать + ужинать [2].

Где инфинитив?

1. Я _____ _____, я больше не _____ _____.
2. Уже поздно, дети уже _____.
3. Раньше, когда мы там _____, мы часто _____ пиццу. А сейчас я ничего не _____, потому что я не _____ _____ или _____ одна.

б) Императив — экономить, строить, смотреть.

1. _____ воду и электричество!
2. _____ дом здесь!
3. Не _____ этот фильм, он очень скучный!

ЗАДАНИЕ 4. Синтаксис (а: ___ / 2 + б: ___ / 8 = ___ / 10).

а) Пишите фразы-антонимы.

1. Все всегда всё помнят. ≠ _____ .
2. Никто нигде не работает. ≠ _____ .

б) + котор|ый ↔ что / кто / где / когда.

1. Я не знаю, _____ вы живёте. — Мы живём в доме, _____ строил наш дедушка.
2. Вы знаете, _____ книга, _____ лежит на столе, стоит очень дорого?
3. Люди, _____ здесь работают, знают очень много. Я не помню, _____ там работает.
4. Это было время, _____ я хорошо помню. Я читаю книги, _____ у меня есть время.

ЗАДАНИЕ 5. Коммуникация (___ / 3).

Прямая речь → непрямая речь.

1. Маша не спрашивала Аню: «Где ты будешь завтра вечером?» →
_____ .

2. Мама говорит: «Это хорошо». →
_____ .

3. Она спрашивает нас: «Когда вы там были?» →
_____ .

ЗАДАНИЕ 6. Сочинение. 5—6 фраз (___ / 6).

Что вы обычно делаете дома утром и вечером? Почему?

222

Т.Л. Эсмантова. Русский язык: 5 элементов

ЧАСТЬ IV

✸ фо-нетика	■ грамматика ⚓ повторение	● разговор / ситуации общения	◉ текст

УРОК 16 (стр. 224–238)

| д-ж | 1. Гл. II спр. с чередованием д/ж: сид\|еть, вид\|еть, ненавид\|еть.
2. Где или куда? Гл. *показывать, звонить, приглашать, опаздывать.*
Налево/направо, вперёд/назад, наверх/вниз, туда/сюда, домой.
3. Гл. *ждать.*
4. Гл. движения: *идти — ходить:*
1) процесс / повторение, регулярность. | Видеть (что?) ↔ смотреть (куда?).
Кто и куда вас приглашает?
Звать или звонить?
Куда вы часто звоните?
Куда вы часто ходите?
Если..., то...
Императив: Идите прямо!
Билет туда и обратно. | «Лучше поздно, чем никогда» |

УРОК 17 (стр. 239–245)

| в-ф | 5. *Идти — ходить:* 2) только туда / туда и обратно; в принципе. *Дождь и снег идёт.*
6. Конструкции цели (*чтобы* + inf./ past.) с одним и с двумя субъектами. | Диалоги
«Время идёт, но...»,
«Петербургская погода».
Какие у вас планы на вечер? /
Куда ты сегодня идёшь?
Я иду играть в теннис. | «Подруги» |

УРОК 18 (стр. 246–258)

| т-ц
с-ц | 7. Гл. *учиться. Учить, учиться, изучать.*
8. *Знать* или *уметь?*
9. *Сколько* или *какой?* (количественные и порядковые числительные). | Где вы учились? Кто вас учил?
Вы умеете готовить?
О чём/ком?
Какой век, год, месяц, день недели, какое число? | «Я учусь учиться» |

УРОК 19 (стр. 259–272)

| с-з
ц | 10. Спряжение глаголов с *-ва-*: *(про)давать, вставать, уставать, узнавать.*
11. *Как долго* или *когда* (неделю, всю зиму ↔ через неделю ≠ неделю назад, зимой...)?
12. *В месяце, году...* — prep. ↔ *в понедельник, в этот момент* — acc. (статика ↔ динамика).
13. *Играть во что или на чём?*
14. Словообразование: *футболист, гитарист.*
15. Гл. *бывать, ненавидеть* (повторение). | Неопределённо-личные конструкции: *Говорят, что...*
Я живу здесь неделю.
Я буду там через неделю.
План на неделю. Как часто?
Во сколько?
На чём / во что вы играете?
На чём играет гитарист? | «Выходной день студента» «Игры» |

УРОК 20 (стр. 273–282)

| б-б'
п-п' | 16. Гл. *петь, пить, мыть* (I спр. с чередованием в корне). Гл. *есть.* | Продукты. Что вы думаете о диете?
Тосты: Я пью за ваше здоровье!
Императив: пей, пой, ешь, мой! | «Что я ем» «Вегета-рианка» |

КОНТРОЛЬНАЯ РАБОТА IV (стр. 283–285)

СЛОВАРЬ к урокам 16—20 (стр. 292)

Урок 16

16.1 Д — Ж — да-джа, до-джо, ду-джу, ди-джи, жда, ждо, жду, жди — **ж + у (ю)**!
даже, подарок — пожар, душ — Джулия, деталь — джинсы, дождь — дожди, Дон Жуан, день рождения, Рождество, желе — джем, жакет — джаз, каждый день

Си**д**|é||ть, ви**д**|е||ть, ненави**д**|е||ть (II, д/ж)

| Я | си **Ж** ý, сид|и́шь, сид|и́т, сид|и́м, сид|и́те, сид|**я**т; сидé||л (**что? где?**)
| | ви **Ж** у, ви́д|ишь, ви́д|ит, ви́д|им, ви́д|ите, ви́д|**я**т; ви́де||л (**что? где?**)

ЗАДАНИЕ 325.

а) + сидеть + где или **+ видеть + что и где?**

1. Студенты _____ _____ (аудитория) _____ (лекция). 2. Вчера мы _____ (кресло) _____ (магазин). 3. Они _____ (дома), потому что сегодня плохая погода. 4. Я _____ (стул) _____ (кухня). 5. Где ты? Я _____ (ты) не _____. 6. Она _____ (шезлонг) _____ (пляж). 7. Мы вчера были в театре, но _____ (вы) там не _____. Мы _____ (партер), а где вы _____? 8. _____ (Кто) вы _____ (фото)? 9. Не понимаю, почему ты так любишь _____ _____ (пол)?
10.*Алло! У меня такая новость! Лучше, если ты сейчас _____.

б) + люб|и||ть или **ненавид|е||ть?**

1. Я очень _____ мороженое! Это так вкусно! 2. Я _____ кофе и не понимаю, почему другие люди его _____. 3. Русская зима — это, конечно, красиво. Но я _____ зиму, потому что не _____ холод. 4. Они _____ спорить, но _____ конфликты. 5. **Опять** рыба! Почему ты всегда покупаешь продукты, которые я _____?! 6. Он очень _____ её и всё для неё делает.

ЗАДАНИЕ 326. Работайте по модели.

М о д е л ь: Россия → Я живу **в** Росси**и**. Я люблю Росси**ю**.

~~Россия~~, Болгария, Польша, Германия, Китай, Бразилия, Америка, Куба, Тунис, Вьетнам, Япония.

ГДЕ? или КУДА?

статика	ГДЕ? ↔ КУДА?	динамика
●	В/НА + PREP. ↔ В/НА + ACC.	●—▶● дистанция направление = вектор

Моя сестра **живёт в Париже**. ↔ Я **пишу** письмо **в Париж**. (Я не в Париже.)
Кот **лежит на окне**. ↔ Я **смотрю в окно**.
Я **обедаю на работе**. ↔ Я **звоню** по телефону **на работу**. (Я не на работе.)

+ глаголы:

| быть, жить, стоять, работать, гулять, отдыхать, сидеть, лежать, видеть… + **где?** (в/на чём) | смотреть, писать, о**па́зд**ыва|ть, зв|ать (I), звон|и́ть, пока́зыва|ть, приглаша́|ть…
+ **куда?** (в/на что/кого?) |

ЗАДАНИЕ 327. Спрашивайте: **что/кого** (объект), **куда** (динамика), **где** (статика)?

а) М о д е л ь: в гараж ← **куда**? гараж ← **что**? в гараже ← **где**?

город _____	в музей _____	в городе _____
в парк _____	в музее _____	лес _____
в лесу _____	в город _____	в страну _____
улицу _____	страну _____	в книге _____
на улицу _____	в лес _____	часы _____
на часы _____	на вечеринку _____	книгу _____
в окно _____	в клуб _____	на вечеринке _____
на пол _____	окно _____	на Землю _____
на книгу _____	на работе _____	работу _____
газету _____	на полу _____	на работу _____
на Земле _____	в парке _____	на проспекте _____

Уровень А1. Часть IV. Урок 16

б) 1. Мы отдыха́ем **в** джаз-клу́б**е**. Мы приглаша́ем вас **в** джаз-клуб.
2. Тури́сты бы́ли **в** музе́**е**. Они́ до́лго смотре́ли **на** карти́н**у**.
3. Гид стои́т **на** у́лиц**е**. Он пока́зывает **на** скульпту́р**у**.
4. Ме́неджер рабо́тает **в** о́фис**е**. Он опа́здывает **на** рабо́т**у**.
5. Де́ти гуля́ют **на** у́лиц**е**. Ма́ма зовёт их **домо́й**.
6. Его́ роди́тели живу́т **в** Костроме́. Он звони́т **в** Кострому́.

ЗАДАНИЕ 328. Фразы. Кто + приглашать + кого + куда.

М о д е л ь: Студе́нт, студе́нтка, теа́тр. →
Студе́нт приглаша́ет студе́нтк**у в** теа́тр.

1. Она́, я, Росси́я. _____
2. Андре́й, Ле́на, рестора́н. _____
3. Я, подру́га, пляж. _____
4. Колле́ги, мы, музе́й, **вы́ставка**. _____
5. Дире́ктор, вы, кабине́т. _____
6. Университе́т, преподава́тельница, рабо́та. _____
7. Подру́га, ты, **вечери́нка**. _____
8. Сын, па́па, футбо́л. _____
9. Друг, я, го́сти. _____
10. Дирижёр, орке́стр, репети́ция. _____
11. Мужчи́на, же́нщина, та́нец. _____
12. Вы, мы, го́сти. _____

ЗАДАНИЕ 329. Слушайте диалог «День рождения».

Кого́, куда́ и когда́ Да́ша приглаша́ет на день рожде́ния? Что зна́чит «ждать»?

— Алло́! Ди́ма?
— Приве́т, Да́ша! Как дела́?
— Спаси́бо, хорошо́. А у тебя́?
— Норма́льно.
— Я приглаша́ю тебя́ в го́сти. У меня́ ско́ро **день рожде́ния**.
— О! Пра́вда?! Поздравля́ю!
— Спаси́бо, но **поздравля́ть** ещё ра́но. В воскресе́нье в четы́ре ты мо́жешь?
— Да! Спаси́бо!
— Зна́чит, в воскресе́нье я тебя́ **жду**!
— До воскресе́нья!

жд|а||ть (I, ё): жд|у, жд|ёшь, жд|ут; жда||л (-а, -и) + асс.

ЗАДАНИЕ 330. а) Слушайте диалог. Что значит «настроение»?

б) Слушайте ещё раз, отвечайте на вопросы.

??? Кто разгова́ривает? Кто, кого́, куда́ приглаша́ет?
Что А́нна говори́т о настрое́нии? Как она́ реаги́рует на приглаше́ние?
Когда́ бу́дет спекта́кль? Что они́ бу́дут смотре́ть в теа́тре?

в) Читайте и играйте диалог!

— Аня, привет! Как **настроение**?
— Настроение? Ужасное! У меня проблемы на работе...
— Я приглашаю тебя **в театр на комедию**!
— О! Как здорово! Спасибо, Вадим! Я так давно не была **в театре**! А когда?
— В пятницу, в 19:30. Ты можешь?
— В пятницу? Это значит завтра... Да, к счастью, я могу. Спасибо **за** приглашение!
— Не **за** что! Твоё настроение уже лучше?
— Да, чуть-чуть лучше. Спасибо!

Аналогично: приглашаем на концерт, на оперу, на новый фильм в Дом кино, в гости...

ЗАДАНИЕ 331. Спрашивайте и отвечайте.

1. Вы любите, когда вас приглашают в гости? 2. А вы часто приглашаете в гости? 3. Куда вас часто приглашают друзья? А куда вы их приглашаете? 4. Кто и когда приглашал вас в гости **последний** раз? 5. Когда и кого вы приглашали в гости **последний** раз? 6. Вы любите, когда вас приглашают в театр? в кино? на концерт? в ресторан? в ночной клуб? в фитнес-клуб? 7. Куда вы любите приглашать?

_____
_____
_____

ЗАДАНИЕ 332. Смотреть + куда? Работайте по модели.

М о д е л ь:
— **Куда** смотрит художник, когда пишет портрет?
— Он смотрит **на модель**.

1. ~~Куда смотрит художник, когда пишет портрет? (на модель).~~
2. Куда смотрят люди, когда опаздывают? (_____).
3. Куда смотрит пианист, когда играет на пианино? (_____).
4. Куда смотрит дирижёр, когда дирижирует? (_____).
5. Куда смотрят студенты, когда преподаватель пишет на доске? (_____).
6. Куда смотрят люди, когда обедают? (_____).
7. Куда смотрят туристы, когда гид рассказывает о дворце? (_____).
8. Куда смотрит человек, когда он работает на компьютере? (_____).

часы
клавиатура
~~модель~~
ноты
монитор
доска
дворец
окно
оркестр
тарелка...

ЗАДАНИЕ 333. Где или куда? Работайте по модели.

а) смотреть + куда? ↔ видеть + что, где?

Модель: Я: у́лица, маши́на. →
Я смотрю́ **на** у́лиц**у**. Я ви́жу **на** у́лиц**е** маши́ну.

1. Ты: су́мка, кни́га. _____
2. Она́: ча́шка, ко́фе. _____
3. Он: монито́р, текст. _____
4. Мы: доска́, сло́во. _____
5. Они́: фотогра́фия, ты. _____
6. Вы: ка́рта, у́лица. _____
7. Я: у́лица, они́. _____
8. Ты: таре́лка, суп. _____

б) смотреть и показывать + что? или на что?

Модель: 1. Аге́нт пока́зывает **кварти́ру**. Клие́нт смо́трит **кварти́ру**.
(объе́кт, конта́кт)
2. Мы стои́м на у́лице: он пока́зывает **на** дом, я смотрю́ **на** дом.
(куда́? диста́нция)

1. Архите́ктор пока́зывает _____ (но́вый прое́кт). 2. Я пока́зываю _____ (ко́шка), кото́рая гуля́ет на кры́ше, но ты её не ви́дишь. 3. Телеви́дение пока́зывает _____ (но́вый фильм), а мы _____ (он) смо́трим. 4. Рекла́мный аге́нт пока́зывает _____ (часы́), но мы не хоти́м их покупа́ть. 5. **Манеке́н**щица пока́зывает _____ (оде́жда), пу́блика смо́трит _____ (манеке́нщица). 6.*Е́сли челове́к пока́зывает _____ (дверь) и гро́мко говори́т: «Вон!», — зна́чит, он не хо́чет вас ви́деть.

ЗАДАНИЕ 334. Где или куда?

1. Он опа́здывает _____ (рабо́та). 2. _____ ты гуля́ешь? 3. Моя́ жена́ опя́ть «сиди́т _____ (дие́та)». 4. Цветы́ стоя́т _____ (ва́за). 5. Они́ приглаша́ют нас _____ (конце́рт). 6. Космона́вты смо́трят вниз _____ (Земля́). 7. Я сплю _____ (крова́ть). 8. Обы́чно я сижу́ _____ (дива́н). 9. Кошма́р! Кто пи́шет у нас в до́ме _____ (лифт) на стене́?! 10. У него́ температу́ра, и он звони́т _____ (поликли́ника). 11. Он не то́лько чита́ет статьи́ _____ (газе́та), иногда́ он пи́шет пи́сьма _____ (газе́та).

ЗАДАНИЕ 335. Спрашивайте и отвечайте.

1. Что **экспортирует** ваша страна? Куда? 2. Что ваша страна **импортирует**? Какие страны экспортируют продукты в вашу страну? 3. Вы часто покупаете импортные вещи?

ЗАДАНИЕ 336. (⊙ стр. 309.) **Текст «Лучше поздно, чем никогда».**

ЛУ́ЧШЕ ПО́ЗДНО, ЧЕМ НИКОГДА́

а) Смотрите на рисунок.
Рассказывайте о ситуации!
Какой у них может быть диалог?

б) Слушайте текст и отвечайте на вопросы.

Как вы понимаете текст?

да нет

1. Она никогда никуда не опаздывает. ☐ ☐
2. Её директор думает, что она плохо работает, потому что опаздывает. ☐ ☐
3. Когда она опаздывает, она никогда не говорит «извините». ☐ ☐
4. Её друг Володя ненавидит, когда она опаздывает. ☐ ☐
5. Её друг очень пунктуальный. ☐ ☐

??? Почему она опаздывает? Это серьёзные причины?
Что думает о ситуации шеф? коллеги? мама? друг? Что вы об этом думаете?

в) Рассказывайте текст, как её шеф.

ЗАДАНИЕ 337. Спрашивайте и отвечайте.

1. Вы опаздываете на работу? на встречу? на урок? Часто? Почему? Кто вас ждёт?
2. Вы опаздываете в гости? На сколько минут? А ваши гости опаздывают? Вы любите ждать, когда опаздывают гости или друзья? А когда опаздывают коллеги?
3. Опаздывать — это иногда женская стратегия. Как вы думаете, это хорошая стратегия?
4. Это правда, что все ненавидят ждать? Почему?
5. Что или кого вы ждали последний раз? Долго?

ЗАДАНИЕ 338. Работайте по модели.

Куда́ опа́здывают ~~актёры~~? директора́? де́ти? ва́ши друзья́? пу́блика? профессора́? врачи́? повара́? преподава́тели? музыка́нты? ме́неджеры? такси́сты?
Кто их ждёт?

Модель: Когда́ **актёры** опа́здывают **на спекта́кль**, их ждёт пу́блика. Когда́ **актёры** опа́здывают **на репети́цию**, их ждёт режиссёр.

ЗАДАНИЕ 339. Работайте по модели.

а) **Кто куда звонит? Почему?**

Модель: Мо́ника + ме́сяц наза́д + Москва́. →
Мо́ника ме́сяц наза́д звони́ла в Москву́, потому́ что там была́ её подру́га.

1. Джеймс + ка́ждый день + Ло́ндон.
2. Ме́неджер + о́фис.
3. Сосе́д + сейча́с + рабо́та.
4. Президе́нт + иногда́ + Кремль.
5. Актри́сы + ча́сто + киносту́дия.
6. Реда́ктор + час наза́д + реда́кция.
7. По́вар + ка́ждое у́тро + рестора́н.
8. Клие́нт + ка́ждый понеде́льник + компа́ния.
9. Студе́нт + университе́т.
10. Роди́тели + раз в неде́лю + шко́ла.
11. Пацие́нт + вчера́, поликли́ника.
12. Касси́р + магази́н.
13. Я + аэропо́рт.

б) **Звонить + куда?**

Модель: — Куда́ мы звони́м, е́сли хоти́м знать, ско́лько сто́ит биле́т на по́езд?
— Мы звони́м в ка́ссу на вокза́л.

0. ~~Куда́ мы звони́м, е́сли хоти́м знать, ско́лько сто́ит биле́т на по́езд?~~ | мили́ция
1. Куда́ мы звони́м, е́сли хоти́м покупа́ть биле́т на самолёт? | ~~вокза́л~~
2. Куда́ лю́ди звоня́т, е́сли у них грипп? | аэропо́рт
3. Куда́ звони́т ме́неджер, е́сли он опа́здывает на рабо́ту? | о́фис
4. Куда́ лю́ди звоня́т, е́сли у них до́ма **вор**? | поликли́ника

в) Звать* (= приглашать) или звонить (по телефону)?

зв|а||ть (I): (зов|у, зов|ёшь... зов|ут) + объект (кого?) + куда?
звон|й||ть (II): (звон|ю, звон|ишь... звон|ят) + ~~объект~~ + куда?

1. Он _____ меня в гости.
2. Иногда директор _____ в офис и спрашивает, где сейчас менеджер. 3. Он каждый день _____ в Ригу, потому что сейчас там отдыхает его жена. 4. Ты меня _____ минуту назад?
5. Раньше она _____ по телефону и _____ меня в гости, а сейчас она пишет «SMS-ки» [эсэмэски]. 6. Он _____ меня на день рождения, но я сегодня должен работать.
7. Она не _____ уже неделю, может быть, у неё не работает телефон?

● **ЗАДАНИЕ 340. Спрашивайте и отвечайте.**

1. Куда (в какие города, страны, организации...) вы часто звоните?
2. Куда вы редко звоните?
3. Куда вы никогда не звонили?

_____
_____
_____

● **ЗАДАНИЕ 341. Где или куда?**

ГДЕ? — здесь ≠ там, дома
КУДА? — сюда ≠ туда, домой

М о д е л ь: Мы (там, ~~туда~~) давно не были — где?

1. Час назад (здесь, сюда) звонила твоя жена. 2. Он всегда приглашает нас (там, туда), где хорошо готовят. 3. Она смотрит (здесь, сюда). 4. Вас (там, туда) приглашали? 5. Ты вчера был (дома, домой)? 6. Он смотрит (на столе, на стол), потому что (там, туда) стоят часы. 7. Мы никогда не ужинаем (здесь, сюда). 8. (Где, куда) ты пишешь это письмо? 9. Он очень пунктуальный: никогда (нигде, никуда) не опаздывает. 10. Я ещё не был (там, туда), я хочу (там, туда). 11. (На чём, на что) ты сидишь? 12. Ты уже звонил (там, туда)? 13. Ты ещё не звонил (дома, домой)? 14. Родители зовут нас (дома, домой), но мы хотим жить (здесь, сюда). 15. Мамочка! Здесь плохо! Я хочу (дома, домой)! 16. Мы ждали его (здесь, сюда), а он был (дома, домой). 17. Мы были (там, туда), но вас мы (там, туда) не видели.

Уровень А1. Часть IV. Урок 16

ЗАДАНИЕ 342. Где? или куда?

Áня живёт…   (_____?) на концéрт зáвтра вéчером.
Онá опáздывает…   (где   ?) в дóме № 5.
Они́ приглашáют нас…   (_____?) на презентáцию.
Пенсионéр пи́шет письмó…   (_____?) в нáшу дверь.
Нáдя танцýет…   (_____?) в редáкцию (в газéту).
Дом стои́т…   (_____?) в кабинéте в поликли́нике.
Врач рабóтает…   (_____?) в лесý.
Сосéди звонят…   (_____?) на дискотéке.

Где? — куда?	Где? — куда?	Где? — куда?
слéва — налéво спрáва — напрáво	впереди́ — вперёд сзáди — назáд	наверхý — навéрх внизý — вниз

ЗАДАНИЕ 343. Где или куда?

М о д е л ь: Я стою́ (сзáди/~~назáд~~) — где?

1. Мы смóтрим (наверхý/навéрх). — _____
2. Мы сиди́м (слéва/налéво). — _____
3. Мáша живёт (внизý/вниз). — _____
4. Я смотрю́ (спрáва/напрáво). — _____
5. Ли́дер зовёт (впереди́/вперёд). — _____
6. Рýчка лежи́т (сзáди/назáд). — _____
7. **Опáсно** смотрéть (внизý/вниз). — _____
8. Я люблю́ сидéть в маши́не (сзáди/назáд). — _____
9. Мáма зовёт нас (сзáди/назáд) домóй. — _____
10. Оптими́ст смóтрит (впереди́/вперёд). — _____
11. Пáша пи́шет в тетрáди англи́йские словá (слéва/налéво), — _____ а рýсские — (спрáва/напрáво). — _____
12. Éсли вы всегдá смóтрите (сзáди/назáд), — _____ вы не знáете, что бýдет (впереди́/вперёд). — _____
13. В такси́ шофёр сидéл (впереди́/вперёд), — _____ а пассажи́ры (сзáди/назáд). — _____

ЗАДАНИЕ 344. + антонимы и императив. Работайте по модели.

М о д е л ь: Ты смóтришь **налéво**. → Смотри́ **напрáво**!

1. Ты смóтришь вниз. _____
2. Вы смóтрите вперёд. _____
3. Мы смóтрим назáд. _____
4. Ты смóтришь вперёд. _____
5. Я и ты смóтрим навéрх. _____
6. Вы покáзываете налéво. _____

ЗАДАНИЕ 345. Где или куда?

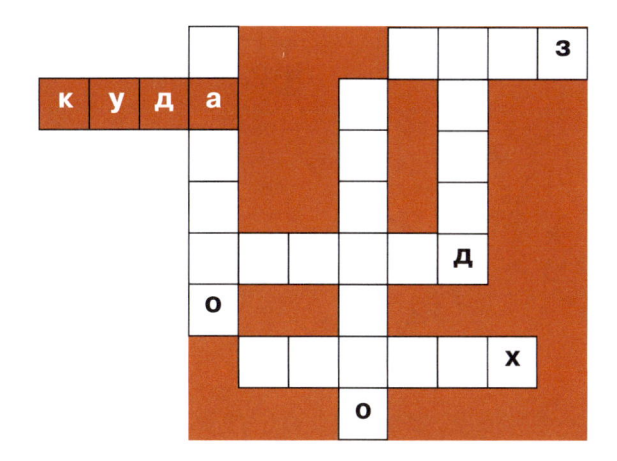

ИДТИ или ХОДИТЬ?
Глаголы движения¹ + куда? + ~~что~~

пешком   ид|ти́ — ход|и́ть   + КУДА?   Я иду́ / хожу́ на рабо́ту.

Сейча́с я иду́ на рабо́ту. ↔ **Ка́ждый день я хожу́ на рабо́ту.**
доро́га (маршру́т) ↔ регуля́рность

Пишите все формы и ударения.

ИД|ТИ́ (I, ё)				ХОД|И́ТЬ (II, я: д/ж)			
я	иду́	мы	_____	я	хожу́	мы	_____
ты	_____	вы	_____	ты	_____	вы	_____
он(а)	_____	они	_____	он(а)	_____	они	_____
past: шёл, шла, шло, шли				ходи́л (-а, -и)			

¹ Глаголы движения:

A2: урок 29	автотра́нспорт (земля́)	е́х|ать — е́зд|ить		Я е́д|у / е́зж|у на рабо́ту **на маши́не**.
A2: урок 40	самолёт (во́здух)	лет|е́ть — лета́|ть	КУДА? в/на + асс.	Я леч|у́ / лета́|ю на о́стров **на самолёте**. Пти́ца / самолёт лет|и́т / лета́|ет.
B1: урок 45	кора́бль (вода́)	плы|ть — пла́ва|ть		Я плыв|у́ / пла́ва|ю на о́стров **на я́хте**. Я́хта / ры́ба плыв|ёт / пла́ва|ет.
		беж|а́ть — бе́га|ть		Спортсме́н бы́стро беж|и́т / бе́га|ет.

Уровень А1. Часть IV. Урок 16

233

→ «uni»[1]	⇆ «multi»
ИДТИ	ИДТИ + ИДТИ = ХОДИТЬ

1.

Сейча́с ма́льчик **идёт** в шко́лу.
За́втра они́ **иду́т** в Эрмита́ж.

проце́сс
(= быть в доро́ге)
я ви́жу э́тот проце́сс:
сейча́с, в э́тот моме́нт, сего́дня;

план
за́втра, в понеде́льник,
че́рез неде́лю…

Ра́ньше ма́льчик **ходи́л** в де́тский сад. Сейча́с он **ка́ждый день хо́дит** в шко́лу. **Вчера́** он то́же **ходи́л** в шко́лу. Но сейча́с он до́ма, он ещё за́втракает.

повторе́ние
(= регуля́рно, стиль жи́зни)
обы́чно, всегда́ ≠ никогда́,
ча́сто ≠ ре́дко, ка́ждый день…

(см. уро́к 17)

● **ЗАДА́НИЕ 346.** Спра́шивайте и отвеча́йте.

1. Где вы сейча́с? Куда́ вы **идёте** че́рез час? _____
2. Куда́ вы **идёте** ве́чером? _____
3. Куда́ вы **идёте** за́втра? _____
4. Куда́ вы **хо́дите** ка́ждое у́тро и ка́ждый ве́чер? _____
5. Куда́ вы **ходи́ли** ка́ждый день ме́сяц наза́д? _____
6. Куда́ вы ча́сто **хо́дите** зимо́й, весно́й, ле́том, о́сенью? _____
7. Куда́ вы никогда́ не **хо́дите**? _____

??? 1. Куда́ обы́чно хо́дит музыка́нт?
2. Куда́ хо́дят балери́ны? актёры? журнали́сты? футболи́сты? трудого́лики?

---

[1] Unidirectional = «uni»; multidirectional = «multi».

ЗАДАНИЕ 347. Слушайте, что говорят соседи. Отвечайте на вопросы и играйте аналогичные диалоги.

Как вы понимаете диалог?   да   нет
1. Сосе́д знал, куда́ сейча́с идёт Никола́й? ☐ ☐
2. Сосе́д знал, что Никола́й ка́ждый день хо́дит в фи́тнес-клу́б? ☐ ☐

М о д е л ь :
— Привет, Никола́й! Ты **идёшь** в магази́н?
— Нет, не в магази́н. Я **иду́ в фи́тнес-клу́б**.
— Ты туда́ ча́сто **хо́дишь**?
— Да, ка́ждый день.
— О! Да ты **спортсме́н**!

Варианты:
фи́тнес-клу́б, спортсме́н,
джаз-клу́б, джазме́н

ЗАДАНИЕ 348. Пишите форму «идти» или «ходить» и комменти́руйте, почему → («uni») или ⇆ («multi»).

а) 1. Я _____ (→) за́втра в теа́тр. 2. Мы ка́ждый четве́рг _____ (⇆) в бассе́йн. 3. Когда́ ты _____ (→) домо́й? 4. Куда́ она́ _____ (→)? 5. Ра́ньше спортсме́ны ка́ждое у́тро _____ (⇆) на стадио́н. 6. Я никогда́ не _____ (⇆) в э́то кафе́. 7. Уже́ 14:30, мы _____ (→) обе́дать. 8. Я никогда́ не _____ (⇆) в э́тот рестора́н, но сего́дня ве́чером мы _____ (→) туда́. 9. Де́ти _____ (→) в музе́й. 10. Ты до́лжен ка́ждый день _____ (⇆) в институ́т? 11. Сего́дня ве́чером бу́дет вечери́нка. Ты _____ (→)? 12. Я сего́дня не могу́ _____ (→) на рабо́ту, у меня́ грипп. 13. Уже́ по́лночь? Я _____ (→) спать. 14. Она́ всегда́ _____ (⇆) туда́ пешко́м. 15. Когда́ у́тром я смотре́ла в окно́, э́тот ма́льчик _____ (→) в шко́лу, а сейча́с он _____ (→) домо́й. 16. Ме́сяц он не _____ (⇆) на рабо́ту, потому́ что лежа́л в больни́це.

б) Математика ☺:

М о д е л ь :   шёл + шёл = ходи́л

идёт + идёт = _____   шла + шла = _____   иду́ + иду́ = _____
идём + идём = _____   шли + шли = _____   идёте + идёте = _____
иду́т + иду́т = _____   идёшь + идёшь = _____   *шёл + шла = _____
*иду + идёшь = _____   *шёл + шла + шёл + шла = _____

ЗАДАНИЕ 349. + идти, ходить. Стройте фразы. Где слова-«индикаторы»?

М о д е л ь :   он, вчера́, бы́стро, рабо́та → Он вчера́ **бы́стро шёл** на рабо́ту.

а) идти:

1) мы, сейча́с, ме́дленно → _____
2) почему́, вы, так бы́стро → _____
3) мы, до́лго, домо́й → _____
4) вчера́, она́, домо́й, о́чень бы́стро, потому́ что, она́, ждать, подру́га → _____

б) ходить:

1) обы́чно, мы, рабо́та, пешко́м → _____
2) ра́ньше, мы, ка́ждый ве́чер, рестора́н → _____
3) он, ка́ждый день, фи́тнес-клу́б → _____
4) обы́чно, мы, ка́ждый ве́чер, гуля́ть, парк → _____

ЗАДАНИЕ 350. Вы смо́трите в окно́ и комменти́руете:

М о д е л ь: — Вон мужчи́на **идёт в магази́н**. Ты зна́ешь его́?
                       — Да! Э́то **Андре́й**. Он **ча́сто хо́дит в магази́н**.

Варианты:
1) ~~в магази́н — Андре́й, ча́сто~~
2) на по́чту — И́горь, ка́ждый понеде́льник
3) в университе́т — Рома́н, ка́ждое у́тро
4) в поликли́нику — Пётр, иногда́

??? Как вы ду́маете, почему́ Андре́й ча́сто хо́дит в магази́н, И́горь ка́ждый понеде́льник хо́дит на по́чту, Рома́н ка́ждое у́тро хо́дит в университе́т, а Пётр иногда́ хо́дит в поликли́нику?

ЗАДАНИЕ 351. Идти, ходить + куда (в/на + асс.)?

1. Мы ка́ждый день ход____ _____ (магази́н).
2. Студе́нты ка́ждый вто́рник ход____ _____ (вечери́нка).
3. Моя́ подру́га никогда́ не ход____ _____ (бассе́йн).
4. — Что ты де́лаешь сего́дня ве́чером? Ид____ _____ (кино́)?
   — Нет, сего́дня я ид____ _____ (теа́тр).
5. В понеде́льник вы ид____ _____ (стадио́н) смотре́ть футбо́л.
6. Ура́! За́втра мы ид____ _____ (цирк).
7. Ты ча́сто ход____ _____ (**ба́ня**)?

ЗАДАНИЕ 352. Игра́йте диало́ги, как в моде́ли.

М о д е л ь: — **Е́сли** я хочу́ есть, **то** я иду́ **в кафе́**. А куда́ идёшь ты?
                       — А я иду́ **домо́й**.

что я хочу́:
~~есть~~, пить шампа́нское, гуля́ть, отдыха́ть, рабо́тать, кури́ть, гото́вить за́втрак, покупа́ть проду́кты, спать, чита́ть ре́дкую кни́гу, покупа́ть шампу́нь, смотре́ть но́вый фильм, покупа́ть аспири́н...

куда́ я иду́ (+ в/на асс.):
апте́ка, го́сти, ~~кафе́~~, вечери́нка, парк, лес, балко́н, ку́хня, кино́, ры́нок, библиоте́ка, ~~домо́й~~, о́фис, магази́н, рестора́н, спа́льня...

??? А куда́ идёт по́вар, е́сли он хо́чет у́жинать? Куда́ идёт ме́неджер и студе́нт, е́сли они́ хотя́т ко́фе? Куда́ идёт барме́н, е́сли он хо́чет пить пи́во?

ЗАДАНИЕ 353. Пишите правильную форму идти и ходить.

1. — Вы _____ за́втра в Ру́сский музе́й?
   — Да, мы ка́ждое воскресе́нье _____ в Ру́сский музе́й.

2. — Они́ _____ (идти́) на рабо́ту пешко́м?
   — Да, они́ всегда́ _____ на рабо́ту пешко́м.

3. — Сего́дня она́ опя́ть хо́чет _____ в рестора́н?
   — Да, она́ ча́сто _____ в рестора́н.

4. — Они́ за́втра _____ в парк и́ли в сад?
   — За́втра четве́рг? В четве́рг они́ обы́чно _____ в парк.

5. — Он _____ (идти́) на по́чту.
   — Не мо́жет быть, он никогда́ не _____ на по́чту, он _____ в интерне́т-кафе́.

6. — Вы _____ (идти́) на заво́д?
   — Нет, мы _____ не на заво́д, а на фа́брику.

ЗАДАНИЕ 354. Пишите идти или ходить. Читайте и играйте диалог!

Диало́г:

— Куда́ ты за́втра _____?
— Я иду́ в **филармо́нию**.
— Ты ча́сто туда́ _____?
— Нет, в **филармо́нию** я хожу́ ре́дко, но ча́сто _____ **в капе́ллу**.

Варианты:
кино́ — теа́тр; бассе́йн — стадио́н; рок-клуб — джаз-клуб; рестора́н «Золото́й драко́н» — рестора́н «Аква́риум»;
*игра́ть в билья́рд — игра́ть в ша́хматы.

ЗАДАНИЕ 355. Стиль жи́зни (характери́стика).

Пишите глагол **ходить** и отвечайте на вопросы.

1. Она́ не _____ на рабо́ту. Кто она́? — _____.
2. Он _____ ка́ждый день в о́фис, да́же в суббо́ту. Кто он? — _____.
3. Они́ _____ то́лько в дороги́е рестора́ны. Кто они́? — _____.
4. Я ка́ждое у́тро и ка́ждый ве́чер _____ гуля́ть. Почему́? — _____.
5. Она́ о́чень мно́го _____ пешко́м. Кто она́? — _____.
6. Он никогда́ не _____ пешко́м. Кто он? — _____.

Варианты: трудого́лик, домохозя́йка, но́вые ру́сские, топ-ме́неджеры, инвали́д, почтальо́н, пенсионе́рка...

Уровень А1. Часть IV. Урок 16

237

ЗАДАНИЕ 356. Спрашивайте и отвечайте.

1. Как вы думаете, куда обычно ходят студенты? школьники? алкоголики? трудоголики? банкиры? новые русские? Почему?
2. Куда часто ходит меломан? Почему?
3. Куда редко ходит дипломат? спортсмен? политик? Почему?
4. Куда никогда не ходят домохозяйки? мужчины? женщины? Почему?

ЗАДАНИЕ 357. Играем в игру «Таракан»! Где таракан?

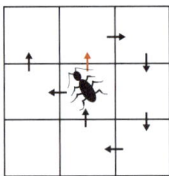

Сейчас таракан в центре. Но он идёт наверх, направо, вниз, вниз, налево, наверх, налево, наверх. Где сейчас таракан?

(наверху слева)

Теперь вы говорите, куда идёт таракан.

ЗАДАНИЕ 358. Слушайте и играйте диалоги!

??? Что значит «обратно»?

1. В кассе на вокзале:

— Здравствуйте. Пожалуйста, один билет в Пушкин.
— Туда и **обратно**?
— Нет, только туда, пожалуйста.

Покупайте билеты в другие города!

2. На улице:

— Извините, где **метро** «Невский проспект»?
— Идите **прямо**, а потом налево. **Небольшое голубое здание** — это станция метро.
— Спасибо большое!

Варианты:
театр (большое красивое здание),
музей (маленькое жёлтое здание),
библиотека (большое белое здание)…

ЗАДАНИЕ 359. Что вы думаете о принципе «Никогда не идите на компромисс»? Вы часто идёте на компромисс? Почему?

Урок 17

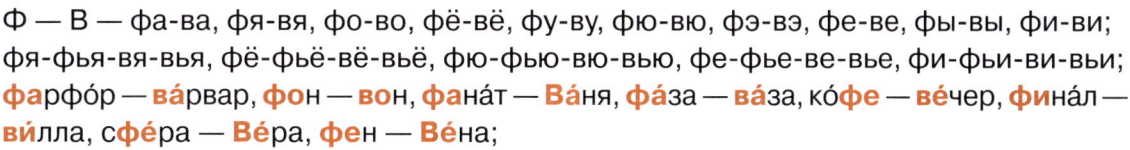

17.1

Ф — В — фа-ва, фя-вя, фо-во, фё-вё, фу-ву, фю-вю, фэ-вэ, фе-ве, фы-вы, фи-ви; фя-фья-вя-вья, фё-фьё-вё-вьё, фю-фью-вю-вью, фе-фье-ве-вье, фи-фьи-ви-вьи;

фарфо́р — **ва́р**вар, **фо**н — **во**н, **фа**на́т — **Ва́**ня, **фа**за — **ва**за, ко́**фе** — **ве́**чер, **фи**на́л — **ви́**лла, с**фе**ра — **Ве́**ра, **фе**н — **Ве́**на;

карто́фель, янва́рь, ва́жный, фи́зика, заво́д, профе́ссия, восто́к, вода́, ковбо́й, фе́рма, фи́рма;

о́бу**вь** — обу**в**но́й, любо́**вь** — любо́**в**ный;

в воде́, **в** воскресе́нье, **в** во́семь, **в** Ве́ну;

[вы]: **в И**ндию, **в И**ркутск, **в И**ерусали́м;

[ф]: **в ф**ина́ле, **в ф**илосо́фии, **в ф**и́льме; в**т**о́рник, пов**т**оря́ть, в **П**о́льшу, в **П**ортуга́лию, ав**т**о́бус, а́в**т**ор, в**ч**ера́

→ «uni» ИДТИ́ то́лько туда́ и́ли обра́тно (информа́ция о доро́ге)	→ + ← = ⇄ «multi» ИДТИ́ + ИДТИ́ = ХОДИ́ТЬ туда́ и обра́тно (информа́ция о визи́те)
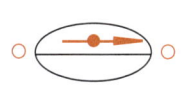 2¹. а) На рабо́ту он **идёт бы́стро**. Домо́й он **до́лго шёл** пешко́м. б) Паралле́льные де́йствия: Он **шёл** на рабо́ту **и ду́мал** о жене́. (— Когда́ он ду́мал о жене́? — …когда́ шёл на рабо́ту.)	а) 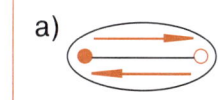 Вчера́ он **ходи́л** в теа́тр. (= он **был** в теа́тре = 1 визи́т) б) 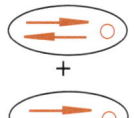 Он **ча́сто хо́дит/ходи́л** в теа́тр. (= он быва́ет/быва́л в теа́тре = бо́льше, чем 1 визи́т)
3. Там ча́сто **идёт** дождь.  Вчера́ **шёл** снег. **Вре́мя идёт** / **шло** бы́стро. Рабо́та (проце́сс) **идёт** / **шла**.  Письмо́ **идёт** / **шло** до́лго.  Как у вас **иду́т дела́**? Как **идёт** жизнь? 	а) как при́нцип; мочь: Лю́ди **хо́дят**, ры́бы **не хо́дят**. Пацие́нт уже́ **хо́дит** (= мо́жет). б) люби́ть + inf.: Я **люблю́ ходи́ть** пешко́м. в) Мы **ходи́ли** по у́лице. (= гуля́ли + где?) 

---

[1] Пункт 1 — в уро́ке 16 (стр. 234).

ЗАДАНИЕ 360. Диалог «Встреча на улице».

а) Слушайте диалог и отвечайте на вопросы.

Как вы понимаете диалог?   да   нет

1. Мужчина думал, что женщина идёт домой.
2. Он видел её, когда она шла домой.
3. Она видела его, когда он шёл в театр.
4. Она думала, что он идёт на концерт.
5. Она ходила сегодня в салон красоты.
6. Он сейчас на концерте.

б) Читайте диалог и играйте эту ситуацию.

— Привет! Какой ты сегодня элегантный! Ты **идёшь** в театр?
— Нет. Я **иду** на концерт в филармонию.
— Да?! Ты туда часто **ходишь**?
— Да. Я **хожу** на концерты каждое воскресенье. Но ты тоже сегодня очень красивая! Ты тоже **идёшь** на концерт?
— Нет, на концерт я **ходила** вчера. А сейчас я **иду** домой.
— А где ты (сегодня) была?
— Я **ходила** в салон красоты.

ЗАДАНИЕ 361. «Жесты».

Один партнёр говорит формы «идти» и «ходить», второй повторяет их, говорит субъект и показывает жест «туда» или «туда и обратно». Например: иду = я →.

ЗАДАНИЕ 362.

а) Пишите правильную форму и комментируйте (почему → или ⇆).

1. Вчера весь день _____ (→) дождь. 2. Вы уже _____ (⇆) на эту экскурсию? 3. Вы часто _____ (⇆) на экскурсии? 4. Наш сын ещё маленький, он ещё не _____ (⇆). 5. Вы _____ (⇆) вчера в Эрмитаж? 6. «Привет, спасибо за письмо! К сожалению, в этот раз твоё письмо _____ (→) очень долго». 7. Какой здесь хаос! Здесь все «_____ (⇆) на голове»! 8. Туда ты _____ (→) пешком. А обратно тоже? 9. Их дочь уже _____ (⇆) в школу? — Нет, она ещё _____ (⇆) в детский сад. 10. Я люблю _____ (⇆) пешком, особенно когда я в отпуске. 11. В январе почти каждый день _____ (→) снег. 12. В этот дом никто никогда не _____ (⇆). 13. Когда он нервничает, он _____ (⇆) туда-сюда.

б) Играйте диалоги!

— Ты ходил [↕] в кино?
— Нет, не ходил. Я вчера **никуда не ходил**.

~~кино~~, театр, экскурсия, баня, цирк, балет, лекция

ЗАДАНИЕ 363. Спрашивайте и отвечайте.

1. Куда́ вы уже́ ходи́ли в Петербу́рге/Москве́? 2. Куда́ вы ходи́ли вчера́, позавчера́, неде́лю наза́д? 3. Вы лю́бите ходи́ть пешко́м? Почему́? Вы мно́го хо́дите пешко́м? 4. Когда́ вы не́рвничаете, вы хо́дите вперёд-наза́д? 5. Куда́ вы ча́сто хо́дите в Росси́и? ...там, где вы живёте? 6. Куда́ вы обы́чно хо́дите гуля́ть? 7. Вы ча́сто хо́дите в магази́н? В како́й магази́н вы (не) лю́бите ходи́ть?

_____
_____
_____
_____

ЗАДАНИЕ 364. Читайте и играйте диалоги.

1. Факт.
— Ты вчера́ **ходи́л** в музе́й?
— Нет, **не ходи́л**.
— А **куда́** ты **ходи́л**?
— Я был до́ма. **Никуда́ не ходи́л**. А ты?
— А я **ходи́л** в го́сти.

Аналогично: го́сти, кино́, ночно́й клуб, дискоте́ка, вечери́нка, день рожде́ния…

> Что ты **вчера́** де́лал? =
> Куда́ ты вчера́ **ходи́л**?
> (Каки́е у тебя́ **бы́ли** пла́ны?)
>
> Что ты **за́втра** де́лаешь? =
> Куда́ ты за́втра **идёшь**?
> (Каки́е у тебя́ ~~есть~~/бу́дут пла́ны?)

2. План.
— Ни́ночка, каки́е у вас пла́ны на ве́чер?
— Я **иду́** сего́дня в теа́тр.
— А за́втра?
— А за́втра я **иду́** на конце́рт.
— А **куда́** вы **идёте** послеза́втра?
— А послеза́втра я **никуда́ не иду́**.
— Я приглаша́ю вас послеза́втра в рестора́н.

ЗАДАНИЕ 365. Спрашивайте и отвечайте.

1. Куда́ вы идёте сего́дня ве́чером? 2. Вы ча́сто хо́дите в теа́тр? Вы уже́ ходи́ли на ру́сский бале́т? На како́й? 3. Куда́ вы идёте че́рез час? 4. Когда́ вы никуда́ не хо́дите (= сиди́те до́ма)? 5. Э́то пра́вда, что вчера́ вы никуда́ не ходи́ли?

_____
_____
_____

ЗАДАНИЕ 366. Статика (быть, бывать) → динамика (идти, ходить).

Трансформируйте фразы: быть где? → ходить куда?

М о д е л ь: Я **был** в теа́тре. → Я **ходи́л** в теа́тр.

1. Мы бы́ли в библиоте́ке. _____
2. Он иногда́ быва́ет в па́рке. _____
3. Вчера́ я не́ был в магази́не. _____
4. Они́ быва́ют там? _____
5. Твоя́ подру́га была́ на вечери́нке? _____
6. Мы ещё не́ были до́ма. _____
7. Мы там уже́ бы́ли. _____
8. Я бу́ду там за́втра. _____
9. Я нигде́ не́ был. _____
10. Я там никогда́ не быва́л. _____
11. Мы бу́дем в рестора́не. _____
12.*Ты ча́сто быва́ешь в кафе́, в кото́ром ты был вчера́? _____

ЗАДАНИЕ 367. Спрашивайте и отвечайте! Идти или ходить?

1. — Мы _____ послеза́втра в кино́?
   — Нет, мы уже́ _____ в кино́ вчера́.
2. — На у́лице опя́ть _____ дождь?
   — Да, о́сенью в Петербу́рге почти́ ка́ждый день _____ до́ждь.
3. — Ты ча́сто _____ в го́сти?
   — Да, я о́чень люблю́ _____ в го́сти. И за́втра я опя́ть _____ в го́сти.
4. — Как бы́стро _____ вре́мя!
   — Да! Когда́ мы вме́сте, вре́мя всегда́ _____ бы́стро!..
5. — Вы уже́ _____ на премье́ру?
   — Нет, не _____, но мы _____ за́втра.
6. — Ты лю́бишь _____ пешко́м?
   — Нет, но мой врач говори́т, что я должна́ бо́льше _____ пешко́м.

ЗАДАНИЕ 368.

а) Что значит «петербургская погода»? Это стабильная погода или нет?

б) Слушайте диалог и отвечайте на вопросы.

??? Как вы ду́маете, кто разгова́ривает?
О чём они́ говоря́т? Почему́ они́ спо́рят? Кто прав?
Когда́ вы идёте на у́лицу и хоти́те знать, кака́я сего́дня
пого́да, вы слу́шаете прогно́з и́ли смо́трите в окно́?

ПЕТЕРБУ́РГСКАЯ ПОГО́ДА

— Ты идёшь на у́лицу?
— Да, а что?
— Где твой **зонт**?
— Зонт? Но дождь не идёт.
— Да, но по ра́дио говори́ли, что сего́дня бу́дет дождь...

242   Т.Л. Эсмантова. Русский язык: 5 элементов

— Ты **уве́рена**? А в окно́ ты смотре́ла? На у́лице со́лнце!
— Да, но э́то Петербу́рг. Сейча́с со́лнце, а че́рез час идёт дождь.
— Мо́жет быть, ты **права́**. Ты не зна́ешь, где мой зонт?

в) Игра́йте диало́г.

ЗАДАНИЕ 369.

а) Слу́шайте диало́г. Каки́е у них пла́ны на ве́чер?

КАКИ́Е У ВАС ПЛА́НЫ НА ВЕ́ЧЕР?

— Что ты де́лаешь сего́дня ве́чером?
— **Иду́ покупа́ть** CD [сиди́].
— Пра́вда? Я то́же хочу́ ру́сские CD! Ты зна́ешь хоро́ший магази́н?
— Да, я зна́ю хоро́ший магази́н в це́нтре. Е́сли хо́чешь, идём вме́сте.
— Коне́чно, хочу́! Но снача́ла мы **идём** в кафе́ **обе́дать**, хорошо́? Я ужа́сно хочу́ есть.
— **Ла́дно**.

ИДТИ, ХОДИТЬ + INF.

б) Игра́йте аналоги́чные ситуа́ции!

Вы покупа́ете матрёшку, DVD [дивиди́], кни́ги, ша́пку, икру́, шокола́д...

*****ЗАДАНИЕ 370. Заче́м** вы э́то де́лаете? (заче́м = кака́я **цель**?)

Я **покупа́ю** майоне́з, **что́бы де́лать** сала́ты. ↔ Я **иду́ / хочу́ де́лать** сала́т.

Глаго́л + **что́бы** + inf. ↔ Глаго́л движе́ния / мода́льный глаго́л + inf.

а) М о д е л ь: — Заче́м ты э́то чита́ешь?
 — Я чита́ю, **что́бы** знать но́вости.

1. Заче́м вы чита́ете газе́ты? _____
2. Заче́м мы смо́трим телеви́зор? _____
3. Заче́м вы изуча́ете ру́сский язы́к? _____
4. Заче́м лю́ди рабо́тают? _____
5. Заче́м лю́ди стро́ят дома́? _____
6. Заче́м лю́ди де́лают музе́и? _____
7. *Заче́м лю́ди ду́мают, заче́м они́ живу́т? _____

Он сейча́с **рабо́тает**, что́бы на пе́нсии **отдыха́ть**.
↔ **Он рабо́тает**, что́бы его́ **де́ти отдыха́ли**.

Субъе́кт 1 (он) + inf. ↔ Субъе́кт 1 (он) + субъе́кт 2 (де́ти) + past

б) Инфинити́в или проше́дшее вре́мя (past)? Пиши́те глаго́лы!

1. Мы изуча́ем ру́сский язы́к, что́бы чита́____ ру́сские кни́ги в оригина́ле. 2. Мы изуча́ем ру́сский язы́к, что́бы ру́сские лю́ди нас понима́____. 3. Я спра́шиваю, что́бы э́то зна́____.

4. Мы идём в кассу покупа___ билеты. 5. Я рассказываю, чтобы вы это зна___. 6. Я сегодня много работал и хочу отдыха___. 7. Вы сегодня много работали, и я хочу, чтобы вы отдыха___. 8. Мы хотим это зна___. 9. Мы хотим, чтобы ты это зна___. 10. Он идёт на кухню готов___ завтрак.

ЗАДАНИЕ 371.

а) Смотрите на рисунок. Эти люди знают друг друга? О чём они говорят?

б) Слушайте диалог и отвечайте на вопросы.

«ВРЕМЯ ИДЁТ, НО...»

Как вы понимаете диалог?   да   нет

1. Костя — бизнесмен.
2. У него есть дети.
3. Костя уже ужинал.
4. Костя видел Олю год назад.
5. Её сын ещё не ходит.
6. У неё в семье есть проблемы.

в) Пишите глаголы «идти» или «ходить».

г) Слушайте диалог и корректируйте ошибки, если они у вас есть.

— Кого я вижу! Оленька! Здравствуй!
— Привет, Костя!
— Как давно я тебя не видел!
— Да-а-а... Я тебя тоже. Как жизнь?
— Спасибо, хорошо. У меня теперь есть маленькая фирма.
— О-о! Правда?! И как _____ дела в фирме?
— Когда как: иногда хорошо, иногда не очень. А как дела у тебя?
— Отлично. Хорошая работа, хорошая семья. Сын уже _____ в школу.
— О-о! Я не знал, что у тебя есть сын. И такой большой! Да, время _____ быстро. Но ты такая же красивая, как и раньше.
— Спасибо за комплимент.
— Ты знаешь, я шёл ужинать вон в то кафе. _____ вместе? Я тебя приглашаю!
— Спасибо, нет. У меня дела. К сожалению, я должна _____, извини.
— Да-да, конечно. Жаль. До свидания.
— Пока!

д) 1. Сейчас вы Оля и Костя. Ваши монологи!
2. Вы в России через 10 лет. Играйте аналогичный диалог.

_____
_____
_____
_____
_____

ЗАДАНИЕ 372. (⊙ стр. 309–310.) Текст «Подруги.

а) Что вы видите на рисунке?
б) Слушайте текст и отвечайте на вопросы.

ПОДРУ́ГИ

Новые слова: **снима́|ть, кла́ссно**.

??? Куда́ де́вушки хо́дят у́тром?
Куда́ они́ хо́дят ве́чером?
Куда́ они́ ходи́ли вчера́? Почему́?
Как ча́сто они́ хо́дят в ба́ню?
У них есть друзья́?
Куда́ де́вушки иду́т на Но́вый год?

в) Расска́зывайте о ситуа́ции, как её ви́дит Ма́рго / Лёша.

_____
_____

ЗАДАНИЕ 373. ТЕСТ. Идти или ходить?

Результа́т: а) _____ /11 ба́ллов + б) _____ /19 ба́ллов.

а) 1. Ты зна́ешь, куда́ она́ за́втра _____? 2. Мой бра́тик о́чень ма́ленький, он ещё не _____. 3. На у́лице _____ снег. 4. Моя́ сосе́дка лю́бит _____ пешко́м. 5. Вчера́ мы _____ в кино́, а за́втра _____ на футбо́л. 6. Не понима́ю, почему́ иногда́ вре́мя _____ бы́стро, а иногда́ — ме́дленно. 7. Вы вчера́ _____ в го́сти? 8. Как дела́? — Всё _____ хорошо́. 9. Когда́ на у́лице _____ дождь, я никуда́ не _____, а сижу́ до́ма.

б) Пишите глаголы (текст «Подруги»).

Мы студе́нтки. У́тром мы _____ на ле́кции в университе́т. Обы́чно мы отдыха́ем вме́сте. Ча́сто _____ на дискоте́ки, в кино́, на конце́рты, иногда́ _____ в теа́тр. Мы о́чень лю́бим _____ в го́сти или приглаша́ть их домо́й.

Вчера́ бы́ло воскресе́нье, но мы никуда́ не _____, сиде́ли весь день до́ма. Но послеза́втра мы _____ в ба́ню! Ба́ня — э́то то́же хоро́ший о́тдых, поэ́тому ми́нимум раз в ме́сяц мы _____ туда́.

Ско́ро Но́вый год, и, коне́чно, у нас уже́ есть пла́ны на э́ту ночь. Мы _____ в но́вый ночно́й клуб. Лёша и Серёжа нас приглаша́ют. Мы никогда́ ра́ньше не _____ в э́тот клуб, но говоря́т, что там о́чень кла́ссно!

в) Пишите, куда вы часто/редко ходите в воскресенье.

_____
_____
_____

Уровень А1. Часть IV. Урок 17

Урок 18

та-ца, та-ца-тя-тья, то-цо, то-цо-тё-тьё, те-це, тэ-це-те-тье,
са-ца, са-ца-ся-сья, со-цо, со-цо-сё-сьё, се-це, сэ-це-се-сье,
усь-юсь, тусь-тюсь-чусь, тся-шся, лся-лася-лась;
цель — **т**е́ло, **ц**о́коль — **т**о́лько, **ц**еме́нт — **т**емно́, **ц**уна́ми — **Т**уни́с, **ц**ита́та — **т**ита́н;
ли́**ц**а на у́ли**ц**е, пти́**ц**а, учи́**т**ельни**ц**а, **ц**и**т**аде́ль, о**т**е́**ц**

УЧИТЬ или ИЗУЧАТЬ?

изуча|ть: Он **изучает** **русский язык** и **литературу**.
что? (изучать абстрактную систему:
(асс.) космос, жизнь, язык, физику, химию, математику, теорию…)

ЗАДАНИЕ 374. Спрашивайте и отвечайте.

1. Кто изуча́ет психоло́гию? 2. Кто изуча́ет фи́зику? 3. Кто изуча́ет биоло́гию? 4. Кто изуча́ет бота́нику? 5. Кто изуча́ет этногра́фию? 6. Что изуча́ет хи́мик? 6. Что изуча́ет матема́тик? 7. Что изуча́ет поля́рник (челове́к, кото́рый рабо́тает в экспеди́ции на по́люсе)? 8. Что изуча́ют студе́нты-филоло́ги?

о чём? Что изуча́ет челове́к, кото́рый ду́мает об а́томе, о ма́ссе и об эне́ргии?
…кото́рый спо́рит об эконо́мике?
…кото́рый говори́т о числе́ π, о теоре́ме Ферма́?
…кото́рый чита́ет о тради́ции, о жи́зни, о войне́?
…кото́рый чита́ет о со́лнце, о луне́ и о звезде́?
…кото́рый ду́мает о грамма́тике и мечта́ет о словаре́?

уч|ить: 1. Студе́нтка **у́чит глаго́лы**.
что? челове́к + информа́ция: ♥ + 📖
(асс.) (учить конкретный элемент: слова, текст, диалог, роль, романс, алгоритм, формулу…)

кого? 2.1. Преподава́тель **у́чит студе́нтку**.
(асс.) челове́к + челове́к: ♥ + ♥
(учи́ть + кого́♥: дочь, сестру́, дя́дю, меня́…)

inf. 2.2. Преподава́тель **у́чит студе́нтку говори́ть** по-ру́сски.
челове́к + а́кция: ♥ + →
(учи́ть + inf.: учи́ть чита́ть, говори́ть, писа́ть, гото́вить…)

ЗАДАНИЕ 375. Спрашивайте и отвечайте.

а) Кто вас учи́л чита́ть и писа́ть? Кто (и что) вас учи́л гото́вить? Что де́лать учи́ли вас ва́ши роди́тели?

б) 1. Что у́чат матема́тики? 2. Что у́чат хи́мики? 3. Что у́чат фило́логи? 4. Что у́чат актёры? 5. Кто у́чит фо́рмулы? 6. Кто у́чит пра́вило (пра́вила)? 7. Кто вас учи́л в шко́ле? Вы по́мните их имена́? А в лице́е, университе́те, ко́лледже?.. Что они́ преподава́ли?

___

___

___

в) 1. Что вы изуча́ли в шко́ле? 2. Что у́чит челове́к, кото́рый изуча́ет фи́зику? 3. Что у́чат лю́ди, кото́рые изуча́ют ру́сский язы́к? 4. Что у́чат шко́льники, кото́рые изуча́ют хи́мию и матема́тику? Кто их у́чит? 5. Что у́чат актёры? 6. Что изуча́ли бизнесме́ны? 7. Что изуча́ют лю́ди, кото́рые у́чат слова́, фра́зы, грамма́тику? 8. Вы до́лго у́чите но́вые ру́сские слова́?

ЗАДАНИЕ 376. Учить или изучать?

1. Наш преподава́тель ___ нас говори́ть по-францу́зски. Мы ___ францу́зский язы́к и литерату́ру. 2. Учи́тель ___ на́шу дочь игра́ть на пиани́но. 3. Актёр ___ роль. 4. Ма́ма ___ до́чку чита́ть и писа́ть. 5. Тре́нер ___ нас игра́ть в те́ннис. 6. Фи́зики ___ а́томы. 7. Визажи́ст ___ же́нщину де́лать краси́вый макия́ж. 8. Шко́льники ___ в шко́ле матема́тику, хи́мию, фи́зику, исто́рию и литерату́ру. Они́ ___ теоре́мы, фо́рмулы, пра́вила и да́ты. 9. Флори́ст до́лго ___ япо́нские тради́ции. Сейча́с он ___ де́вушку де́лать икеба́ну.

УЧИ́ТЬ или УЧИ́ТЬСЯ?
глагол + объект или **глагол + ся**?

Ты у́чишь меня́. ↔ Ты у́чишь ~~тебя́~~ = ты у́чишься.
Ты изуча́ешь **фи́зику**. Ты у́чишь **пра́вило**. ↔ Ты у́чишься в университе́те. (где?)

Sub. → Obj.   Sub. ← -СЯ (~~кого/что?~~)
кого/что? — асс.

УЧИ́ТЬСЯ:
я учу́сь	мы у́чимся
ты у́чишься	вы у́читесь
он/она́ у́чится	они́ у́чатся

past: учи́лся, учи́лась, учи́лись
imperative: учи́(те)сь!

Уровень А1. Часть IV. Урок 18

ЗАДАНИЕ 377. sub. + obj. Работайте по модели.

а) М о д е л ь: я + ты → я учу **тебя**
              я + я → я учу**сь**

я + ты ~~~~	мы + мы ~~~~	мы + ты ~~~~
я + я ~~~~	вы + я ~~~~	ты + он ~~~~
ты + я ~~~~	он + он ~~~~	вы + вы ~~~~
они + мы ~~~~	они + они ~~~~	он + она ~~~~
я + я ~~~~	она + она ~~~~	я + он ~~~~

б) М о д е л ь: Никто́ не учи́л меня́ игра́ть в те́ннис. →
              Я сам(а́) учи́лся (учи́лась) игра́ть в те́ннис.

~~Никто́ не учи́л меня́ игра́ть в те́ннис.~~ Никто́ не учи́л его́ игра́ть на саксофо́не. Никто́ не учи́л нас игра́ть в волейбо́л. Никто́ не учи́л меня́ гото́вить.

ЗАДАНИЕ 378. Учить или учиться?

1. Она́ ~~~~ ру́сский алфави́т. 2. Мы студе́нты, мы ~~~~ говори́ть по-ру́сски. 3. Что ты ~~~~? 4. Где вы ~~~~? 5. Актёр рабо́тает в теа́тре и ~~~~ роль. Режиссёр ~~~~ его́ игра́ть роль. 6. Э́то наш преподава́тель. Он ~~~~ нас. Мы ~~~~ ка́ждый день. 7. Вы так хорошо́ говори́те по-ру́сски! Где вы ~~~~? Кто вас ~~~~? 8. Ты уже́ ~~~~ но́вые слова́? 9. Студе́нт ~~~~ грамма́тику. 10. Оте́ц ~~~~ нас снача́ла ду́мать, а пото́м говори́ть. 11. Хи́мик ~~~~ фо́рмулу. 12. Мои́ де́ти уже́ шко́льники. Сын ~~~~ лу́чше, чем дочь. 13. Она́ ещё не рабо́тает, она́ ~~~~ в университе́те.

> Он хорошо́ у́чит**ся** = он хоро́ший **студе́нт**.
> Он хорошо́ **у́чит** = он хоро́ший **учи́тель**/преподава́тель.

ЗАДАНИЕ 379. О чём?

Что де́лать у́чится челове́к, кото́рый чита́ет о со́усе, о су́пе, о сала́те?
   …кото́рый расска́зывает о Ба́хе, о Мо́царте, о Бетхо́вене, о Вива́льди?
   …кото́рый чита́ет о масса́же и о мускулату́ре?
   …кото́рый ду́мает о Ре́пине, о Ренуа́ре, о Мале́виче, о Пикассо́?

ЗАДАНИЕ 380. Спрашивайте и отвечайте.

1. Вы игра́ете на пиани́но, гита́ре, фле́йте?.. Кто вас учи́л? Где вы учи́лись? Ско́лько лет вы учи́лись? ~~~~
2. Вы игра́ете в волейбо́л, баскетбо́л, футбо́л?.. Где вы учи́лись игра́ть? Кто вас учи́л? Как до́лго? ~~~~
3. Э́то пра́вда, что в жи́зни мы всегда́ у́чимся? ~~~~
4. Что де́лать вы у́читесь сейча́с? ~~~~

5. Что учатся делать маленькие дети? _____
6. Что вы делаете хорошо? Кто вас учил? Вы долго учились делать это? _____

7. В России в школе раньше был специальный курс, где девочки учились готовить (а в Норвегии, например, и девочки, и мальчики). А у вас в стране есть такой курс? Как вы думаете, это хорошая идея? _____

ЗАДАНИЕ 381. Учить, изучать или учиться? Пишите ответы на вопросы.

1. Я школьница. В школе я _____ .
2. Я преподаватель. Мои студенты изучают русский язык. Я _____ .
3. Моя русская подруга хочет говорить по-французски. Что она делает? — _____ .
4. Я бизнесмен, но я плохо знаю менеджмент. Я _____ .
5. Он спортсмен, но он ещё плохо играет в теннис. Он _____ .
6. Я тренер и очень хорошо играю в волейбол. У меня есть ученики. Я _____ . Мои ученики _____ .
7. Я шахматист и отлично играю в шахматы. 15 лет назад я _____ .
8. Она врач. Что она делала в институте 7 лет? — _____ .
9. Он молодой скульптор и ещё плохо делает скульптуры. Он ещё _____ .

ЗАДАНИЕ 382. + учить, учиться или изучать? Пишите все возможные фразы.

а) преподаватель, студентка, говорить по-испански → _____
б) студентка, университет, философия → _____
в) студентка, слова, немецкий язык → _____

ЗАДАНИЕ 383. Пишите глаголы учить, учиться или изучать. Слушайте диалог и корректируйте ошибки, если они у вас есть. (стр. 310.)

— Вы здесь _____?
— Нет, я здесь работаю.
— Ой, извините, я думала, что вы студент.
— Нет, я преподаватель. Я преподаю **английский язык**.
— Правда? Я очень хочу _____ этот язык! Вы можете _____ меня?
— Ну, если вы хотите... Вы уже _____ английский раньше?
— Да.
— Как долго? Где вы _____?
— Я _____ английский год, в университете в Петербурге.

Играйте аналогичный диалог: русский язык.

ЗАДАНИЕ 384. Слушайте/читайте текст. Отвечайте на вопросы.

Новые слова: па́мять (f.) ← по́мнить, уме́|ть, не́сколько (раз), ра́зные, сра́зу, холоди́льник

Как вы понима́ете текст? да нет

1. Он не де́лает дома́шнее зада́ние.
2. У него́ плоха́я па́мять.
3. Он лю́бит экспериме́нты.
4. Он у́чится в шко́ле.
5. Он ка́ждый день изуча́ет ру́сский язы́к.
6. Он никогда́ не у́чит но́вые слова́.

Я УЧУ́СЬ УЧИ́ТЬСЯ

Я учу́сь в шко́ле. Э́то ма́ленькая языкова́я шко́ла в Петербу́рге. Уже́ ме́сяц я изуча́ю ру́сский язы́к. Я уже́ хорошо́ зна́ю ру́сский алфави́т и **уме́|ю** чита́ть и писа́ть по-ру́сски.

Ка́ждый день я повторя́ю всё, что мы де́лали в кла́ссе на уро́ке. И, коне́чно, ка́ждый день я учу́ но́вые слова́. Снача́ла я **не́сколько** раз чита́ю но́вое сло́во, потому́ что у меня́ хоро́шая визуа́льная па́мять, и пото́м не́сколько раз повторя́ю его́. Пото́м я пишу́ э́то сло́во и ду́маю о конте́ксте для него́. Обы́чно я modeли́рую ситуа́ции, где и когда́ я могу́ говори́ть слова́, кото́рые учу́. Так я учу́сь ду́мать по-ру́сски.

Снача́ла я учу́ но́вые слова́ и́ли фра́зы, а пото́м пишу́ в тетра́ди, что я по́мню. Е́сли я де́лаю в сло́ве оши́бку, я пишу́ его́ ещё не́сколько раз.

Ча́сто, когда́ я учу́ но́вые слова́, я де́лаю для них ассоциа́ции. Э́то то́же хоро́ший ме́тод. Наприме́р, я до́лго учи́л, но всё равно́ не по́мнил, что зна́чат слова́ «стро́ить», «строи́тель». Так как я хорошо́ зна́ю англи́йский, я де́лал таку́ю ассоциа́цию: «стро́ить» — э́то анто́ним de**stroy**.

Ещё я люблю́ конструи́ровать но́вые слова́. Так я могу́ понима́ть и по́мнить бо́льше. Наприме́р, когда́ я ви́жу в сло́ве су́ффикс «-тель», я зна́ю, что э́то челове́к. Челове́к, кото́рый стро́ит, — строи́**тель**, челове́к, кото́рый у́чит, — учи́**тель**. А пре́фикс «пере-» о́чень ча́сто зна́чит «ещё раз». Почти́ все иностра́нцы зна́ют сло́во «перестро́йка», кото́рое люби́л Михаи́л Горбачёв. Но то́лько сейча́с я понима́ю, что «перестро́йка» зна́чит «стро́ить ещё раз».

Но са́мый эффекти́вный для меня́ ме́тод — понима́ть но́вые слова́ в конте́ксте. Преподава́тель говори́т **ра́зн|ые** конте́ксты, ситуа́ции, где есть но́вое сло́во. Я слу́шаю, анализи́рую и обы́чно пра́вильно понима́ю, что э́то сло́во зна́чит. В результа́те я намно́го лу́чше по́мню его́ и **сра́зу** понима́ю, где и когда́ я могу́ его́ говори́ть. И ещё о́чень ва́жный моме́нт. Тепе́рь я зна́ю, что могу́ понима́ть, что говоря́т ру́сские, да́же е́сли зна́ю не все слова́.

Вообще́, я люблю́ эксперименти́ровать. Наприме́р, пишу́ слова́, кото́рые я до́лжен учи́ть, на **холод**и́льнике. И ка́ждый раз, когда́ я хочу́ есть (а есть я хочу́ ча́сто), я снача́ла до́лжен чита́ть э́ти слова́. Так я не то́лько учу́ но́вые ру́сские слова́, но и учу́сь не есть сли́шком мно́го.

250

Т.Л. Эсма́нтова. Ру́сский язы́к: 5 элеме́нтов

??? Этот человек — хороший студент?
Он любит учиться?
Как вы думаете, он знает хорошие методы?
Какой метод для вас новый?

1. А как вы изучаете языки? Как вы учите новые слова? Вы любите учиться? Вы повторяете дома всё, что делали в классе на уроке?
2. Что для вас более эффективно: видеть, слышать или писать новые слова?
3. Что более эффективно: учить новые слова или учиться комбинировать слова, которые уже знаешь, когда говоришь, т. е. учить грамматику, синтаксис.

_____
_____

ЗАДАНИЕ 385. Пишите глаголы изучать (теория) или учиться (практика). Где пары (левая часть + правая часть)?

1. Журналист _____ литературу.   а) он _____ говорить на публике
2. Президент _____ политологию.   б) он _____ писать статьи
3. Мадонна _____ музыку.   в) они _____ играть в футбол
4. Футболисты _____ биографию Пеле. г) она _____ петь

ЗАДАНИЕ 386. ТЕСТ. Учить, учиться или изучать? Результат: ____ / 15 баллов.

а) 1. Я _____ в университете. Я _____ русские традиции. 2. Он _____ русский язык. 3. Каждый день я _____ новые слова. 4. Вы студенты? Вы _____ говорить по-русски. 5. Она делает гербарии, потому что _____ ботанику. 6. Они _____ правила. 7. Я не люблю теорию, я всегда _____ на практике. 8. Мой друг не может _____ на практике, если он не знает теорию. 9. Актёр _____ роль. 10. Мама _____ дочь читать, но дочь не хочет _____, она хочет играть. 11. Он ещё не знает новые слова, он _____ их. 12. Она ещё не умеет играть в теннис, она _____ играть. Её _____ мой брат.

б) Смотрите на рисунок. Пишите о девушке рассказ «Студентка».

Уровень A1. Часть IV. Урок 18

ЗНАТЬ или УМЕТЬ?

Я **знаю** (у меня есть информация). ↔ Я **умею** (я изучал это на практике).

1. Знать + noun — Я знаю **рецепт** суши. (информация)
2. **Уме|ть** (I) + inf. — Ты уме|ешь **готовить** суши. (практика)

ЗАДАНИЕ 387. Отвечайте на вопросы.

1. Что умеет делать скульптор? 2. Что умеют делать инженеры? 3. Что умел делать Пикассо? 4. Что умеет делать хоккеист Павел Буре? 5. Что умел делать Ньютон? Что он знал? 6. Что умеет делать теннисистка Анна Курникова? 7. Что умеет делать архитектор? Что он знает? 8. Что умеет делать шахматист Гарри Каспаров? 9. Что умеет делать маникюрша? 10. Что умеют делать массажисты?

ЗАДАНИЕ 388. Трансформируйте фразы. Он **учится** = он ещё **не умеет**.

Модель: Я учусь играть в футбол. → Я ещё не умею играть в футбол.

1. Он учится готовить. 2. Мы учимся танцевать. 3. Они учатся **рисовать**. 4. Вы учитесь говорить по-русски. 5. Я учусь медитировать. 6. Она учится делать букеты. 7. Они учатся думать абстрактно. 8. Он учится ходить. 9. Мы учимся делать комплименты. 10. Вы учитесь работать на компьютере. 11. Она учится делать макияж и маникюр. 12. Он учится делать массаж. 13. Мы учимся играть в пинг-понг. 14. Я учусь играть на пианино.

ЗАДАНИЕ 389. Смотрите на рисунки. Что знают, умеют, изучали, учатся делать эти люди?

ЗАДАНИЕ 390. Спрашивайте и отвечайте.

1. Вы знаете русский алфавит? 2. Вы умеете читать по-русски? Кто вас учил? 3. Вы умеете читать по-французски, по-немецки, по-китайски? 4. Вы умеете готовить? Что вы умеете готовить особенно хорошо? Кто вас учил? 5. Вы знаете рецепт ризотто? Вы умеете готовить ризотто? 6. Вы умеете готовить кофе по-ирландски? Какие рецепты кофе вы знаете? 7. Вы умеете хорошо отдыхать? 8. Вы умеете говорить неправду? Вы знаете, когда люди говорят неправду? 9. Вы умеете работать на компьютере? Кто вас учил? Какие компьютерные программы вы знаете?

СКОЛЬКО или КАКОЙ?

1 —	перв|ый	0 —	нулев|ой	11 —	одиннадцат|ый
3 —	трет|ий	2 —	втор|ой	12 —	двенадцат|ый...
4 —	четвёрт|ый	6 —	шест|ой	20 —	двадцат|ый
5 —	пят|ый	7 —	седьм|ой	21 —	двадцать первый...
9 —	девят|ый	8 —	восьм|ой	50 —	пятидесят|ый...
10 —	десят|ый	40 —	сороков|ой	100 —	сот|ый

ЗАДАНИЕ 391. Читайте и играйте аналогичные диалоги.

а) Диалог «Первый раз».

— Вы уже были в России?
— Нет, я здесь первый раз. А вы?
— А я уже пятый. А здесь, в Петербурге, я третий раз.

??? 1. Вы уже были в России? Сколько раз?
Какой раз вы сейчас в России?
2. Где вы сейчас? Вы здесь первый раз?
3. Кто первый был в космосе? А кто — второй?
А кто был первый на Луне? А второй?

б) Читайте диалог. Где эти люди?

— Добрый вечер.
— Здравствуйте.
— Какой этаж?
— Восьмой, пожалуйста!

ЗАДАНИЕ 392. ☺ **Стереотипы. Пишите ответы на вопросы.**

1. Это правда, что «первая реакция всегда правильная»?
Какая у вас была первая реакция на русский язык? на Россию?

2. Это правда, что «первая любовь обычно несчастливая»? Что это значит?
Ваша первая любовь была счастливая?

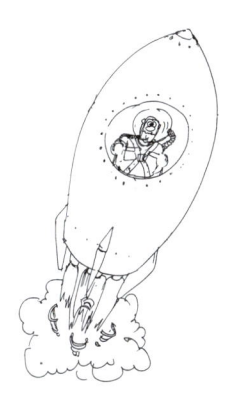

ЗАДАНИЕ 393. Как|ой (-ая, -ое, -ие)?

Пе́рв____ любо́вь, пе́рв____ реа́кция, трет____ муж, *трет____ жена́, втор____ сын, втор____ сло́во, тре́т____ сезо́н, пе́рв____ ле́то, пят____ раз, деся́т____ эта́ж, шест____ год, четвёрт____ ле́то, седьм____ вопро́с, пе́рв____ ребёнок, два́дцать тре́т____ страни́ца, пе́рв____ ассоциа́ция, со́рок четвёрт____ **разме́р**, шест____ **чу́вство**.

ЗАДАНИЕ 394. Читайте диалог «В магазине» и играйте аналогичную ситуацию.

— Пожа́луйста, **э́ту ку́ртку**!
— Жёлтую?
— Нет-нет, вот э́ту, зелёную.
— Како́й у вас **разме́р**?
— **Сороково́й** или со́рок второ́й.
— Вот пожа́луйста.

Аналогично:
э́тот сви́тер (си́ний/чёрный, разме́р 46),
э́ти брю́ки (се́рые/кори́чневые, 44),
э́та руба́шка (бе́лая/ро́зовая, 48)...

ЗАДАНИЕ 395. Последн|ий ≠ первый.

после́дн____ любо́вь	после́дн____ день	после́дн____ сло́во
после́дн____ биле́т	после́дн____ страни́ца	после́дн____ эта́ж
после́дн____ го́ды	после́дн____ ме́сто	после́дн____ вопро́с
после́дн____ дни	после́дн____ вре́мя	после́дн____ неде́ля
после́дн____ встре́ча	после́дн____ эта́ж	

??? Когда́ вы после́дний раз бы́ли в ци́рке, в зоопа́рке, в кли́нике, в музе́е, в це́ркви?..

ЗАДАНИЕ 396. Спрашивайте и отвечайте.

Второ́й → по**второ́**|ть.
☺ Я повторя́ю э́то то́лько два ра́за: пе́рвый и после́дний!

1. Ско́лько раз вы повторя́ете сло́во, когда́ у́чите его́?
2. Вы повторя́ете до́ма всё, что де́лали в кла́ссе?
3. Каки́е слова́ и́ли по**гово́р**ки ча́сто повторя́ют ру́сские? Каки́е фра́зы повторя́ете вы?
4. Э́то пра́вда, что де́ти повторя́ют оши́бки, кото́рые де́лают их роди́тели?
5. Вы ча́сто повторя́ете оши́бки, кото́рые вы уже́ де́лали?

ЗАДАНИЕ 397. Читайте и играйте диалог «Что у нас сегодня на обед?»

— Привет, мам! Что у нас сегодня **на** третье?
— Фруктовый салат. Но почему ты спрашиваешь о десерте? А первое?
— Нет, я не хочу суп.

первое (блюдо)	десерт
второе	суп
третье	горячее (мясо или рыба + гарнир)

КАКОЙ ВЕК? КАКОЙ ГОД?

1	000	тысяча
9	00	девятьсот
9	0	девяносто
1	-ый	**первый** год

100—400: сто, двести, триста, четыреста
500—900: пятьсот ... девятьсот
1000—2000: тысяча ... две тысячи

ЗАДАНИЕ 398. Работайте по модели.

а) М о д е л ь: 1991 →
    Тысяча девятьсот девяносто первый год — это двадцатый век.

~~1991~~, 1972, 2003, 1844, 1917, 2001, 1960, 1789, 1901, 1605, 1967, 2002, 1425, 1985, 2005.

б) Ретроспектива.

Вы помните девяност**ые**, восьмидеся**тые**, семидеся**тые**, шестидеся**тые**... годы? Что вы помните о них? Какая у вас в стране была ситуация, «атмосфера», идеи? А у вас в жизни?

_____
_____
_____

КАКОЙ СЕЙЧАС МЕСЯЦ?
Какое время года?

ГОД: **зима**, **весна**, **лето**, **осень** (время года = сезон)
   ЗИМА: декабрь, январь, февраль (зимн**ий** месяц)
      ВЕСНА: март, апрель, май (весенн**ий**)
         ЛЕТО: июнь, июль, август (летн**ий**)
            ОСЕНЬ: сентябрь, октябрь, ноябрь (осенн**ий**)

??? Какие месяцы в году у вас в стране холодные, **прохладн|ые**, тёплые, жаркие? Какой месяц ваш **люб**имый? Почему?

ЗАДАНИЕ 399. Работайте по модели.

М о д е л ь: Июль — второ́й ле́тний ме́сяц и седьмо́й ме́сяц в году́.

~~Июль~~, ноя́брь, апре́ль, дека́брь, май, сентя́брь, февра́ль, а́вгуст, ию́нь, янва́рь, март, октя́брь.

● Какое время года и какие месяцы вы любите/не любите и почему? _____
_____

⚓ ## КАКО́Е СЕГО́ДНЯ ЧИСЛО́?

ЗАДАНИЕ 400. Слушайте диалоги и смотрите на рисунок. Кто что говорит?

М о д е л и:
1. — Как**о́е** сего́дня **число́**? **Уже́** три́дцать пе́рв**ое**?
   — Да нет, **ещё** тридца́т**ое**. Три́дцать пе́рвое бу́дет за́втра.
   — А-а... спаси́бо. Вре́мя идёт так ме́дленно...

Варианты:
1) уже́ ≠ ещё:
~~31/30~~, 10/9, 9/8, 15/14

2. — Как**о́е** сего́дня **число́**? **Ещё** девятна́дцат**ое**?
   — Да нет, **уже́** двадца́т**ое**. Девятна́дцатое бы́ло вчера́.
   — А-а... спаси́бо. Вре́мя идёт так бы́стро...

2) ещё ≠ уже:
~~19/20~~, 30/1, 27/28, 18/19

ЗАДАНИЕ 401.

● а) **Слушайте диалог «В кассе на вокзале». Куда и на какое число человек покупает билет?**

● б) **Играйте аналогичные диалоги.**

— Пожа́луйста, оди́н биле́т **в Но́вгород**. Туда́ и обра́тно.
— **На** како́е число́?
— **На пя́тое**. На за́втра.
— За́втра шесто́е, а не пя́тое.
— Пра́вда?! Как бы́стро идёт вре́мя! Зна́чит, на шесто́е. На **у́тренний** по́езд, пожа́луйста.

Аналогично: в Му́рманск / на деся́тое / на ночно́й по́езд,
в Краснода́р / на трина́дцатое / на дневно́й по́езд,
в Севасто́поль / на второ́е / на вече́рний по́езд.

ЗАДАНИЕ 402. Пишите ответы на вопросы.

1. Какое вчера было число? А позавчера? неделю назад? _____
_____

2. Какое число будет завтра? послезавтра? через неделю? _____
_____

КАКОЙ СЕГОДНЯ ДЕНЬ (недели)?

Неделя

1	среда	второй
2	понедельник	третий
3	четверг	пятый
4	вторник	первый день недели
5	суббота	седьмой
6	пятница	шестой
7	воскресенье	четвёртый

??? Какие дни **рабоч|ие** (когда люди работают)?
А какие дни **выходн|ые** (когда не работают)?

ЗАДАНИЕ 403. Пишите ответы на вопросы.

В России говорят: «Понедельник — день тяжёлый». Это правда? Почему? Какой день для вас тяжёлый и какой лёгкий? Какой день недели вы любите и почему?

_____
_____
_____

ЗАДАНИЕ 404. Пишите, какой это день недели. Слушайте и контролируйте себя. (⊙ стр. 310.)

1. Вчера и позавчера были выходные. А сегодня я опять работаю, потому что сегодня _____.
2. Эта неделя очень трудная, но завтра, слава Богу, последний рабочий день. Сегодня _____.
3. Ура! Сегодня _____. Завтра суббота, папа и мама не работают и у нас будут гости.
4. Завтра первый рабочий день, а сегодня _____.
5. Сегодня только третий рабочий день, только _____, а я уже хочу отдыхать.
6. «Понедельник — день тяжёлый», поэтому мы начинаем этот проект завтра, во _____.

Уровень A1. Часть IV. Урок 18

ЗАДАНИЕ 405. Игра «Календарь». Работайте в паре!

Партнёр 1:   — Тре́тий вто́рник — э́то како́е число́?
                    — Тре́тий вто́рник — э́то **пятна́дцатое** число́.

пн.	31	7	14	21	28
вт.	1	8	15	22	29
ср.	2	9	16	23	30
чт.	3	10	17	24	31
пт.	4	11	18	25	1
сб.	5	12	19	26	2
вс.	6	13	20	27	3

~~Тре́тий вто́рник.~~
Пе́рвый понеде́льник.
Тре́тье воскресе́нье.
Втора́я пя́тница.
Тре́тья среда́.
Второ́е воскресе́нье.
Пе́рвая суббо́та.
Тре́тья пя́тница.
Пя́тый четве́рг.
Пе́рвое воскресе́нье.
Четвёртый четве́рг.

Какой это может быть месяц?

Партнёр 2:   — Пятна́дцатое число́ — какой это день неде́ли?
                    — Пятна́дцатое число́ — это вто́рник.
                    — Како́й вто́рник?
                    — **Тре́тий**.

пн.	31	7	14	21	28
вт.	1	8	15	22	29
ср.	2	9	16	23	30
чт.	3	10	17	24	31
пт.	4	11	18	25	1
сб.	5	12	19	26	2
вс.	6	13	20	27	3

~~Пятна́дцатое число́.~~
Два́дцать четвёртое число́.
Шесто́е число́.
Три́дцать пе́рвое число́.
Восемна́дцатое число́.
Пя́тое число́.
Трина́дцатое число́.
Шестна́дцатое число́.
Оди́ннадцатое число́.
Двадца́тое число́.
Седьмо́е число́.

Урок 19

Ц — С — З — ца-са-за, цо-со-зо, цу-су-зу, це-се-зе;
ма**сс**а, ме**сс**а, ми**сс**ия, пре**сс**а, ка**сс**а, тра**сс**а, шо**сс**е́;
сентя́брь, **с**исте́ма, ве**з**де́, А́**з**ия, **с**ын, **с**и́ний, фи́**з**ика, е**с**ть, **з**игза́г, **з**а́пад, плю**с**,
зде**с**ь, **с**ва́дьба, **с**у́ффик**с**, **з**дра́в**с**твуй, **з**ло, **з**ло**с**ть, **с**е**з**о́н, **с**ерьё**з**ный;
са-ца, со-цо, сы-цы, су-цу — **С**е́на — **ц**ентр, **с**ыр — **ц**ирк, ли**с**а́ — ли́**ц**а, **с**еку́нда —
цигу́н, **с**а́ри — **ц**арь, **с**ерпанти́н — **ц**е́рковь, **Ц**е́зарь, ме́**с**я**ц**, **С**и**ц**и́лия;
жа-за, жи-зы, же-зэ, жу-зу — **ж**аль — **з**ал, **ж**ест — **З**евс, **ж**и**з**нь — **з**игза́г, д**ж**и́нсы,
д**ж**азме́н

ЗАДАНИЕ 406. Пишите правильную форму глагола!

> «~~они~~» + глагол[1]
> Там игра́**ют** джаз. Здесь не ку́р**ят**. Меня́ зов**у́т**... Говор**я́т**, что...

1. _____ (Говори́ть), что на Ма́рсе есть жизнь. 2. _____ (Говори́ть), что вегетариа́нцы не мо́гут есть ры́бу. 3. В ша́хматы так не _____ (игра́ть). 4. Об э́том не _____ (спра́шивать). 5. В э́то вре́мя здесь _____ (отдыха́ть). 6. _____ (Говори́ть), что ра́ньше э́то пиани́но сто́ило о́чень до́рого. 7. _____ (Расска́зывать), что там о́чень краси́во. 8. Э́ту рабо́ту так не _____ (де́лать). 9. О чём _____ (писа́ть) в газе́те? 10. Там хорошо́ _____ (де́лать) масса́ж. 11. В рестора́не «Сёгун» хорошо́ _____ (гото́вить) су́ши.

О чём не спра́шивают у вас в стране́? Что у вас в стране́ расска́зывают о Росси́и? о Фра́нции? об А́нглии? о Герма́нии? об И́ндии? о Кита́е? о Коре́е? об Анго́ле? об Аме́рике?..

_____
_____

ЗАДАНИЕ 407. Текст «Выходной день студента».

а) Слушайте/читайте текст. В тексте есть новые глаголы: устаю́, продаю́т, встава́ть, даю́т. Что они значат?

б) Как вы понимаете текст?

	да	нет
1. В Росси́и студе́нты в суббо́ту не у́чатся.	☐	☐
2. Лари́са рабо́тает и у́чится.	☐	☐
3. Она́ не хо́дит на дискоте́ки, потому́ что у неё фина́нсовые пробле́мы.	☐	☐
4. И́горь мно́го чита́ет.	☐	☐
5. Серге́й игра́ет джаз.	☐	☐
6. Он не любит танцева́ть.	☐	☐
7. Серге́й встаёт у́тром о́чень бы́стро.	☐	☐
8. И́горь не рабо́тает, так как его́ бога́тые роди́тели даю́т де́ньги на ба́ры.	☐	☐

[1] Смотрите в уроке 10.

ВЫХОДНО́Й ДЕНЬ СТУДЕ́НТА

Журнали́ст Андре́й Не́вский пи́шет статьи́ о **молод**ёжи. Его́ интересу́ет, как сейча́с отдыха́ют молоды́е лю́ди, и осо́бенно — как отдыха́ют студе́нты, потому́ что у них то́лько оди́н выходно́й день — воскресе́нье, так как в Росси́и в суббо́ту студе́нты и шко́льники обы́чно у́чатся. Студе́нты — лю́ди, как пра́вило, не**бога́т|ые**, потому́ что они́ не рабо́тают. Так ду́мал журнали́ст. У него́ бы́ли таки́е вопро́сы: «Как вы отдыха́ете, куда́ вы обы́чно хо́дите в воскресе́нье? Куда́ вы ходи́ли в **про́шл|ое** воскресе́нье и куда́ идёте в **сле́дующ|ее**?» Вот что отвеча́ли студе́нты.

Лари́са: «Я обы́чно никуда́ не хожу́. В про́шлое воскресе́нье я никуда́ не ходи́ла и в сле́дующее то́же никуда́ не иду́. О́тдых для меня́ — э́то сон. Наприме́р, когда́ у меня́ стресс, я иду́ спать. Поэ́тому в выходно́й день я до́лго-до́лго сплю. Пото́м до́лго гото́влю за́втрак и слу́шаю му́зыку, пото́м чита́ю кни́ги, смотрю́ телеви́зор и т. д.

Я живу́ одна́, но реа́льно я одна́ до́ма то́лько в выходно́й день, так как в други́е дни у́тром и днём я хожу́ в университе́т, учу́сь, а ве́чером рабо́таю в ба́ре. Весь день я говорю́, спра́шиваю, отвеча́ю, слу́шаю и опя́ть говорю́. Я о́чень **устаю́** говори́ть так мно́го. У меня́ есть друзья́, и я могу́ ходи́ть в го́сти. У меня́ есть де́ньги, и я могу́ ходи́ть в клу́бы, на дискоте́ки, но не хочу́. Я отдыха́ю, то́лько когда́ я одна́».

И́горь: «В воскресе́нье я обы́чно хожу́ в библиоте́ку. То́лько в э́тот день я могу́ не ходи́ть в университе́т. Ка́ждый день я хожу́ на ле́кции, и профессора́ говоря́т, каки́е кни́ги мы должны́ чита́ть. Но когда́ их чита́ть? Ка́ждый день я учу́сь: у́тром и днём слу́шаю ле́кции, а ве́чером де́лаю дома́шние зада́ния. И вообще́, кни́ги сейча́с стоя́т до́рого. А у меня́ фина́нсовые пробле́мы, потому́ что я не рабо́таю. Ра́ньше я рабо́тал ве́чером, но рабо́тать и учи́ться о́чень тру́дно. Я ду́маю, что учи́ться — э́то бо́лее интере́сно, чем рабо́тать, поэ́тому да́же в воскресе́нье я хожу́ чита́ть кни́ги в библиоте́ку. Иногда́, раз в ме́сяц, я хожу́ в теа́тр. Наприме́р, в про́шлое воскресе́нье я ходи́л на "Дя́дю Ва́ню". Теа́тр для меня́ — лу́чший о́тдых».

Серге́й: «Отдыха́ю я ка́ждый день. Обы́чно я хожу́ в ра́зные ба́ры, где **прода|ю́т** хоро́шее пи́во и где игра́ют хоро́шую му́зыку. Вчера́, наприме́р, ходи́л в бар "Хэ́ндрикс-клаб". Люблю́ **пи́**во, могу́ **пи**ть его́ весь ве́чер. Моё люби́мое пи́во — "Тинько́фф".

Иногда́ я хожу́ в ночны́е клу́бы на дискоте́ки, могу́ танцева́ть всю ночь. Пра́вда, пото́м у́тром тру́дно **встa|ва́|ть** ра́но, поэ́тому обы́чно я не хожу́ в университе́т на пе́рвую ле́кцию, на втору́ю иногда́ то́же не хожу́. Но э́то не пробле́ма, потому́ что мой сосе́д И́горь всегда́ хо́дит на все ле́кции и пи́шет всё, что говори́т профе́ссор. И я пото́м чита́ю, что он писа́л. А де́ньги на ба́ры и дискоте́ки **да|ю́т** роди́тели. Не могу́ же я ещё и рабо́тать! Когда́?! Днём я хожу́ в университе́т, учу́сь, ве́чером и но́чью отдыха́ю, а у́тром я сплю».

??? в) Что вы думаете об Игоре, о Ларисе и Сергее? Что они думают друг о друге? А куда ходите в выходные дни вы? Куда вы ходили, когда учились?

● ▲ г) Как живут и отдыхают студенты в России? у вас в стране?

_____
_____
_____
_____
_____

● ▲ д) У вас в стране люди часто днём (вечером) работают, а вечером (днём) учатся? Вы так делали/делаете? _____
_____
_____
_____

ГЛАГОЛЫ (I, -ё)
-ДА-, -СТА-, -ЗНА- + суффикс -ва-

да|ва́|ть + асс.	вста|ва́|ть	узна|ва́|ть[1] + асс.
я да|ю́ мы да|ём	вста|ю́ вста|ём	узна|ю́ узна|ём
ты да|ёшь вы да|ёте	вста|ёшь вста|ёте	узна|ёшь узна|ёте
он да|ёт они да|ю́т	вста|ёт вста|ю́т	узна|ёт узна|ю́т
дава́||л (а, и)	встава́||л (а, и)	узнава́||л (а, и)
дава́й(те)!	встава́й(те)!	узнава́й(те)!
+ прода|ва́ть + асс. препо|да|ва́ть + асс.	+ устава́ть	

▲ **ЗАДАНИЕ 408.** Пишите глаголы.

1. Наш юрист _____ (давать) консультации каждый день. 2. Странно! Он работает так много и не _____ (уставать). 3. Во сколько вы обычно _____ (вставать)? 4. Что _____ (продавать) ваш агент? 5. Летом солнце _____ (вставать) раньше, чем зимой. 6. Раньше моя мать _____ (преподавать) литературу и русский язык, а теперь она _____ (преподавать) только литературу. 7. Вы _____ (продавать) вещи, а мы их покупаем. 8. Вчера актриса была в парике, поэтому сегодня её никто не _____ (узнавать). 9. Кто у вас в школе _____ (преподавать) физику? 10. Медики говорят, что в наше время люди _____ (уставать) намного больше, чем они _____ (уставать) век назад.

_____
[1] 1. Новая информация
2. Идентификация

Уровень А1. Часть IV. Урок 19

11. **Петух** _____ (вставать) очень рано и начинает **петь**: «ку-ка-ре-ку!» Так люди _____ (узнавать), что уже утро и что они уже должны _____ (вставать). 12. В баре _____ (продавать) пиво. 13. Когда я планирую отпуск и покупаю тур, я сначала _____ (узнавать) в Интернете, где тепло. 14. Когда мы покупаем билет на поезд, мы сначала _____ (узнавать) номер поезда.

б) Смотрите на рисунок и рассказывайте историю.

ЗАДАНИЕ 409. Спрашивайте и отвечайте! Говорите и пишите!

1. Это правда, что кофе даёт энергию?
2. Какую информацию вы узнаёте по радио?
3. Какие новости вы узнаёте, когда читаете газету или журнал?
4. Вы часто даёте советы? Какие советы вы даёте?
5. Во сколько (когда) вы встаёте в понедельник? Во сколько вы идёте спать? А в выходные дни (в субботу и воскресенье)?
6. В какой день недели вы устаёте больше, чем в другие дни? Почему?
7. Как вы думаете в какой день магазины продают особенно много?
8. Говорят, что в наше время люди устают больше, чем раньше, потому что они намного больше узнают. Как вы думаете, это правда?
9. Как быстро вы устаёте, когда играете в теннис/волейбол/футбол?.. Вы устаёте, когда смотрите телевизор, работаете на компьютере, читаете книгу? Почему?
☺ 10. Это хорошая идея — продавать в кафе в университете пиво или вино? Почему?

ЗАДАНИЕ 410. Вставать, узнавать, давать, преподавать или уставать?

1. Когда́ я мно́го рабо́таю, я о́чень _____. 2. Когда́ я иду́ спать по́здно ве́чером, я пло́хо сплю и на сле́дующее у́тро до́лго _____. А вы? 3. Ка́ждый день я _____ интере́сные но́вости, но э́ту исто́рию я ещё не знал. 4. Когда́ у меня́ в жи́зни бы́ли тру́дные ситуа́ции, А́нна Петро́вна _____ хоро́ший сове́т. 5. Е́сли он — хоро́ший специали́ст и его́ дире́ктор _____ рекоменда́цию, то он мо́жет рабо́тать здесь. 6. Год наза́д он учи́лся в университе́те, а тепе́рь уже́ _____ хи́мию в шко́ле. 7. **Всегда́, когда́** он _____, он идёт спать ра́ньше, чем обы́чно. 8. Всегда́, когда́ я _____, я сра́зу гото́влю ко́фе. 9. Всегда́, когда́ мы смо́трим телеви́зор, мы _____ но́вости. 10. Всегда́, когда́ де́душка _____ сове́ты, мы де́лаем, как он говори́т.

КАК ДО́ЛГО? или КОГДА́?

— **Как до́лго** вы здесь живёте?
— **Неде́лю**.

— **Когда́** вы там бы́ли и **когда́** бу́дете?
— Я там был **год наза́д** и бу́ду **че́рез неде́лю**.

Как до́лго = ско́лько вре́мени? → асс.

Когда́? → асс. + наза́д ≠ че́рез + асс.

мину́т**у**, день, неде́л**ю**, ме́сяц, год...
↓
всё у́тро, весь день/ве́чер, всю ночь
всю о́сень/зи́м**у**/весн**у́**, всё ле́то

неде́лю наза́д ≠ че́рез неде́лю

у́тр**ом**, днём, ве́чер**ом**, но́чь**ю**
зим**о́й**, весн**о́й**, ле́т**ом**, о́сен**ью**

ЗАДАНИЕ 411. Когда? Отвечайте на вопросы, как в модели.

Моде́ль: — Обе́д уже́ **был**?
— Ещё нет, **бу́дет** че́рез **час**.

1. Результа́ты уже́ есть? (неде́ля). _____
2. По́чта уже́ была́? (час). _____
3. Реа́кция уже́ была́? (секу́нда). _____
4. У́жин уже́ был? (час). _____
5. Сигна́л уже́ был? (мину́та). _____
6. У тебя́ уже́ был о́тпуск? (ме́сяц). _____

● Какое число было неделю назад? Какое число будет через неделю?

ЗАДАНИЕ 412. Был или будет? Когда?

1. Че́рез (неде́ля____) А́лла _____ в Аргенти́не. 2. (Неде́ля____) наза́д Эдуа́рд _____ в Герма́нии. 3. Че́рез (день____) я _____ в дере́вне. 4. Че́рез (мину́та____) он _____ на берегу́. 5. Где ты _____ (мину́та____) наза́д? 6. (Секу́нда____) наза́д она́ _____ до́ма. 7. (День____) наза́д мы _____ в Копенга́гене. 8. Че́рез (секу́нда____) я _____ на ку́хне. 9. Че́рез (год____) мы _____ в И́ндии. 10. (Год____) наза́д ты _____ на Ко́рсике. 11. Че́рез (ме́сяц____) он _____ в командиро́вке.

Уровень А1. Часть IV. Урок 19

ЗАДАНИЕ 413. Когда или как долго?

Модель: Когда́ вы там рабо́тали? (год, зима́) →
— **Когда́** вы там рабо́тали?
— Я там рабо́тал **год наза́д, зимо́й**.

1. Ско́лько вре́мени вы здесь отдыха́ете? (ме́сяц). _____
2. Когда́ ты бу́дешь в Москве́? (неде́ля). _____
3. Когда́ ты жил в Жене́ве? (год). _____
4. Вы уже́ давно́ здесь рабо́таете? (неде́ля). _____
5. Когда́ ты бу́дешь до́ма? (час). _____
6. Когда́ вы там отдыха́ли? (о́сень). _____
7. Ты уже́ давно́ говори́шь по телефо́ну? (мину́та). _____
8. Он до́лго писа́л э́ту кни́гу? (вся жизнь). _____
9. Они́ до́лго здесь жи́ли? (вся весна́ и всё ле́то). _____
10. Когда́ они́ бу́дут здесь? (ве́чер). _____
11. Когда́ у тебя́ была́ командиро́вка? (зима́). _____
У тебя́ была́ дли́нная командиро́вка? (ме́сяц). _____

ЗАДАНИЕ 414. Смотрите на рисунки! Кто/что, где и когда будет?

1. _____

2. _____

3. _____

ВО СКОЛЬКО?

ЗАДАНИЕ 415. Во сколько? ↔ Когда? Говорите!

Модель: — Когда́?
— Днём.
— Во ско́лько?
— В 13:00.

в 8:20 _____   в 16:10 _____   в 18:30 _____   в 02:00 _____
в 14:00 _____ в 04:20 _____   в 23:15 _____   в 19:00 _____

КАК ЧАСТО?

асс.: ка́ждый день, ка́ждую сре́ду, ка́ждое воскресе́нье…
ка́ждый год/ме́сяц, ка́ждую неде́лю… ↔ раз в год/ме́сяц/неде́лю

ЗАДАНИЕ 416. Отвеча́йте на вопро́сы!

1. Как ча́сто вы хо́дите на рабо́ту? 2. Как ча́сто у вас быва́ет выходно́й день? 3. Как ча́сто вы отдыха́ете? 4. Как ча́сто вы за́втракаете? 5. Как ча́сто вы у́жинаете? 6. Как ча́сто вы покупа́ете оде́жду? 7. Как ча́сто вы покупа́ете проду́кты? 8. Как ча́сто у вас быва́ет о́тпуск? 9. Как ча́сто вы хо́дите в рестора́ны?

В — Ф — ва-фа, вя-фя, вья-фья, во-фо, вё-фё, вьё-фьё, ве-фе, вье-фье, вы-фы, ви-фи, вьи-фьи, ву-фу, вю-фю, вью-фью;
в январе́, **в** декабре́, **в** ноябре́, **в** ма́е, **в** а́вгусте, **в** апре́ле, **в** октябре́,
во вто́рник, **в** воскресе́нье, [вы]: **в** ию́ле, **в** ию́не;
[ф]: **в** феврале́, **в** сентябре́, **в** понеде́льник, **в** сре́ду, **в** пя́тницу, **в** суббо́ту, **в** четве́рг

«статика»   **когда́?**   «динамика»
в + prep.   **в** + асс.

в (э́том) ве́ке / году́ / ме́сяце   в (э́тот) моме́нт / час / день
в январе́, … в декабре́   в (э́ту) секу́нду / мину́ту

на (э́той) неде́ле

В како́й день неде́ли?
в понеде́льник, в**о** вто́рник, в сре́д**у**,
в четве́рг, в пя́тниц**у**,
в суббо́т**у**, в воскресе́нь**е**

ЗАДАНИЕ 417. Спра́шивайте и отвеча́йте.

а) 1. Где и когда́ (ме́сяц) вы отдыха́ли? 2. Где бы́ли в а́вгусте ва́ши друзья́, ва́ша семья́? 3. Вы уже́ бы́ли в Росси́и? Когда́ (о́сенью, зимо́й…)? 4. Когда́ вы бы́ли в Герма́нии (Швейца́рии, Ита́лии…)? 5. Когда́ у вас был после́дний о́тпуск / **кани́кулы**? 6. Вы обы́чно отдыха́ете (в о́тпуске) зимо́й и́ли ле́том? Вы отдыха́ете ка́ждый год?

б) 1. Что вы делали/будете делать в этом году зимой: в декабре, в январе, в феврале?
2. Где вы были/будете в этом году весной и летом: в марте, в апреле, в мае, в июне, в июле, в августе?
3. Что вы делали/будете делать в этом году осенью: в сентябре, в октябре, в ноябре?

_____
_____
_____
_____

в) 1. Что вы делали/будете делать на этой неделе в понедельник, во вторник, в среду, в четверг, в пятницу, в субботу, в воскресенье?

_____
_____
_____

ЗАДАНИЕ 418. + когда?

1. Я помню, что _____ (январь) ты не курил, а сейчас ты куришь? 2. В Петербурге _____ (апрель) иногда ещё лежит снег. 3. _____ (среда) _____ (утро) у нас был экзамен. 4. Первый раз я смотрел этот фильм _____ (февраль). 5. Раньше я не спала _____ (день). Но эта неделя была очень трудная, поэтому _____ (четверг) и _____ (пятница) я спала час или два _____ (день). 6. Как быстро ваша фирма строит дом! _____ (март) был только фундамент, а сейчас вы строите уже четвёртый этаж! 7. Это правда, что в Китае Новый год _____ (весна)? 8. Не помню, когда я работал здесь: _____ (октябрь) или _____ (ноябрь). Но знаю точно, что это было _____ (осень).
9. _____ (сентябрь) в России начинают работать все школы и институты.
10. В России раньше Новый год был _____ (весна), _____ (март), потом _____ (осень), _____ (сентябрь), а теперь _____ (зима), _____ (январь).

ЗАДАНИЕ 419. Приглашение. Кто + кого + куда + когда (во сколько) приглашает?

Модель: Мы, вы, театр, среда (вечер), 18:30. →

— Мы приглашаем вас в театр.
— Когда?
— В среду вечером.
— Во сколько?
— В 18:30.

1. Они, мы, баня, суббота (день), 15:00.
2. Она, ты, гости, воскресенье (утро), 11:00.
3. Мы, вы, море, лето (август).
4. Он, она, дискотека, пятница (вечер), 22:00.
5. Муж, жена, ресторан, неделя, суббота (вечер).
6. Режиссёр, актриса, премьера, среда (вечер), 19:00.

ЗАДАНИЕ 420. + **Быть (один раз)** или **быва|ть (регулярно)** + **когда?**

а) 1. (Июнь) в Индии **обычно** _____ очень **жаркая** погода. 2. В Петербурге (май) снег _____ очень **редко**. 3. **Обычно** отпуск у него _____ (зима). Но **последний раз** отпуск у него _____ (осень), а (декабрь) он уже работал. 4. (Лето), (июль) или (август), мы **часто** _____ в деревне. 5. (Сентябрь) они **первый раз** _____ в Крыму.

б) Где и когда бывает +30 °C? _____
Где и когда никогда не идёт дождь? снег? _____
Где и когда бывает −20 °C? _____
Где и когда бывает +5 °C? _____
Где и когда бывает снег? _____
Где и когда каждый день идёт дождь? _____

в) 1. Вы часто бываете на море? 2. У вас часто бывает грипп или ангина? 3. Вы часто бываете в магазине? 4. Вы часто бываете в ресторане? 5. У вас часто бывают проблемы на работе? 6. В Петербурге часто бывает дождь? А у вас в городе/деревне? 7. У вас часто бывает депрессия? 8. У вас часто бывают вопросы на уроке?

ЗАДАНИЕ 421. (⊙ стр. 310.) Текст «Самое жаркое место в мире».

а) Как вы думаете, где самое жаркое место в мире?
б) Слушайте текст. Вы думали правильно?

ИГРАТЬ: НА ЧЁМ? или ВО ЧТО?

| **НА** + prep.
на саксофоне, на флейте,
на пианино… | **В** + acc.
в футбол, в волейбол…
в игру: в «Лего», в шахматы, в карты… |

ЗАДАНИЕ 422.

а) На чём / во что они играют?

267

Уровень А1. Часть IV. Урок 19

б) На чём или во что?

1. Он отлично играет _____ (пианино), но голос у него ужасный.
2. Владимир неплохо играет _____ (шахматы).
3. Раньше я играла _____ (волейбол).
4. Как хорошо она играет _____ (саксофон)!
5. Каждую неделю они играют _____ (боулинг).
6. Я не знала, что ты играешь _____ (гитара).
7. Я никогда не играл _____ («Лего»).
8. В августе мы играем _____ (футбол), а в феврале — _____ (хоккей).
9. Это правда, что ты играешь _____ (аккордеон)?
10. Где люди часто играют _____ (гольф)?
11. Я плохо играю _____ (теннис).
12. Это очень талантливый музыкант, он играет не только _____ (рояль, m.), но и _____ и _____ (виолончель, f. и флейта).
13. Паганини играл _____ (**скрипка**).
14. Он опять весь день играл _____ (компьютерные игры).
15. Я не играю _____ (карты) в казино.
*16. Мальчики играли _____ (война).
*17. Она не любит тебя, она только играет _____ (любовь).

ЗАДАНИЕ 423. Текст «Игры».

а) Смотрите на рисунки и слушайте текст. Пишите, кто на чём / во что играет.

б) Слушайте текст ещё раз и отвечайте на вопросы.

Как вы понимаете текст?

        да нет

1. Саша каждый день играет на аккордеоне.
2. Соседи любят, когда Саша играет на аккордеоне.
3. Мама умеет играть на гитаре.
4. Обычно Петя играет в теннис в субботу.
5. Петя не умеет играть в шахматы.
6. Мама любит, когда её дети играют в компьютерные игры.

ИГРЫ

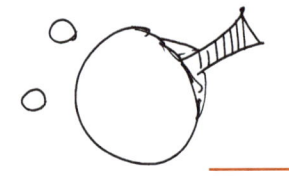

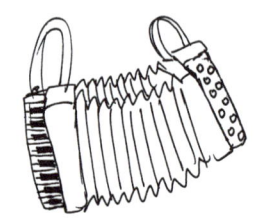

в) Читайте текст и рассказывайте, как видят ситуацию папа, Саша, их соседи.

Вся наша семья любит играть. В субботу и воскресенье мы были на даче. Днём наши сыновья Саша и Петя играли в футбол, а я и мой муж — в волейбол. А вечером у нас были гости, и я для них играла на гитаре. Все говорят, что я неплохо играю. Но, конечно, раньше я играла лучше...

Вчера, в понедельник, Саша играл на аккордеоне. Он учится играть на аккордеоне, и его учитель говорит, что он должен играть каждый день. Но, к сожалению, Саша делает это только в понедельник, среду и пятницу. Но наши соседи думают, что это к счастью...

А Петя не любит музыку. Но он любит спорт. Утром, и зимой и летом, он делает гимнастику на улице! Встаёт в семь и идёт на улицу! Во вторник и четверг Петя играет в теннис. Весной, летом и осенью почти каждую субботу он играет в футбол. У них в школе есть футбольная **команда**. А зимой он играет в хоккей.

Ещё мы любим театр. Неделю назад, в прошлый четверг вечером, мы были на премьере. Смотрели комедию. Актёры играли прекрасно! Но оперу и балет я не люблю. Я думаю, что это скучно. А вот Саша очень любит оперу.

Каждый год мы отдыхаем летом на море. В этом году мы были на море в июле. Днём мы играли на пляже в волейбол, а вечером в пинг-понг. **Выигрывал** обычно Петя. Это логично, он у нас в семье самый спортивный. Но когда мы играли в шахматы, он всегда **проигрывал**, потому что он ещё плохо играет в шахматы.

Но есть в семье одно хобби, которое я ненавижу. И сыновья, и муж играют в компьютерные игры. Я понимаю, когда они играют час или два. Но они могут играть весь день! Начинают играть утром и кончают вечером. А муж вчера играл всю ночь! Ну просто как ребёнок! Что делать, не знаю...

??? Когда они отдыхали на море?
Во что они играли в июле?
Когда Петя играет в хоккей?
Когда муж последний раз играл в компьютерные игры?
Когда они были в театре?
Кто в семье играет на гитаре?
Кто в семье самый музыкальный, самый спортивный и самый азартный человек?

г) 1. Вы играли в футбол / в волейбол / в баскетбол, когда учились в школе? Ваша команда выигрывала или проигрывала?
2. Как вы думаете, сколько времени и как часто дети могут /должны играть в компьютерные игры?

_____
_____
_____
_____
_____
_____
_____

ЗАДАНИЕ 424.

а) М о д е л ь: 1) гитара →
— **На чём** играет гитар**и́ст**?
— Он игра́ет на гита́ре.

2) волейбо́л →
— **Во что** игра́ют волейбол**и́сты**?
— Они́ игра́ют в волейбо́л.

1) Баскетбо́л, аккордео́н, те́ннис, хокке́й, фле́йта, футбо́л, виолонче́ль (f.), ша́хматы, пиани́но.

2) Рок-гру́ппа, футбо́льная кома́нда, симфони́ческий орке́стр, волейбо́льная кома́нда, джазме́н.

б) 1. А на чём и во что вы игра́ете? Кто вас учи́л игра́ть в э́ти и́гры и́ли на музыка́льном инструме́нте? 2. Вы аза́ртный челове́к? В каки́е аза́ртные и́гры вы игра́ете? 3. В каки́е и́гры лю́ди игра́ют у вас в стране́? 4. Во что лю́ди игра́ют на пля́же? в санато́рии? на у́лице? на компью́тере?

ЗАДАНИЕ 425. (⊙ стр. 311.)

а) Слу́шайте диало́г! Кто разгова́ривает? Каки́е у них пробле́мы?

б) Пиши́те слова́, слу́шайте и контроли́руйте себя́.

— Мой сын так хорошо́ игра́ет на _____! А _____ игра́ет ваш сын?
— Мой сын ____ на чём ____ игра́ет. Он не лю́бит му́зыку. Но он игра́ет _____.
— Да, спорт — э́то хорошо́. А наш ма́льчик совсе́м неспорти́вный. Он ду́мает то́лько _____ ...
— Ну что вы! Му́зыка — э́то прекра́сно.

в) 1. На чём и во что игра́ют ва́ши де́ти, бра́тья, сёстры, роди́тели, друзья́?..
2. В Росси́и есть спорти́вные и музыка́льные шко́лы. А у вас в стране́ они́ есть?

ЗАДАНИЕ 426. Работайте по модели.

М о д е л ь: Он такой **высокий**! Наверное, он играет в волейбол!

~~Он такой высокий!~~	шахматы
Он такой азартный!	~~волейбол~~
Он такой спокойный!	гольф
Ребёнок ещё такой маленький!	карты
Она такая умная!	игрушки
Они такие высокие!	баскетбол

ЗАДАНИЕ 427. Александра — очень активная девушка. Вот её ежедневник.

а) Слушайте и пишите «+», где в ежедневнике такие же варианты.

пн.	вт.	ср.	чт.	пт.	сб.	вс.
11:00 — лекция в университете 19:00 — концерт в филармонии	15:00 — салон красоты 18:00 — ресторан	12:30 — семинар в университете 17:00 — фотовыставка	11:00 — лекция в Эрмитаже 17:30 — фитнес-клуб	10:00 — конференция в университете 16:00 — экскурсия в Эрмитаже	12:00 — баня и бассейн	15:00 — массаж 19:00 — театр

б) Смотрите на рисунки! Когда и где была Александра?

в) Где здесь ошибки? Смотрите информацию в ежедневнике, пункт а).

Модель: В пя́тницу днём Алекса́ндра была́ на ле́кции. →
Алекса́ндра была́ на ле́кции **не** в пя́тницу днём, **а** в четве́рг у́тром.

1. ~~В пя́тницу днём Алекса́ндра была́ на ле́кции.~~ 2. Во вто́рник у́тром она́ была́ в сало́не красоты́. 3. В сре́ду днём она́ была́ на семина́ре. 4. В суббо́ту ве́чером она́ была́ в ба́не. 5. В пя́тницу ве́чером она́ была́ в фи́тнес-клу́бе. 6. В понеде́льник ве́чером она́ была́ в рестора́не. 7. В сре́ду днём она́ была́ на вы́ставке. 8. В суббо́ту у́тром она́ была́ на масса́же. 9. В четве́рг у́тром она́ была́ в Эрмита́же. 10. В понеде́льник у́тром она́ была́ в университе́те. 11. В воскресе́нье днём она́ была́ в теа́тре. 12. В сре́ду ве́чером она́ была́ в филармо́нии.

??? Как вы ду́маете, кто она́? Студе́нтка, профе́ссор, худо́жник, спортсме́нка?.. Почему́ вы так ду́маете? Как вы ду́маете, что она́ де́лала ве́чером в суббо́ту и у́тром в воскресе́нье?

ЗАДАНИЕ 428. а) Вы делаете план на неделю?

Ваша стандартная неделя / ваша неделя в России:

пн.	вт.	ср.	чт.	пт.	сб.	вс.

б) Где вы были (или хотите быть) на этой неделе…

в понедельник _____
во вторник _____
в среду _____
в четверг _____
в пятницу _____
в субботу _____
в воскресенье _____

Урок 20

20.1

🗣️ П — Б
П — па-пя-пья, пэ-пе-пье, по-пё-пьё, пы-пи-пьи, пу-пю-пью —
пульс — **пю**ре́, кана**пе́** — **пе́**нсия, **по**ст — **пё**с, **по**то́м — **Пё**тр — **пьё**т, капе́лла —
о́**пе**ра — **пье́**са, ка**пу́**ста — ка**пю**шо́н — **пью**, **па́**спорт — **пя**ть;
Б — ба-бя-бья, бэ-бе-бье, бо-бё-бьё, бы-би-бьи, бу-бю-бью;
бы́стро — **би**стро́ — о**бъе́**кт, **бу**льдо́г — **бю**ро́, гло́**бу**с — **бю**ст;
па-ба, пя-бя, по-бо, пё-бё, пу-бу, пю-бю, пэ-бэ, пе-бе, пы-бы, пи-би;
пя-пья-бя-бья, пё-пьё-бё-бьё, пю-пью-бю-бью, пе-пье-бе-бье, пи-пьи-би-бьи;
па́па — **ба́**бушка, **пас** — **бас**, **пар** — **бар**, **по**ст — **бо**сс, **плю**с — **блю**з, **пл**ака́т —
блока́да, **пр**из — **бр**из, **пю**ре́ — **бю**ро́, **пь**е́са — о**бъе́**кт, **па**льто́ — **ба**лла́ст, сапоги́ —
со**ба́**ки, капита́н — **би**но́кль, ка**пу́**ста — авто́**бу**с;
[п]: а**б**стра́ктный, а**б**солю́тно; зу**б** — зу́**бы**, клу**б** — клу**бы́**, кра**б** — кра́**бы**, хле**б** —
хле́**б**ный, гри**б** — гри**бн**о́й

ГЛАГОЛ + объект (асс.)

	п|е|ть (I, ё)	п|и|ть (I, ё)	есть	м|ы|ть[1] (I)
я	по|ю́	пь|ю	я ем	мо́|ю
ты	по|ёшь	пь|ёшь	ты ешь	мо́|ешь
он	по|ёт	пь|ёт	он ест	мо́|ет
мы	по|ём	пь|ём	мы ед|и́м	мо́|ем
вы	по|ёте	пь|ёте	вы ед|и́те	мо́|ете
они	по|ю́т	пь|ют	они ед|я́т	мо́|ют

past: пе\|л (-а, -и)   пи\|л (-а́, -и)   ел (-а, -и)   мы\|л (-а, -и)

noun: пе́сня (о чём)   напи́ток   еда́ (sing.)   мы́ло

---
[1] Мыть руки, посуду, но: стира́\|ть оде́жду.

Уровень А1. Часть IV. Урок 20

273

ЗАДАНИЕ 429. Пить или петь?

а) 1. Какой чай ты обычно _____? 2. Кто так громко вчера здесь _____? 3. Ты всегда _____ так высоко? 4. Я не _____ алкоголь. 5. Я не _____ такие старые песни. 6. Какую воду он _____ обычно? 7. Мы _____ **стол**овое вино. 8. Они _____ за**стол**ьные песни. 9. Она любит _____ холодный чай. 10. Этот певец _____ по-русски и по-французски. 11. Чай слишком горячий, я не могу его _____. 12. У него ангина, он не может _____. 13. Что ты _____: сок или воду? 14. Я не понимаю, о чём _____ эта певица. 15. Они вчера _____ караоке.

б) Пьян|ый (-ая, -ые). Алкоголик = пьяница.
1. Вы любите, когда люди / ваши друзья пьяные? Почему?
2. Часто иностранцы говорят, что когда они пьяные, то они лучше говорят по-русски. А вы?
3. Когда люди пьяные, они иногда добрые и весёлые, а иногда агрессивные. Какая реакция у вас?
4. Почему пьяные часто поют?

ЗАДАНИЕ 430. Работайте по модели.

а) Мыть + что/кого? (acc.)

Модель: я + посуда → Я мою посуду.

ты + руки	он + пол	она + посуда
вы + машина	я + ваза	мама + дочь
мы + чашки	ты + люстра	он + бутылка
я + окно	она + лицо	вчера + он + голова
вы + тарелка и кастрюля	мы + обувь	они + ноги

б) чистый ≠ грязный

Модель: 1) чистая ваза →
— Ваза **чистая**?
— Нет, грязная. Я её **ещё не мыл**.

2) грязный пол →
— Пол **грязный**?
— Нет, чистый. Я его **уже мыл**.

грязный виноград	чистое яблоко	грязное окно
чистые фрукты	грязная обувь	чистый пол
грязный стол	чистые руки	грязный нож
чистая посуда	грязная машина	

ЗАДАНИЕ 431. Классификация.

а) Читайте слова внизу и пишите в «овощи» или «фрукты». Где они на рисунке?

Óвощи   Фрýкты

огурéц, помидóр, апельсѝн, абрикóс, **морко́вь**, картóфель, я́блоко, **грýша**, свёкла, лук, капýста, виногрáд, банáн

б) Какие фрукты и овощи вы любите? Как часто вы их едите?

ЗАДАНИЕ 432. Еда (первое, второе, десерт) или напиток?

а) + какой/какая: (не)вкýсный, горя́чий, холóдный, **полéзный**, рýсский, итальянский…

молокó — полéзный напи́ток
кóфе —
суп —
коктéйль —
торт —
шампáнское —
борщ —
пи́во —
квас —
кока-кóла —

макарóны —
пельмéни —
салáт —
пи́цца —
чай —
фрýкты —
кефи́р —
шашлы́к —
сок —
йóгурт —

б) 1. Какáя едá вáша люби́мая и какóй напи́ток ваш люби́мый? Каки́е экзоти́ческие блю́да вы éли и каки́е экзоти́ческие напи́тки пи́ли? Где?
2. Вы éли в Росси́и борщ, **сметáну**, **икрý**, блины́? Вы пи́ли **квас** и **кефи́р**?

Уровень А1. Часть IV. Урок 20

275

ЗАДАНИЕ 433. Работайте по модели.

а) Субъект + глагол + объект.

М о д е л ь: я + помидо́ры → Я **мо́ю** помидо́ры и **ем** их.

1) ты + виногра́д, 2) она́ + я́блоко, 3) вы + фру́кты, 4) мы + апельси́н, 5) я + абрико́сы, 6) вчера́ + ты + огуре́ц, 7) час наза́д + я + морко́вь, 8) они́ + ма́нго, 9) мы + папа́йя, 10) я + гру́ша

б) Кто какой сок пьёт?

М о д е л ь: я́блоко → **я́блочн**|ый
апельси́н → **апельси́нов**|ый

1. Мой брат _____ анана́с_____ сок. 2. Его́ жена́ _____ тома́т_____ сок. 3. Мы _____ апельси́н_____ сок. 4. Вы лю́бите грейпфру́т_____ сок? 5. Я _____ абрико́с_____ сок. 6. Ты _____ я́блоч_____ сок. 7. Вчера́ мы _____ виногра́д_____ сок. 8. Вы _____ грана́т_____ сок? 9. Я ненави́жу морко́в_____ сок. 10. Моя́ сосе́дка _____ гру́**ш**_____ и́ли я́блоч_____ сок.

в) Како́й сок обы́чно пьёте вы? Как ча́сто?

_____

г) Кто э́то? 🗝

— Э́то дома́шнее живо́тное, кото́рое лю́бит молоко́.
— Э́то морско́е живо́тное, кото́рое пьёт молоко́, когда́ оно́ ма́ленькое.

ЗАДАНИЕ 434. а) Говори́те!

— Ива́н, **ты** хо́чешь есть?   — Ива́н, **ты** хо́чешь есть?
— Да, хочу́. Я о́чень голо́дный.   — Спаси́бо, нет. Я не голо́дный.

Аналоги́чно: ~~ты (да)~~, ~~ты (нет)~~, она (да), вы (нет), он (да).

> за́втракать, обе́дать, у́жинать (~~что~~) **где**
> есть (**что**) **на** за́втрак/обе́д/у́жин…

Я **за́втракаю до́ма**. ↔ **На** за́втрак я **ем йо́гурт**.

б) Отвеча́йте на вопро́сы.

1. Что вы еди́те на за́втрак? на обе́д? на у́жин? Когда́ вы еди́те фру́кты? Когда́ вы еди́те сала́т? суп? Когда́ вы пьёте чай, ко́фе, молоко́, сок?..
2. Когда́ (на за́втрак, обе́д и́ли у́жин) едя́т и́ли пьют:
суп, сала́т, эспре́ссо, бутербро́д, спаге́тти, вино́, ка́шу, пи́ццу, капучи́но, сок, ры́бу, во́ду, бифште́кс, фру́кты, молоко́, хлеб, карто́фель фри, блины́, су́ши, сыр?..

_____
_____
_____

ЗАДАНИЕ 435. (◉ стр. 311.)

а) Читайте текст и пишите глаголы **есть** или **пить**.
Кто рассказывал: мужчина или женщина? Почему вы так думаете?

б) Слушайте и контролируйте глаголы.

ЧТО Я ЕМ?

Утром, когда я встаю, я сначала _____ сок. Обычно я пью апельсиновый сок, но иногда грейпфрутовый или яблочный. Потом я завтракаю. Иногда люди не завтракают. Моя подруга, например, никогда не _____ утром, но я не могу работать, если я голодная.

Обычно на завтрак я _____ мюсли, йогурт и _____ чёрный кофе. Иногда я _____ утром яблоко или банан. Моя кофеварка сейчас не работает, поэтому сегодня я готовила кофе в турке. Я люблю и кофе, и чай. Но кофе тонизирует лучше, он даёт энергию, поэтому, когда я работаю, я _____ на завтрак кофе. А в субботу и воскресенье я готовлю ароматный чай. Особенно я люблю зелёный или жасминовый чай.

Днём я обедаю в кафе. Я всегда _____ на обед суп и салат, иногда _____ второе. Когда у меня маленький перерыв на обед, я покупаю бизнес-ланч: это быстро и недорого. И почти всегда я покупаю на десерт мороженое или пирожное и опять _____ кофе.

Ужинаю я всегда дома. Я люблю готовить. Когда я вечером готовлю ужин, я отдыхаю. Особенно я люблю делать овощные салаты: это быстро, вкусно, красиво и полезно. Обычно я делаю лёгкий ужин, потому что я ужинаю поздно: не раньше, чем в восемь. Иногда я просто _____ фрукты и _____ йогурт или кефир, и это весь мой ужин. Если вечером я ела мало, утром у меня обычно хороший аппетит, и я ем на завтрак не только мюсли и фрукты, но и бутерброд.

А вчера вечером дома я ничего не _____, потому что у нас на работе была вечеринка. На вечеринке я _____ бутерброды, сыр, оливки и _____ вино. И дома вечером я совсем не хотела _____, я хотела только спать. Но сегодня на ужин я буду готовить суши, потому что у меня будут гости. Мы будем _____ суши и _____ зелёный чай.

1. Что она делает правильно (хорошо для здоровья) и неправильно?
2. А что, когда и почему обычно едите вы? Пишите аналогичный рассказ.

Уровень А1. Часть IV. Урок 20

277

ЗАДАНИЕ 436. + пить *или* есть + что?

а) 1. Я _____ (сок). 2. Ты _____ (пицца). 3. Летом они _____ (холодный борщ). 4. Он _____ (мартини). 5. Она _____ (йогурт). 6. Вы _____ (кока-кола)? 7. Мы _____ только (молочный шоколад). 8. Джулия _____ (горячий шоколад) или (какао). 9. Бернард _____ только (капуччино). 10. Вегетарианцы _____ только (овощи). 11. Я _____ только (чёрный кофе). 12. Вы вчера _____ (бананы)?

б) 1. Почему вы не _____ (мясо)? 2. У вас есть вода? Я хочу _____ . 3. Обычно Таня _____ (грейпфрутовый сок). 4. Я не _____ так много. 5. У вас есть еда? Я хочу _____ . 6. Мы _____ (манго). 7. Вы уже _____ (чай)? 8. Когда на улице жарко, русские _____ (квас). 9. Элизабет _____ газированную минеральную (вода). 10. Зимой они _____ (горячий чай). 11.*Мы _____ , чтобы жить, а не живём, чтобы _____ .

ЗАДАНИЕ 437. Спрашивайте и отвечайте.

а) 1. Что вы пьёте и едите, когда встаёте? 2. Что вы пьёте и едите, когда устаёте? когда у вас депрессия? 3. Что вы ели и пили, когда у вас были экзамены?

_____
_____
_____

4. Вы часто едите суши, пельмени, макароны, суп?.. 5. Вы часто пьёте кофе, чай, молоко, сок, воду?.. 6. Когда вы нервничаете, вы можете есть и пить? 7. У вас есть любимая песня? Какая? У вас есть любимая русская песня? Вы часто поёте?

_____
_____
_____

б) ТОСТЫ:

пить + **за** что/кого (**асс.**)

Я пью **за** (ваше) здоровье! Я пью **за** вас!

278

Т.Л. Эсмантова. Русский язык: 5 элементов

ЗАДАНИЕ 438. Кто и за что пьёт?

а) Пишите фразы (субъект + пить + за что/кого).

я + любо́вь _____
ты + здоро́вье _____
он + успе́х _____
она́ + **уда́ча** _____
я + сча́стье _____
они́ + мир _____
я + ты _____
мы + они́ _____
я + вы _____
мы + наш прогре́сс _____

б) Пишите конец.

Когда́ я у неё на дне рожде́ния, я… _____
Когда́ у нас есть пробле́ма, мы… _____
Когда́ он лю́бит её и она́ его́, они́… _____
Сего́дня Но́вый год… _____
За́втра ваш колле́га идёт в о́тпуск… _____
Сего́дня у тебя́ был экза́мен… _____
Вы изуча́ете ру́сский язы́к… _____

1. За что вы мо́жете пить сего́дня? Почему́? _____
_____
2. У вас есть люби́мый тост? Како́й? _____
_____

ЗАДАНИЕ 439. + мыть, петь, пить или есть.

1. Когда́ у меня́ был грипп, я не хоте́л _____. 2. Я сижу́ на дие́те: _____ то́лько я́блоки и _____ то́лько я́блочный сок. 3. О́сенью мы ча́сто _____ о́бувь, потому́ что на у́лице гря́зно. 4. Э́то кошма́р! Ка́ждый ве́чер они́ снача́ла _____ коньяк или во́дку, пото́м _____ пе́сни, а мы _____ посу́ду. 5. На пе́рвое ру́сские _____ суп, на второ́е — мя́со или ры́бу, гарни́р и сала́т, а на тре́тье они́ _____ десе́рт и _____ чай и́ли ко́фе. 6. Наве́рное, он о́чень лю́бит но́вую маши́ну, потому́ что он _____ её ка́ждый день. 7. Мы _____ за любо́вь! 8. Здесь, в кафе́, они́ до́лго сиде́ли, мно́го _____ и _____. 9. Почему́ так гря́зно? Кто здесь _____ пол? 10. Посудомо́ечная маши́на _____ посу́ду до́лго, но о́чень чи́сто.

Уровень А1. Часть IV. Урок 20

279

ЗАДАНИЕ 440. ТЕСТ: мыть, петь, пить или есть. Результат: _____ / 12 баллов.

1. Обычно на вечеринке Маша _____ только шампанское. Но сегодня на улице было очень холодно, и она _____ водку. 2. Ты знаешь, что _____ пингвины? Рыбу? 3. Хирурги должны очень хорошо _____ руки. 4. Почему ты ничего не _____? — Я не голодный, я уже _____ час назад. 5. Раньше этот музыкант не _____, он только играл на гитаре. А теперь он и _____, и играет. 6. Пётр _____ вино, когда ужинает. 7. Не знаю, что делать: вчера моя собака ничего не _____, сегодня она тоже весь день ничего не _____. 8. Они _____ о любви. 9. Мы _____ за ваше здоровье!

ЗАДАНИЕ 441.

а) Вы едите мясо, рыбу, яйца, **икру|у**? Вы знаете, почему строгие вегетарианцы не едят эти продукты? Как вы думаете, это правильный принцип? Почему?

_____
_____
_____
_____

б) Какие диеты вы знаете? Что люди едят, когда сидят на диете? Кто обычно сидит на диете? Что вы думаете о диете?

_____
_____
_____
_____

в) Один философ говорил: «Вы — это **то, что** вы едите». Как вы думаете, что это значит?

_____
_____
_____
_____

ЗАДАНИЕ 442. (⊙ стр. 311–312.) **Текст «Вегетарианка».**

а) Слушайте!

Как вы понимаете текст?   да   нет

1. Миша думает, что вегетарианство — это хорошая идея.   ☐   ☐
2. Маша говорит, что Миша тоже должен не есть мясо.   ☐   ☐
3. Маша и Миша — хорошая пара.   ☐   ☐
4. Раньше Маша очень редко ела рыбу.   ☐   ☐
5. Миша приглашает Машу только в вегетарианские рестораны. ☐   ☐
6. Миша любит есть один.   ☐   ☐
7. Миша думает, что Маша «сидит на диете», потому что у неё
   плохая фигура.   ☐   ☐

280

Т.Л. Эсмантова. Русский язык: 5 элементов

б) В тексте есть не все слова. Слушайте текст ещё раз и пишите их.

ВЕГЕТАРИА́НКА

Меня́ зову́т Ми́ша, у меня́ есть подру́га Ма́ша. Все говоря́т, что мы хоро́шая па́ра. Да, но в после́днее вре́мя у нас есть небольша́я пробле́ма.

Уже́ год моя́ подру́га Ма́ша — вегетариа́нка. И она́ не про́сто не _____ мя́со, она́ стро́гая вегетариа́нка. Э́то зна́чит, что она́ та́кже не ест _____. Мя́со она́ и ра́ньше е́ла ре́дко, не люби́ла она́ его́. А вот ры́бу она́ о́чень люби́ла! Всегда́, когда́ я приглаша́л Ма́шу в рестора́н, она́ е́ла ры́бу. Но э́то ещё не всё.

Она́ ещё не ест я́йца и _____. Ра́ньше, когда́ я приглаша́л её в го́сти, мы всегда́ гото́вили омле́т и вме́сте его́ _____. А тепе́рь мы гото́вим то́лько сала́ты. Она́ не ест да́же торт, е́сли в нём есть я́йца. И тепе́рь, когда́ мы покупа́ем торт, она́ до́лго смо́трит на этике́тку — чита́ет, каки́е в нём проду́кты. Е́сли там есть я́йца и́ли молоко́, кото́рое она́ то́же не пьёт, я _____ торт оди́н. А я ненави́жу есть оди́н! Поэ́тому обы́чно мы покупа́ем _____, кото́рую мо́жем есть **о́ба**. Не понима́ю! Ма́ша ра́ньше так люби́ла все э́ти проду́кты! Как она́ сейча́с мо́жет их не есть?

Я понима́ю, когда́ же́нщины не едя́т не́которые _____, потому́ что у них плоха́я фигу́ра. Но у неё фигу́ра идеа́льная! Почему́ она́ де́лает э́то? Э́то всё так **глу́по**! Она́ говори́т, что сейча́с, когда́ она́ не ест мя́со, она́ ме́ньше устаёт. Но э́то абсу́рд! Коне́чно, она́ мо́жет жить, как она́ хо́чет. Я да́же могу́ приглаша́ть её то́лько в вегетариа́нские рестора́ны. Пра́вда, где обе́дать и́ли у́жинать — э́то не пробле́ма. В рестора́не она́ обы́чно ест _____, а я ем мя́со и́ли ры́бу. К сча́стью, она́ не говори́т, что я то́же, как и она́, до́лжен есть то́лько о́вощи.

Да, коне́чно, я то́же ем фру́кты и о́вощи. Но е́сли я не ем мя́со, то я _____! Я не могу́ есть то́лько о́вощи! Почему́ она́ мо́жет?!

Уровень А1. Часть IV. Урок 20

в) Что вы думаете о ситуации? Как вы думаете, что будет через год:

1) Маша и её друг будут жить вместе;
2) Маша опять будет есть мясо, рыбу, икру и яйца;
3) Миша тоже не будет есть мясо;
4) у него будет другая подруга;
5) ваш вариант.

● Вы любите есть один/одна? Почему?

⚓ **ЗАДАНИЕ 443. Императив.**

> Пой(те)! Мой(те)!
> **Пей(те)! Ешь(те)!**

а) Где пары?

У вас дома гости.	Пой в хоре!
Утро.	Здесь салаты, а здесь рыба. Ешьте, пожалуйста!
У тебя плохое здоровье?	Мой руки и иди на кухню!
Я хочу есть!	Давайте есть!
Я не могу спать.	Ешь овощи и фрукты и пей соки!
У меня красивый голос.	Не пей вечером кофе!
Обед стоит на столе.	Пейте тёплое молоко и ешьте **мёд**!
У вас ангина?	Давай пить кофе!

б) Пишите формы императива (пой, мой, пей, ешь) и контролируйте, правильно или неправильно вы делали пары в пункте а).

1. Если ты не можешь спать, не _____ вечером кофе! _____
2. Утром жена говорит: «_____ _____ кофе!» _____
3. Когда мы обедали, хозяйка много раз повторяла: «_____ пожалуйста!» _____
4. Если у тебя красивый голос, _____ в хоре! _____
5. Если у вас ангина, _____ тёплое молоко и _____ мёд! _____
6. Обед уже стоит на столе, _____ _____! _____
7. Если ты голодный, _____ руки и иди за стол! _____
8. Если у тебя плохое здоровье, _____ овощи, а не пирожные, и _____ соки, а не кофе! _____
9. Твой борщ уже почти холодный, не разговаривай, _____! _____
10. Вот ваш чай, _____ пожалуйста! _____
11. У меня есть чипсы. Вы хотите? _____, пожалуйста! _____

в) Пишите в пункте б) справа, кто говорит эти фразы.

КОНТРОЛЬНАЯ РАБОТА IV
(время: 40 минут + 5 минут сочинение)

Результат: _____ / 100 баллов (максимум)

ЗАДАНИЕ 1. Лексика (а: ____ / 5 + б: ____ / 6 + в: ____ / 5 = ____ / 16).

а) Пишите антонимы:

Налево ≠ _____, наверх ≠ _____, туда ≠ _____, справа ≠ _____, впереди ≠ _____.

б) Пишите следующее слово:

М о д е л ь :   шестой → седьмой.

Третий → _____, суббота → _____, март → _____, сегодня тридцать первое число → завтра _____, июнь → _____, десятый → _____.

в) Какие продукты вы знаете?

овощи: 1. _____, 2. _____, 3. _____,
          4. _____ — [1,5 балла]

фрукты: 1. _____, 2. _____, 3. _____,
          4. _____ — [1,5]

напитки: 1. _____, 2. _____, 3. _____,
          4. _____ — [1]

что не едят вегетарианцы: 1. _____, 2. _____ — [1]

ЗАДАНИЕ 2. Вопросы (____ / 6).

Мама каждый день учит дочку играть на гитаре.

1. _____? — Мама.
2. _____? — Учит.
3. _____? — Дочку.
4. _____? — Играть.
5. _____? — На гитаре.
6. _____? — Каждый день.

Задание 3. Форма.

3.1. Глаголы (а: ____ / 4 + б: ____ / 6 + в: ____ / 12 = ____ / 22).

а) + учить / учиться / изучать / уметь:

Мои дети _____ в школе, они _____ математику, литературу и русский язык.
Они уже _____ читать, писать и считать.
Сегодня они _____ новые правила.

б) + идти — ходить:

1. Я часто _____ в театр, вчера я _____ на новый спектакль, а послезавтра _____ на балет.

2. Трансформируйте фразы. Глаголы идти — ходить → **быть, бывать**:

Я никогда **туда не хожу**. → _____.
Вчера **я ходил в цирк**. → _____.
Вы завтра **идёте на концерт**? → _____.

в) + вставать, ненавидеть, опаздывать, ждать, звонить, звать, уставать, есть, пить, мыть:

1. Обычно я _____ в 8:00.
2. Я _____, когда люди _____.
3. Алло? Ты меня ещё _____? Я буду через 5 минут.
4. Этот человек _____ каждый день и _____ папу.
5. Когда я _____, я _____ шоколад и _____ кофе. А раньше я не _____ шоколад и _____ только чай.
6. Каждый день он _____ посуду.

3.2. Существительные/местоимения (nouns/pronouns)
(а: ____ / 21 + б: ____ / 17 = ____ / 38).

а) acc. / prep. Где есть предлоги (prepositions)?

1. Он рассказывает _____ (статья), которая была _____ (журнал). Вы _____ (она) читали?
2. Я не люблю _____ (молоко), _____ (сметана) и _____ (йогурт), поэтому никогда _____ (они) не покупаю.
3. Ты видел _____ (он)? Что ты _____ (он) знаешь?
4. Они ужасно играют _____ (футбол).
5. Когда я опаздываю, мой друг всегда показывает _____ (часы). Он не любит ждать _____ (я).
6. К сожалению, я не умею играть _____ (скрипка).
7. Я никогда не жил _____ (Африка) и ничего не знаю _____ (Сенегал). Я только видел _____ (эта страна) _____ (карта).
8. Я пью _____ (это вино) _____ (ваше здоровье).
9. Я редко смотрю _____ (телевизор).
10. _____ (что) они поют?

б) статика / динамика:

1. Я иду _____ (магазин).
2. _____ (магазин) мы покупаем продукты.
3. Вчера мы были _____ (работа), _____ (офис), а сегодня работаем _____ (сад).
4. Я часто пишу _____ (Франция), потому что _____ (там/туда) живёт моя подруга.

5. Вчера _____ (музей) мы видели _____ _____ (красивые картины). Мы долго _____ (они) смотрели.
6. Вчера мы ужинали _____ (ресторан), а сегодня идём _____ (бар).
7. Я смотрю _____ (окно) _____ (улица) и вижу _____ (улица) _____ (машина).
8. _____ (где/куда) ты звонишь?

ЗАДАНИЕ 4. Синтаксис. Пишите глаголы! (____ / 5).

1. _____ (говорить), что летом в Сибири бывает очень жарко.
2. Я изучаю русский, чтобы _____ (понимать), что люди говорят на улице. Это важно для меня, потому что я хочу _____ (жить) в России.
3. Вчера _____ (быть) очень жарко.
4. Я говорю медленно, чтобы ты _____ (понимать) меня.

ЗАДАНИЕ 5. Коммуникация (конструкции времени). (____/ 7).
Диалоги. Вопрос (слева) + ответ (справа).

— Во сколько они здесь будут?   — Через месяц, в августе.
— Когда он там жил?   — В девять или десять.
— Вы долго там работали?   — Год назад.
— Когда у вас выходной?   — Год.
— Когда ты идёшь в отпуск?   — Субботу.
— Какой день вы любите?   — Два или три.
— Сколько раз ты читал текст?   — В субботу.

ЗАДАНИЕ 6. Сочинение. 6–7 фраз (____ / 6).

Что вы обычно едите и пьёте (на завтрак, обед и ужин)? Почему?

Приложение 1

Описание достигнутого уровня[1]

Описание уровня A1 / A1+

Аудирование	Я понимаю слова, которые уже знаю, и простые фразы, если человек говорит медленно и повторяет слова, которые я прошу, или если я хорошо знаю контекст. Я понимаю, когда люди спрашивают, как меня зовут, где я живу и работаю, что я люблю. Я понимаю, когда говорят номера, время и цены. Когда на улице я спрашиваю о дороге (маршруте), я понимаю, что отвечают люди, если они говорят медленно и просто.
Чтение	Когда я читаю карту, телепрограммы или покупаю билеты в театр, кино или другой город, я понимаю самую важную информацию: название, имена, время, место и цену. Когда я читаю меню в ресторане, я понимаю, какие продукты в блюде. У меня могут быть идеи, о чём пишут в газете или журнале, когда я знаю слова в названии и тексте статьи. Часто слова, которые я не знаю, я понимаю в контексте.
Говорение	Коммуникация эффективная, если мой партнёр говорит медленно и повторяет слова и фразы, когда я его прошу. Лучше, если это темы, которые я хорошо знаю. Я умею спрашивать (например, как кого зовут, где он живёт и работает, чьи это вещи) и понимать главную информацию в ответе. Когда люди спрашивают обо мне, я могу рассказывать о семье и доме, о работе, коллеге, хобби, друге и подруге и т. д. Люди понимают меня, а я понимаю их, когда мы говорим цифры, например, время встречи, номер автобуса, цены, а также когда я делаю покупки в магазине. В ресторане или кафе я делаю простые заказы. Я знаю нормы этикета, например, когда говорят «ты»/«Вы», «привет»/«здравствуйте», имя/имя и отчество.
Письмо	Я умею писать простые предложения о работе, семье, хобби, месте, где я живу. Я пишу в анкете мой адрес, телефон, информацию о возрасте, работе, семье и т.д. Я умею писать короткие фразы, например, SMS на мобильном телефоне, чтобы люди знали, где я сейчас и во сколько у нас будет встреча. Если у меня есть словарь, я пишу короткие письма (обычные и электронные) о том, что я делаю, где бываю, что думаю о книге, фильме, спектакле, встрече и т. д.

Европейский языковой портфель

A1	A1+	A2	A2+	B1	B1+	B2	B2+	C1	C2

Учебно-методический комплекс «Русский язык: 5 элементов»

КНИГА 1 части I–IV уроки 1–20	КНИГА 1–2 части III–VI уроки 11–30	КНИГА 2 части VI–VIII уроки 26–40	КНИГА 2–3 части VII–X уроки 31–50	КНИГА 3 части IX–XII уроки 46–60

---

[1] Ваш уровень — A1+ (ELP — European Language Portfolio. Council of Europe. / Европейский языковой портфель. Совет Европы. www.coe.int/portfolio).

Приложение 2

СЛОВАРЬ К УРОКАМ 1–20

(-∅/-ь, -й, -а/-я, -о/-е → noun m. f. n.;
-ой, -ый/-ий → adjective; -о, -ски → adverb;
-ть/-ти/-чь → verb)

(Вопросы: Почему? Кто/что? Где? Сколько? Как? Что де́ла(ть)? Когда? Как долго? Как часто? Сколько времени? Во сколько?)

ЧАСТЬ I

Урок 1

интернационализмы (стр. 18)
не, да ≠ нет
здравствуй(те) ≠ до свидания
пожалуйста
спасибо
и́ли
преподаватель
профессия: инженер
юрист
экономист
кот, кошка
человек — люди (pl.)
ребёнок — дети
мужчина
женщина
муж — мужья́
жена — жёны
мальчик
девочка
па́рень
де́вушка
отец + мать = родители
сын — сыновья́
дочь — до́чери
брат — бра́тья
сестра — сёстры

дедушка
бабушка
внук
внучка
дя́дя
тётя
семья́
правда
дом (что)
дома (где)
работа
тоже
книга
ручка
карандаш

Урок 2

слово
словарь
деньги
счёт
цифра
всё (всё равно)
молоко
вода́
сок
хлеб

ещё (ещё раз; что ещё?)
потому что
официант
хорошо ≠ плохо
прекрасно ≠ ужа́сно
отлично
очень (Очень приятно!)
дело (Как у вас дела?)
звать (Как вас зову́т?)
квартира
стул — стулья (pl.)
вещь (f.)
жизнь (f.)
кровать
тетрадь
любо́вь
церковь
дверь
здесь ≠ там
вот ≠ вон
транспорт: автобус
трамвай
троллейбус

Уровень А1. Словарь

Урок 3

но
не..., а...
сейчас
конечно
важно
билет
извини(те)!
жаль (Как жаль!)
к сожалению
счастье
к счастью
часы
самолёт
велосипед
дача
друг, подруга — друзья (подруги)

собака
дорого ≠ дёшево
трудно ≠ легко
важно
логично
магазин
аптека
дела|ть (асс.), I
дело
зна|ть (асс.)
слуша|ть (асс.)
понима|ть (асс.)

изуча|ть (асс.)
чита|ть (асс.)
рассказыва|ть (асс.)
рассказ
спрашива|ть (асс.)
вопрос
отвеча|ть (на + асс. + dat.)
ответ
дума|ть (о + prep.)
время
(Сколько врем**ени**?)
только
тоже
так
Сколько стоит?
уже

школьни|к(и), -ца
пенсионёр(ы), -ка
почти
страна
иностран|ец, -ка, -цы
яблоко — яблоки
сначала... потом
слишком
улица
проспект
точно
перерыв
повар
ещё ≠ уже
правильно
сдача
новость
возраст
неделя
месяц
год
если
обычно
странно
Что значит?
фамилия
имя
отчество
место
врач
только

Урок 4, 5

очки
слева ≠ справа
наверху ≠ внизу
сзади ≠ впереди
работа|ть
работа
юбка
брюки
говори|ть, II
вместе
сосед(и), -ка
велосипед

ЧАСТЬ II

Урок 6, 7

много ≠ мало
чуть-чуть
везде ≠ нигде (не)
долго
красиво
громко ≠ тихо
быстро ≠ медленно
интересно ≠ скучно
завтрака|ть (асс.)
завтрак
обеда|ть (асс.)
обед
ужина|ть (асс.)
ужин
гуля|ть (асс.)
отдыха|ть (асс.)
отдых
игра|ть (в асс.)
игра
если
когда
утро
день
вечер
ночь
утром
днём
вечером
ночью
секунда
минута
час
поздно ≠ рано
раньше
никогда (не)
иногда
всегда (как всегда)

вчера
сегодня
завтра (До завтра!)
начина|ть
начало
конча|ть (асс./inf.)
конец
роль (f.) (играть роль)
счита|ть (асс.)
счёт
задание (домашнее задание)
позавчера
послезавтра
(час) назад ≠ через (час)
сумка
чемодан
комната
кухня
особенно
может быть

мясо
(электро)плита
спасибо за
письмо
совет
помощь (f.)
так как = потому что
поэтому
ошибка
говор|и́||ть (асс.), II
уч|и́||ть
учитель
стро́|и||ть (асс.)
строитель
помн|и||ть (асс.)
память (f.)
кур|и́||ть (асс.)
смотр|е́||ть (асс./на + асс.)
молч|а́||ть
леж|а́||ть
сто|я́||ть
жить, I (где?): жив|у́, ...|ёшь, ...|у́т
жизнь
давно ≠ недавно
скоро

Урок 8, 9

окно
вкусно
помидор
сыр
масло (оливковое)
масло (сливочное)
яиц|о́, -а
соль
сахар
мороженое
кофе
чай
рыба

далеко ≠ близко
погода
дождь
снег
солнце
ветер
холодно — тепло — жарко
зима, весна, лето, осень
зимой, весной, летом, осенью
просто

Урок 10

весь, вся, всё, все

не только..., но и...
место
лю**б**|и́||ть, II
любо́вь
быть
быва́|ть
о́тпуск
о́бувь (f.)
ме́бель (f.)
те́ло
голова́
се́рдце
лицо́
глаз — глаза́
нос
рот
у́хо — у́ши
плеч|о́, -и
рук|а́, -и
ног|а́, -и
го́лос — голоса́
де́рево — дере́вья
лист — ли́стья
лес — леса́
го́род — города́
по́езд — поезда́

о́стров — острова́
бе́рег — берега́
цвет — цвета́
век — века́
ча́сто ≠ ре́дко
покупа́|ть (асс.), I
совсе́м
и т. д. = и так да́лее

пальто́
встре́ча
си́льн|ый
оде́жда
ка́жд|ый
кото́р|ый
домохозя́йка
молоде́ц!
голо́дн|ый
у́мн|ый
ка́чество
душа́
э́тот, э́та, э́то, э́ти ≠ тот, та, то, те

ЧАСТЬ III

Урок 11, 12

не́бо
больш|о́й — сре́дний — ма́леньк|ий

до́бр|ый ≠ зл|о́й
хоро́ш|ий ≠ плох|о́й
дешёв|ый ≠ дорог|о́й
ста́р|ый ≠ но́в|ый/молод|о́й
чи́ст|ый ≠ гря́зн|ый
лёгк|ий ≠ тяжёл|ый/тру́дн|ый

холо́дн|ый — тёпл|ый — горя́ч|ий

газе́та
статья́
пла́тье

река́
дли́нн|ый
хо**т**|е́||ть (I + II): хочу́, хо́чешь, хотя́т
мочь, I: мог|у́, мо́ж|ешь, мо́г|ут
до́лжен, должн|а́, должн|ы́ + быть
бо́лее ≠ ме́нее..., чем
тако́й же, как... / так же, как...

да́же
бога́тый

290

Т.Л. Эсмантова. Русский язык: 5 элементов

Урок 13, 14

лучше ≠ хуже
меньше ≠ больше
зарплата
мир
война ≠ мир
сп|ать, II: сп**л**|ю, сп|ишь, сп|ят
готóв|ить
эконó**м**|ить
свет
светло́
све́тлый
люби́м|ый
учéбник
весёл|ый
ботинки
сапоги́
ту́фли
тáпки
земля́
Земля́
пиро́жное
покупа́тель, -ница
продав|е́ц, -щи́ца
бу́дь(те) здоро́в(-а, -ы)!
все ≠ никто́ (не)

всё ≠ ничего́ (не)
везде́ ≠ нигде́ (не)
всегда́ ≠ никогда́ (не)
наприме́р
ключ
жив|о́й
живо́тн|ое
кре́сло
наве́рное
шу́тка
шут|и́ть
друг|о́й

Урок 15

спо́р|ить (о + prep.)
мечтá|ть (о + prep.)
пи**с**|а́ть (асс.), I: пи**ш**|у́, пи́ш|ешь, пи́ш|ут
успе́х
поря́док ≠ ха́ос
по́лка
во́здух
рай ≠ ад
корабль
сад (в саду́)
мост (на мосту́)
пол (на полу́) ≠ потоло́к

у́гол (в углу́)
шкаф (в/на шкафу́)
мёд
медве́дь
мышь
коро́ва
свинья́
слон
волк
обезья́на
у́м**н**|ый
се́вер ≠ юг
за́пад ≠ восто́к
гора́ (на горе́, в гора́х)
ро́дина (на ро́дине)
вокза́л (на вокза́ле)
заво́д (на заво́де)
командиро́вка
экспеди́ция
о́тпуск
внутри́ ≠ снару́жи
зда́ние
вы́ставка
пря́мо
прям|о́й
ремо́нт

ЧАСТЬ IV

Урок 16, 17

ви**д**|еть (где, асс.), II
си**д**|е́ть (где), II
ненави́**д**|еть (асс./inf.), II
опя́ть
звон|и́ть (куда, dat.)
пока́зыва|ть (куда, dat.)
приглаша́|ть (асс., куда)
поздравля́|ть (асс., с + instr.)
опа́здыва|ть (куда)
жда|ть (асс.), I: жд|у, жд|ёшь, жд|ут

не́рвнича|ть
день рожде́ния
вор
настрое́ние
после́дн|ий
споко́йн|ый
таре́лка
обра́тно = наза́д
туда́ ≠ сюда́
домо́й
*пешко́м
ид|ти́
хо**д**|и́ть
ба́ня
опа́сно
опа́сн|ый
зонт
лифт
повтор|я́ть (асс.)

вста|ва́|ть
уста|ва́|ть
сра́зу
кани́кулы = студе́нческий о́тпуск
снима́|ть = аренд|ова́|ть (асс.)

скри́пка (игра́ть на скри́пке)

высо́к|ий
у́мн|ый ≠ глу́п|ый
глу́по
п|е|ть (асс), (ё): пою́, поёшь
пе́сня
п|и|ть (асс.), (ё): п|ь|ю, п|ь|ёшь, п|ь|ют
напи́ток
пья́н|ый
есть* (асс.)
еда́
м|ы|ть (асс.)
мы́ло
о́вощ
огуре́ц
морко́вь
гру́ша
виногра́д
смета́на
кефи́р
уда́ча (Я пью за уда́чу!)
о́ба (m.), о́бе (f.)
икра́

ла́дно
уве́рен, -а, -ы + быть
прав, -а, -ы + быть
друг дру́га
кома́нда
выи́грывать ≠ прои́грывать

Урок 18, 19, 20

уч|и́ться (все.)
уме́|ть (+ inf.), I
не́сколько (не́сколько раз)

ра́зн|ые
холоди́льник
разме́р
чу́вство
прохла́дн|ый
число́ (Како́е сего́дня число́?)

после́д|ний
бога́т|ый ≠ бе́дн|ый
про́шл|ый ≠ бу́дущ|ий/сле́дующ|ий

да|ва́|ть (асс., dat.)
прода|ва́|ть
препода|ва́|ть
преподава́тель
узна|ва́|ть (асс.)

292

Т.Л. Эсмантова. Русский язык: 5 элементов

Приложение 3

ГРАММАТИКА

СУЩЕСТВИТЕЛЬНЫЕ И ПРИЛАГАТЕЛЬНЫЕ. ФУНКЦИИ ПАДЕЖЕЙ

статика (место)	динамика (направление)	
ГДЕ?	КУДА? →	← ОТКУДА?
в / на + **prep.**	в / на + **acc.**	из / с + **gen.**
за ≠ перед, между, над ≠ под, рядом с + **instr.** у, около, напротив + **gen.**	за, под + **acc.** к + **dat.**	из-за, из-под + **gen.** от
в музе**е** на экскурси**и** за ≠ перед школ**ой**, над ≠ под стол**ом** у друг**а**, около школ**ы**, напротив аудитори**и**	в музе**й** на экскурси**ю** за школ**у**, под стол к друг**у**	из музе**я** с экскурси**и** из-под стол**а** от друг**а**

nominative	accusative	prepositional	dative	genitive	instrumental
субъект	1. объект 2. **за** (компенсация) 3. время: **в**, **на**, **через** ≠ **назад** 4. куда: **в/на**, **за**, **под**	1. **о/об** (идея) 2. где: **в/на** 3. когда: **в/на**	1. адресат 2. возраст 3. **по** (сфера, «медиум») 4. **благодаря** 5. куда: **к**	1. нет/не было/не будет 2. сколько/часть 3. чей/какой 4. **от... до** (дистанция) **с...до** (период) **после, во время, для, без, кроме, из** 5. откуда: **из/с, от** 6. где: **у, около, напротив**	1. профессия 2. инструмент 3. **с** (партнёр) 4. где: **над, под, перед** 5. **за, рядом с, между**

СКЛОНЕНИЕ (sing.)

noun		♥кто/что? NOM.	кого/что? ACC.	(о) ком/чём? PREP.	кому/чему? DAT.	кого/чего? GEN.	кем/чем? INSTR.
sing.	m. n.	∅ (-й, -ь) -О (-е) *(-ий/-ие)[1]	✖ = nom. ♥ = gen.	-Е (-е) *-у *(-ии)	-У (-ю)	-А (-я)	-ОМ (-ем)
	f.	-А (-я, -ь) *(-ия)	-У (-ю, -ь) *(-ию)	-Е (-е, -и) *(-ии)	-Е (-е, -и) *(-ии)	-Ы (-и) *(-ии)	-ОЙ (-ей,-ью) *(-ией)

adjective							
sing.	m. n.	-ый, -ой (-ий) -ое, -ое (-ее)	nom./gen. = nom.	-ом (-ем)	-ому (-ему)	-ого (-его)	-ым (-им)
	f.	-ая, -ая (-яя)	-ую (-юю)	-ой (-ей)			

acc.: Я читаю нов**ую** книг**у**, а он читает стар**ый** журнал. Мы видели тво**ю** сестр**у** и тво**его** брат**а**.
prep.: Когда она отдыхала **на** мор**е**, она часто думала **о** семь**е**.
dat.: Я пишу мо**ему** друг**у по** электронн**ой** почт**е**. Мо**ей** бабушк**е** 70 лет.
gen.: На столе **не было** стакан**а** сок**а** мо**ей** сестр**ы**. **У** Никола**я** были все, **кроме** Анн**ы**.
instr.: Он **был** художник**ом**, жил **за** рек**ой**, писал картины масл**ом** и пил кофе **с** коньяк**ом**.

А (Я)   Э (Е)   О (Ё)   У (Ю)   Ы (И)   – (Ь)

☐ — Эти формы и функции вы уже знаете.

[1] См. с. 314 в учебнике уровня А2.

Уровень А1. Грамматика

СКЛОНЕНИЕ (pl.)

noun.	nom.	acc.	prep.	dat.	gen.	instr.
m. f.	-ы (-и)	✖ = nom. ♥ = gen.	-АХ (-ЯХ)	-АМ (-ЯМ)	-ЕЙ -∅/∅Ь -ОВ, -ЕВ	-АМИ (-ЯМИ)
n.	-а (-я)	= nom.				
adj.	-ые (-ие)	nom./gen.	-ых (-их)	-ым (-им)	-ых (-их)	-ыми (-ими)

ЛИЧНЫЕ МЕСТОИМЕНИЯ

nom.	кто/что	я	ты	он[1]	она[1]	мы	вы	они[1]
acc. gen.	кого что чего	меня	тебя	его	её	нас	вас	их
prep.	о ком/чём	обо мне	о тебе	о нём	о ней	о нас	о вас	о них
dat.	кому/чему	мне	тебе	ему	ей	нам	вам	им
instr.	кем/чем	мной	тобой	им	ей	нами	вами	ими

[1] Предлог + **н**: его — **н**его.

ВОПРОСЫ:

(nom.) **КТО/ЧТО**? — **Кто** здесь рабо́тает?
— **Я**.

(acc.) **КОГО/ЧТО**? — **Что** / **кого́** ты лю́бишь?
— **Рома́н** «Евге́ний Оне́гин». / **Пу́шкина**.

(prep.) **О КОМ/ЧЁМ**? — **О чём** ты мечта́ешь?
— **Об** о́тпуск**е**.

(gen.) **КОГО́/ЧЕГО́**? — **У кого́** вы бы́ли?
— **У** дру́г**а**.

(dat.) **КОМУ́/ЧЕМУ́**? — **Кому́** ты пи́шешь?
— Подру́г**е**.

(instr.) **КЕМ/ЧЕМ**? — **Кем** ты рабо́таешь?
— Архите́ктор**ом**.

КАК (**КОГО́**) ЗОВУ́Т? — **Как тебя́ зову́т**?
— **Меня́** зову́т А́нна.

ГДЕ? — **Где** дом?
— Дом **сле́ва**. / Дом **в дере́вне**.

КУДА́? — **Куда́** ты идёшь?
— **В** теа́т**р на** о́пер**у**.

ОТКУ́ДА? — **Отку́да** ты идёшь? **Из** теа́тр**а**?
— Да. **Отку́да** ты зна́ешь?

КТО / ЧТО э́то?	— **Кто** э́то? **Что** э́то?
	— Э́то **колле́га**. Э́то **журна́л**.
♥ **КТО** вы… они́?	— **Кто** он? **Кто** Вы?
	— Он **архите́ктор**. Я **ме́неджер**.
ЧТО (кто) **ДЕ́ЛАЕТ**?	— **Что вы** де́ла**ете**?
	— **Мы** рабо́та**ем**.
КАК (**У КОГО́**) ДЕЛА́?	— **Как у вас дела́**?
	— Спаси́бо, хорошо́. А **у тебя́**?
У **КОГО́** ЕСТЬ **ЧТО**?	— **У тебя́ есть вре́мя**?
	— Да, есть.
КАК?	— **Как** они́ рабо́тают?
	— **Хорошо́**.
КОГДА́?	— **Когда́** ты отдыха́л?
	— Я отдыха́л **ве́чером**. / Я отдыха́л **год наза́д**.
СКО́ЛЬКО?	— **Ско́лько** э́то сто́ит?
	— **Сто** рубле́й.
ВО СКО́ЛЬКО?	— **Во ско́лько** начина́ет рабо́тать о́фис?
	— **В 9:00**.
КАК ДО́ЛГО? (ско́лько?)	— **Как до́лго** ты там рабо́тал?
	— **Год**.
КАК ЧА́СТО?	— **Как ча́сто** ты слу́шаешь джаз?
	— **Иногда́**.
ПОЧЕМУ́?	— **Почему́** вы спра́шиваете?
	— …**потому́ что** я не зна́ю.
ЧЕЙ? **ЧЬ|Я**? **ЧЬ|Ё**? **ЧЬ|И**?	— **Чья** э́то маши́на?
	— **Моя́**.
КАК|О́Й? **КАК|А́Я**?	— **Кака́я** э́то кни́га?
КАК|О́Е? **КАК|И́Е**?	— Интере́сн**ая**.
ЗАЧЕ́М?	— **Заче́м** ты ходи́л в магази́н?
	— …**чтобы** купи́ть вино́. / **За** вино́**м**.

Уровень А1. Грамматика

ВИД И ВРЕМЯ ГЛАГОЛА

аспект \ время	прошедшее (past)	настоящее (present)	будущее (future)
imperf.: де́лать	де́лал (-а, -о, -и)	де́лаю, де́лаешь, де́лают	бу́ду, бу́дешь… + де́лать
perf.: сде́лать	сде́лал (-а, -о, -и)		сде́лаю, сде́лаешь, сде́лают

СПРЯЖЕНИЕ (прошедшее время, настоящее время)

Ч, Ж, Ш, Щ, К, Г, Х + **У, А, И** (ю, я, ы)

I: игра́ть
игра́|ю игра́|ем
игра́|ешь игра́|ете
игра́|ет игра́|ют
past: игра́||л (-а, -о, -и)

II: говор|и́||ть
говор|ю́ говор|и́м
говор|и́шь говор|и́те
говор|и́т говор|я́т

уч|и́||ть (ч, ж, ш, щ)
уч|у́ у́ч|им
у́ч|ишь у́ч|ите
у́ч|ит у́ч|ат
учи́||л (-а, -о, -и)

с → ш, д/з → ж, к/т → ч, т/ст/ск → щ; б/п/м/в + л

I: пис|а́||ть:
пиш|у́ пи́ш|ем
пи́ш|ешь пи́ш|ете
пи́ш|ет пи́ш|ут
писа́||л (-а, -о, -и)

II: ви́д|е||ть
ви́ж|у ви́д|им
ви́д|ишь ви́д|ите
ви́д|ит ви́д|ят
ви́де||л (-а, -о, -и)

люб|и́||ть
любл|ю́ лю́б|им
лю́б|ишь лю́б|ите
лю́б|ит лю́б|ят
люби́||л (-а, -о, -и)

Исключения:

I: жи|ть:
жив|у́ жив|ём
жив|ёшь жив|ёте
жив|ёт жив|у́т
жи||л (-а́, -о, -и)

I + II: хот|е́||ть
хоч|у́ хот|и́м
хо́ч|ешь хот|и́те
хо́ч|ет хот|я́т
хоте́||л (-а, -о, -и)

I: мочь
мог|у́ мо́ж|ем
мо́ж|ешь мо́ж|ете
мо́ж|ет мо́г|ут
мог, мог||л (-а́, -о́, -и́)

I: б|ы|ть
Будущее время (future):
бу́д|у бу́д|ем
бу́д|ешь бу́д|ете
бу́д|ет бу́д|ут

present: есть (у меня есть)
past: был||л (-а́, -о, -и)

Императив:

Inf. (я, они́)	ты	вы (Вы)	мы
говори́ть (говор|ю́, говор|я́т)	Говори́!	Говори́те!	Дава́й(те) говори́ть!
писа́ть (пиш|у́, пи́ш|ут)	Пиши́!	Пиши́те!	Дава́й(те) писа́ть!
игра́ть (игра́|ю, игра́|ют)	Игра́й!	Игра́йте!	Дава́й(те) игра́ть!
мыть (мо́|ю, мо́|ют)	Мой!	Мо́йте!	Дава́й(те) мыть!
эконо́мить (эконо́мл|ю, эконо́м|ят)	Эконо́мь!	Эконо́мьте!	Дава́й(те) эконо́мить!

НО:

есть	Ешь!	Е́шьте!	Дава́й(те) есть!
пить	Пей!	Пе́йте!	Дава́й(те) пить!

Приложение 4

ЗАДАНИЯ ДЛЯ АУДИРОВАНИЯ

ВВОДНО-ФОНЕТИЧЕСКИЙ КУРС

Задание 1. Диктант «Буквы» (стр. 12).

Вариант 1: д, б, ж, е, з, к, л, о, а, ш, у, с, т, щ, р, л, ы, я, в, к, и, г, ц, ч, ф, н, п, м, ё, й, х, э, ю

Вариант 2: е, з, д, х, э, б, ж, к, ю, л, о, ш, у, с, щ, т, р, ы, а, я, й, м, я, п, в, н, к, ф, и, ч, г, ц

Задание 8. Диктант «Пары» (стр. 16).

мё, мо, ко, то, тё, дё, зы, сы, ла, тя, мэ, ме, му, вы, мы, ты, ти, до, рэ, ми, фа, ля, си

Задание 9. (стр. 17)

Ы или И? — Г**и**тара, бут**ы**лка, т**и**гр, К**и**ргиз**и**я, Таджик**и**стан, муз**ы**ка, Кр**ы**м, Н**и**дерланд**ы**, К**и**пр, г**и**пноз, К**и**ев, ст**и**ль, шорт**ы**, энерг**и**я, ш**и**к, макарон**ы**, К**и**тай

А или Я? — Ч**а**й, к**а**рта, ш**а**рм, пл**я**ж, ч**а**рльстон, ш**а**рф, Ч**а**йковский

УРОК 1

Задание 20. «Фотографии» (стр. 34–35).

Текст 1. ДОМ

Это **дом**, семья. Вот дедушка, он пенсионер. Вот бабушка. Она **тоже** пенсионерка. Это мама. Она **преподаватель**. А это папа, он экономист. Это дети: сын и дочь. Они студенты.

Текст 2. РАБОТА

Это офис, **работа**. Это коллеги. Вот Владимир, он архитектор. А это Нина, она дизайнер. А вот Николай Петрович, он директор.

УРОК 2

Задание 26. (стр. 39)

СТУДЕНТЫ

Это школа. Вот аудитория. Это Александр, он преподаватель. А мы студенты. Это Андре, он юрист. Это Ян и Яна, они брат и сестра. Ян — актёр, а Яна — спортсменка. Это Аннемари, она психолог. А это я, я программист.

Александр — русский, Андре — канадец, Ян и Яна — чехи, Аннемари — швейцарка, а я — немец.

Задание 28. Диктант «Профессия» (стр. 40).

Юри́ст, фи́зики, дире́ктор, программи́стка, актёры, актри́са, ме́неджер, спортсме́нка, музыка́нты, хи́мики, пило́т, стюарде́сса, преподава́тель, балери́на, психо́лог, экономи́ст…

Задание 39. Диктант «Цифры» (стр. 47).

0–20:
10, 11, 0, 2, 12, 19, 20, 13, 4, 14, 5, 6, 16, 18, 8, 7, 9, 19, 12, 2, 20.

1–100:
3, 13, 30, 33, 10, 11, 100, 90, 99, 19, 12, 20, 22, 13, 14, 40, 12, 19, 30, 90, 50, 15, 16, 60, 55, 40…

урок 3

Задание 44. (стр. 50)

БОРИ́С — БИЗНЕСМЕ́Н

Меня́ зову́т Бори́с. Я бизнесме́н. У меня́ всё отли́чно. У меня́ есть рабо́та. И, **коне́чно**, у меня́ есть де́ньги. У меня́ есть дом и ви́лла на мо́ре. У меня́ есть маши́ны: «тойо́та» и «во́льво». И, коне́чно, у меня́ есть гара́ж.

Ещё у меня́ есть жена́. Её зову́т Верони́ка. Она́ блонди́нка. У неё, коне́чно, то́же есть маши́на. У неё есть всё. Она́ фотомоде́ль, и у неё есть рабо́та. **Но** э́то не**ва́жно**. Ва́жно, что у неё есть я…

Задание 47 а). Диало́г 1 (стр. 52).

— Кто **э́то**?
— Э́то Пётр.
— У него́ **есть** жена́?
— **Да, есть**. Её зову́т Мари́я.
— Кто они́?
— Он ску́льптор, а она́ флори́ст.
— У **них** есть де́ти?
— Да, **у** них есть де́ти: сын и дочь.
— А вну́ки у них есть?
— Нет.

Задание 50 б). Диктант «Глаголы» (стр. 55).

1. Чита́ть. Я чита́ю журна́л, а ты чита́ешь газе́ты. 2. Спра́шивать. Они́ нас спра́шивают. 3. Понима́ть. Вы меня́ понима́ете? 4. Отвеча́ть. Мы отвеча́ем на вопро́с. 5. Слу́шать. Ты меня́ слу́шаешь? Они́ слу́шают ра́дио. 6. Знать. Я вас зна́ю? Вы зна́ете фа́кты. 7. Ду́мать. Ты то́же **так** ду́маешь? 8. Расска́зывать. Он расска́зывает исто́рии. 9. Де́лать. Мы де́лаем зада́ние. 10. Изуча́ть. Я изуча́ю ру́сский язы́к. 11. Говори́ть. Вы говори́те по-неме́цки?

Задание 53. (стр. 56)

ЭКЗÁМЕН

Э́то университе́т. Сейча́с экза́мен.
Профе́ссор — исто́рик. Он хорошо́ зна́ет фа́кты и да́ты. Он зна́ет о́чень мно́го. Профе́ссор спра́шивает, а студе́нт ду́мает и отвеча́ет.
Профе́ссор **ещё раз** спра́шивает. Но студе́нт не зна́ет, что отвеча́ть на вопро́с.

Задание 64. (стр. 62)

МУ́ЗЫКА

Э́то семья́. У них есть магнитофо́н, кассе́ты и компа́кт-ди́ски (CD).
Па́па — шофёр, он слу́шает рок. А ма́ма — дизáйнер. Она́ слу́шает джаз. Сейча́с она́ слу́шает радиокана́л «Эрмита́ж».
Их де́ти — студе́нты. Как вы ду́маете, что они́ слу́шают?

УРО́К 4

Задание 74. (стр. 68)

НА́ШИ СОСЕ́ДИ

У нас есть кварти́ра. И, коне́чно, у нас есть **сосе́д**и. Наш сосе́д сле́ва — матема́тик. Его́ зову́т Пётр Ильи́ч. У него́ есть сын Влади́мир. Он пило́т. А его́ жена́ Ле́на — стюарде́сса. Они́ рабо́тают **вме́сте**.
На́ша сосе́д**ка** спра́ва — пенсионе́р**ка**. Её зову́т Ни́на Алекса́ндровна. У неё есть дочь И́нна. Она́ **врач**. А её муж Никола́й — шофёр. У них есть де́ти: Анто́н и А́нна. Их де́ти — шко́ль**ник**и.

Задание 79. (стр. 72)

ФРАНЦУ́ЗСКИЙ ЯЗЫ́К

Меня́ зову́т А́нна. Сейча́с я студе́нтка. Я изуча́ю францу́зский язы́к, потому́ что мой друг Жиль — францу́з. Он фото́граф. Жиль говори́т то́лько по-францу́зски и не понима́ет по-ру́сски. Но, к сожале́нию, я ещё не о́чень хорошо́ зна́ю францу́зский язы́к.
Я мно́го чита́ю, слу́шаю и расска́зываю. Мой преподава́тель говори́т, что у меня́ есть прогре́сс. Я то́же ду́маю, что у меня́ есть результа́ты. Сейча́с я чуть-чуть трудо**го́лик**, потому́ что у меня́ есть сти́мул: говори́ть хорошо́ и бы́стро и понима́ть, что говори́т мой друг.
У меня́ есть брат. Он инжене́р-констру́ктор. Но сейча́с мой брат то́же, как и я, изуча́ет францу́зский язы́к. Он де́лает э́то, потому́ что его́ партнёры — францу́зы. Они́ де́лают автомоби́ли. Мой брат изуча́ет францу́зский **почти́ год**, он о́чень мно́го рабо́тает. Он уже́ хорошо́ понима́ет, что его́ партнёры говоря́т по-францу́зски.

УРОК 5

Задание 90. Аудиоключ (стр. 78).

1. Во вто́рник все обы́чно **рабо́тают**.
2. Уик-э́нд — э́то суббо́та и **воскресе́нье**.
3. Вчера́ была́ среда́, а сего́дня **четве́рг**.
4. Воскресе́нье — выходно́й день.
5. За́втра бу́дет четве́рг, а послеза́втра **пя́тница**.
6. Понеде́льник — рабо́чий день.

Задание 93. Аудиоконтроль (стр. 80).

1. — Сего́дня уже́ **четве́рг**?
   — Нет, сего́дня ещё **среда́**. Четве́рг за́втра.

2. — Она́ уже́ **зна́ет** но́вости?
   — Нет, она́ ещё **не зна́ет**, потому́ что она́ ещё не **слу́шает** ра́дио.

3. — Он уже́ **зна́ет**, что де́лать?
   — Нет, он ещё **не зна́ет**, он ещё **ду́мает**.

4. — Ты уже́ **отвеча́ешь** на вопро́с?
   — Нет, я ещё **не отвеча́ю**, я ещё **чита́ю** вопро́с.

5. — Вы уже́ **зна́ете** отве́т?
   — Нет, мы ещё **не зна́ем**. Мы ещё **ду́маем**.

Задание 97. Аудиоконтроль (стр. 82–83).

а) Ещё да или **уже** не(т)?

1. — Ты ещё **изуча́ешь** ру́сский?
   — Нет, я его́ уже́ **не изуча́ю**, потому́ что я уже́ хорошо́ **говорю́** по-ру́сски.

2. — Ты там ещё **рабо́таешь**?
   — Нет, я там уже́ **не рабо́таю**, потому́ что тепе́рь я рабо́таю здесь.

3. — Профе́ссор ещё **расска́зывает**?
   — Нет, он уже́ **не расска́зывает**, и студе́нты уже́ **не слу́шают**.

***б) Ещё** не(т) или **уже** да?

1. — Гид ещё **не расска́зывает**?
   — **Да**, он ещё **не расска́зывает**.
   ≠ **Нет**, он уже́ **расска́зывает**, и тури́сты уже́ **слу́шают**.

2. — Ты уже́ **всё зна́ешь**?
   — **Да**, я уже́ **всё зна́ю**, потому́ что я их уже́ **спра́шивал** и они́ уже́ **расска́зывали**.
   ≠ **Нет**, я ещё **не всё зна́ю**, потому́ что я их ещё **не спра́шивал** и они́ ещё **не расска́зывали**.

УРОК 6

Задание 104. Аудиоключ (стр. 91).

1. Дети гуляют, а родители работают. 2. Здесь и сейчас я изучаю русский язык. 3. Там кафе, там мы ужинаем. 4. Музыканты играют блюз, а спортсмены играют в футбол. 5. Это суп и салат. Вы обедаете. 6. Когда футболист играет в футбол, он работает.

Задание 112. Аудиоконтроль (стр. 94).

1. Он красиво играет. 2. Ты долго отдыхаешь. 3. Он негромко отвечает. 4. Вы очень медленно читаете. 5. Она не очень интересно рассказывает. 6. Мы правильно понимаем. 7. У меня есть энергия, я быстро работаю. 8. Я неплохо это знаю. 9. Ты тихо читаешь. 10. Мы очень долго обедаем. 11. Он скучно рассказывает. 12. Вы слишком долго ужинаете. 13. Ты много говоришь. 14. Он мало отдыхает. 15. Музыканты играют слишком громко. 16. Я правильно отвечаю.

Задание 114. Аудиоконтроль (стр. 95).

1. Он красиво говорит. Кто он, политик? 2. Ты слишком много работаешь. 3. Он слишком долго думает. 4. У меня всё отлично. 5. У неё ангина, и она говорит очень тихо. 6. Извините, я плохо вас понимаю. 7. Я думаю, что работать — это интересно, а отдыхать — это скучно. Я правильно говорю? 8. Кондиционер работает тихо? 9. Часы тикают слишком громко.

Задание 121. (стр. 98–99)

В РЕСТОРАНЕ

Сейчас 19:00, но мы (мой друг Владимир и я) ещё не ужинаем, потому что шеф-повар долго делает наш ужин. Здесь красиво и хорошо. Мой друг рассказывает анекдоты и истории. Я слушаю, потому что это очень интересно. Я хорошо понимаю его юмор. Я тоже рассказываю анекдоты, а мой друг меня слушает.

Уже 19:20. **В это время** музыканты обычно играют джаз. И сегодня они тоже играют. Мы слушаем блюз. Музыканты играют, как обычно, прекрасно. **Особенно** хорошо играет на саксофоне музыкант слева. Но где наш ужин? Уже 19:40! Что там делает повар? Да-а... Повар сегодня работает не очень хорошо, слишком долго. Но для нас сегодня это не проблема.

УРОК 7

Задание 123, 1 б). (стр. 100)

Порядок звучания в аудиоприложении:
Ситуация 1. — Алло...
— Почему ты ещё дома?
— А сколько времени?
— Уже десять!
— Так поздно?! Ужас!

Ситуация 2. — Ты не знаешь, сколько времени?
— Нет. (Ку-ку!)

— О! Сейчас час или 12:30.
— Да! Или 13:30! Очень точно! Где мой часы, ты не знаешь?

Ситуация 3.
— Др-р-р-р!
— У-у-у… Уже семь? А сегодня точно пятница или уже суббота?

Ситуация 4.
— Алло! Сколько времени?
— Четыре.
— Сколько?
— Шестнадцать ноль семь.
— Это значит, что ты уже гуляешь час тридцать.
— Да, я знаю.
— А мы уже обедаем.
— Обедаете?! Как?! А я?
— Ты отлично знаешь, что мы всегда обедаем в 15:30. Почему ты ещё не дома?

Ситуация 5.
— Миша, у тебя программа? Что там?
— Да, у меня. Сколько времени?
— Десять.
— Та-а-к. 22:00. Телешоу «Дом».
— О нет! Только не это!

Задание 127 б). Аудиоконтроль (стр. 102).

вечером	рано утром
днём	днём
утром	вечером
поздно вечером	ночью
ночью	

Задание 132. (стр. 104)

СУББОТА

Не понимаю, уже утро или ещё нет? Где мой часы? А-а, вот они, тикают. Сколько времени? 9:30? **О боже!** Уже 9:30, а я ещё не завтракала. И в десять я уже начинаю работать! Как это ужасно: ещё утро, а у меня уже стресс…

Стоп! А какой сегодня день? Пятница или суббота? Суббота! Точно! Пятница была вчера. **Слава богу!** Всё нормально.

Когда я не работаю, я обычно начинаю завтракать поздно, в одиннадцать или в одиннадцать тридцать. И завтракаю долго, минимум час, потому что, когда я завтракаю, я слушаю джаз. **Поэтому** кончаю завтракать я уже днём, в двенадцать тридцать или в час. Да, интересно: когда я работаю, в это время я обычно уже начинаю обедать. Но не сегодня.

А потом я обычно долго гуляю. У меня есть собака, и, когда я не работаю, мы гуляем очень долго: два или три часа.

А потом обед. О! Мой друг говорил, что сегодня мы обедаем в ресторане. Очень хорошо! Мы начинаем обедать в два, значит, сегодня я не буду гулять днём так долго, как обычно. Ну, ничего! Вечером у нас будет время. Будем все вместе долго гулять, отдыхать… Как хорошо не работать!

Задание 139. (стр. 108–109)

ТЕА́ТР

Э́то теа́тр — дом, где рабо́тают актёры. Здесь они́ игра́ют. Оте́лло, Роме́о, ле́ди Ма́кбет, Сирано́ де Бержера́к, дя́дя Ва́ня, А́нна Каре́нина, князь Мы́шкин... — э́то их ро́ли. Обы́чно они́ хорошо́ понима́ют хара́ктеры и игра́ют отли́чно.

Но иногда́, когда́ актёры репети́руют, они́ не зна́ют, как игра́ть роль. К сча́стью, у них есть режиссёр, и актёры спра́шивают его́. Он всё зна́ет. Режиссёр снача́ла ду́мает, как пра́вильно игра́ть, а пото́м отвеча́ет. Иногда́ он ду́мает о́чень до́лго. Актёры слу́шают, что режиссёр расска́зывает. Когда́ они́ не понима́ют, они́ его́ ещё раз спра́шивают. Режиссёр говори́т, что, когда́ актёры ду́мают не так, как ду́мает он, э́то пробле́ма.

Обы́чно актёры начина́ют репети́ции по́здно у́тром, в 11:00, потому́ что они́ конча́ют рабо́тать по́здно ве́чером, в 22:30. Э́то логи́чно: днём лю́ди рабо́тают, а ве́чером отдыха́ют. И когда́ пу́блика в теа́тре отдыха́ет, актёры рабо́тают. Вот почему́ теа́тры начина́ют рабо́тать то́лько ве́чером, в 19:00 и́ли в 19:30. А когда́ антра́кт (обы́чно в 20:30), отдыха́ют все: и актёры, и пу́блика.

Вот сце́на. На сце́не актёр чита́ет моноло́г: «Быть и́ли не быть...» Вы зна́ете, кто э́то? Да, э́то Га́млет. Сейча́с **репети́ция**, а сего́дня ве́чером **премье́ра**. Режиссёр слу́шает, как актёр чита́ет моноло́г. Иногда́ он говори́т гро́мко, а иногда́ о́чень ти́хо. Актёр игра́ет прекра́сно! Режиссёр ду́мает, что у него́ есть тала́нт. И ещё он ду́мает, что Шекспи́р — ге́ний!

УРО́К 8

Задание 154. (стр. 120)

МОЯ́ ФИ́РМА

Меня́ зову́т Дми́трий Ива́нович Петро́в. Я дире́ктор. У меня́ есть фи́рма. Мы де́лаем са́йты. И де́лаем их о́чень хорошо́. В на́ше вре́мя Интерне́т — э́то о́чень ва́жно.

А вот наш ме́неджер. Его́ зову́т Андре́й Дми́триевич. Он, как и я, начина́ет рабо́тать ра́но у́тром и конча́ет рабо́тать по́здно ве́чером. Андре́й Дми́триевич рабо́тает о́чень хорошо́, потому́ что у него́ есть иде́и.

Э́то бухгалте́рия. Здесь рабо́тает бухга́лтер. Её зову́т А́нна Серге́евна. Она́ счита́ет де́ньги и де́лает бала́нс. Наш бухга́лтер рабо́тает бы́стро и то́чно, потому́ что она́ мно́го зна́ет. У неё, коне́чно, есть калькуля́тор и компью́тер.

Коне́чно, у нас есть секрета́рь. Её зову́т Ле́на. Обы́чно мы зовём её Ле́ночка. У неё то́же есть компью́тер, потому́ что она́ де́лает докуме́нты. Она́ хорошо́ зна́ет англи́йский язы́к и изуча́ет неме́цкий. Коне́чно, у неё есть словари́.

Ещё у нас есть аге́нт, его́ зову́т Серге́й Петро́вич, и́ли Серге́й. Он рабо́тает всегда́ и везде́, потому́ что у него́ везде́ есть клие́нты. Серге́й Петро́вич то́же рабо́тает о́чень бы́стро, потому́ что у него́ есть маши́на «Ла́да». Так как мы сейча́с обе́даем, он то́же здесь. Да! Ещё у нас рабо́тает по́вар. Его́ зову́т Михаи́л Миха́йлович. Э́то мой друг. Так как я зна́ю его́ о́чень **давно́**, я зову́ его́ **про́сто** Ми́ша. У него́ есть электро**плита́** и гриль. Сего́дня у нас на обе́д борщ.

— М-м-м... Как **вку́сно**! Ми́ша, ты ге́ний. Я ду́маю, что у тебя́ есть тала́нт!
— Спаси́бо **за** комплиме́нт, Дми́трий Ива́нович! **Прия́тного аппети́та**!

Вот **как** мы рабо́таем! А **как** рабо́таете вы и что есть у вас?

Уровень А1. Задания для аудирования

УРОК 9

Задание 170. Аудиоключ (стр. 130).

☺ Стереотипы: «Мужчины и женщины».

Мужчи́ны ду́мают, что же́нщины сли́шком мно́го говоря́т. Же́нщины иногда́ спра́шивают: «Почему́ ты молчи́шь, ты меня́ слу́шаешь?» — так как они́ ду́мают, что мужчи́ны молча́т, потому́ что они́ не слу́шают, что говоря́т же́нщины. Мужчи́ны ду́мают, что, когда́ же́нщины говоря́т, они́ не ду́мают. А же́нщины ду́мают, что, когда́ мужчи́ны молча́т, они́ их не понима́ют.

Задание 179. Диало́г «Кто твои́ сосе́ди?» (стр. 136).

КТО ТВОЙ СОСЕ́ДИ?

— Алексе́й, ты зна́ешь, кто твои́ сосе́ди?
— Коне́чно, зна́ю. Сле́ва, в кварти́ре № 8, живёт И́нна. Она́ данти́ст. Спра́ва, в кварти́ре № 6, живу́т О́ля и Анто́н. Они́ музыка́нты.
— А ты зна́ешь, кто живёт внизу́ и наверху́?
— Коне́чно. Внизу́, в кварти́ре № 3, живёт Никола́й. Он шофёр. А наверху́ никто́ не живёт. Там **кры́ша**. Иногда́ там гуля́ет мой кот.

Задание 183. Аудиоконтро́ль (стр. 138).

1. Тама́ра отдыха́ла на океа́не. 2. Кот гуля́ет на кры́ше. 3. Де́ти гуля́ют в па́рке. 4. Футболи́сты игра́ют на стадио́не. 5. Журнали́сты рабо́тают на ра́дио. 6. Ты обе́даешь в рестора́не? 7. Мы вчера́ бы́ли на о́пере. 8. Я́блоки лежа́т на кни́ге. 9. Автомоби́ль стои́т на у́лице. 10. Он не ку́рит в кварти́ре. 11. Ко́фе в ча́шке. 12. Они́ бы́ли в магази́не. 13. Мои́ друзья́ рабо́тают в галере́е. 14. Телеви́зор стои́т в ко́мнате. 15. Актри́са рабо́тает в теа́тре. 16. Компью́теры стоя́т в о́фисе. 17. Мы живём в Петербу́рге. 18. Фе́рмеры рабо́тают на фе́рме, а бизнесме́ны рабо́тают в фи́рме. 19. Она́ живёт в Росси́и.

УРОК 10

Задание 199. (стр. 146–147)

КТО ЧТО ХОРОШО ДЕ́ЛАЕТ?

Врачи́ говоря́т, что алкоголи́зм, табакома́ния, кофема́ния и шоколадома́ния — э́то на́ши пробле́мы. Но лю́ди лю́бят алкого́ль, ко́фе и чай, шокола́д и таба́к. Мо́жет быть, поэ́тому они́ зна́ют, кто и где хорошо́ де́лает вино́, шокола́д и т. д. (и так да́лее).

Все зна́ют, что вино́ хорошо́ де́лают францу́зы и италья́нцы, а та́кже не́мцы, испа́нцы, чили́йцы, аргенти́нцы и грузи́ны. Во́дка — э́то ру́сский реце́пт. А ви́ски хорошо́ де́лают шотла́ндцы.

Куби́нцы хорошо́ де́лают сига́ры, а америка́нцы — сигаре́ты.

Италья́нцы, ту́рки и африка́нцы хорошо́ де́лают ко́фе. А кита́йцы, инди́йцы и япо́нцы хорошо́ де́лают чай. О́чень лю́бят чай ру́сские, осо́бенно зимо́й, когда́ хо́лодно.

Шокола́д хорошо́ де́лают швейца́рцы, бельги́йцы, не́мцы и ру́сские.

Сыр — э́то ещё одна́ «ма́ния». Его́ хорошо́ де́лают швейца́рцы, францу́зы, голла́ндцы и италья́нцы.

Что ещё любят люди? Автомобили, конечно! Здесь лидеры — немцы, французы, японцы. Все знают их машины: «мерседес», BMW [бээмвэ], «фольксваген», «пежо», «рено», «тойота»…

В результате, когда люди всё это слишком любят, они **покупа|ют** в аптеке медикаменты. А их хорошо делают швейцарцы, индийцы и немцы.

УРОК 11

Задание 229. (стр. 163)

холодн**ая** вода	ночн**ая** дискотека	вечерн**ий** чай
добр**ое** слово	горяч**ее** молоко	прекрасн**ый** день
молод**ая** женщина	домашн**ее** задание	ночн**ые** улицы
утренн**ий** душ	вечерн**ее** платье	дорог**ая** жизнь
дешёв**ые** билеты	трудн**ая** работа	горяч**ее** сердце
вчерашн**яя** газета	сегодняшн**ие** проблемы	тёпл**ый** день

6:00 — это ранн**ее** утро.   23:00 — это поздн**ий** вечер.
Март — это ранн**яя** весна.   Ноябрь — это поздн**яя** осень.

Задание 231. (стр. 164)

СЕМЕЙНОЕ СЧАСТЬЕ

Наталья — <u>домохозяйка</u>. Вы думаете, что она нигде не работает? Нет. Это неправда. Она очень много работает. Но работает она дома. Её муж Евгений думает, что Наталья — <u>идеальн|ая</u> жена. Например, каждое утро на завтрак она делает <u>аромат|н|ый</u> кофе или горячий шоколад. А когда муж читает газеты или слушает **утренние** новости, Наташа делает для него **горячие** бутерброды или блины.

Евгений работает, конечно, очень много, потому что у него есть дети, а его жена — домохозяйка. У него **трудная** работа. Весь день он думает, считает, анализирует... У него очень серьёзн|ая профессия. Он <u>финансов|ый</u> директор. Он много знает. Например, он знает, что делать, когда в стране **финансовый** кризис. Он знает, когда и **какие** акции покупать. Он всегда знает, какой сейчас <u>валютн|ый</u> курс и т. д. (и так далее).

К сожалению, днём Евгений обедает не дома. Он работает очень много и иногда даже не помнит, когда <u>обеденн|ый</u> перерыв.

А Наталья днём изучает немецкий язык. Она уже знает английский и испанский. Но **новый** язык — это всегда интересно. Иностранн|ые языки — это её хобби. Она обычно изучает язык дома. Каждый день смотрит <u>специальн|ый</u> видеокурс и слушает плейер, учит **новые** слова, читает немецкие книги и газеты и т. д. Ещё у неё есть друг. Его зовут Клаус. Он немец. Наташа и Клаус часто говорят по-немецки.

Днём, когда Наташа изучает **иностранный** язык, её сыновья играют. Сегодня они играют в «Лего». Они строят **красив|ый** дом. И мама, и мальчики думают, что это очень <u>интересн|ая</u> игра. Потом они **все вместе** гуляют. Потом мальчики отдыхают, а Наташа делает обед. Дети говорят, что её обеды всегда вкусн|ые. Как жаль, что папа обедает не дома.

Потом дети играют, а мама работает. Женщины часто говорят, что **домашняя** работа **трудная** и неинтересная. Но Наташа так не думает. Как хорошо, когда дома чисто и красиво!

А вечером все дома. Все вместе ужинают, иногда смотрят телевизор. Потом вся семья (мама, папа и сыновья) гуляет. Недолго, но **каждый** вечер. Потом мама читает <u>детск|ие</u> книги, а дети слушают. А что делает папа? У него тоже есть хобби. Интернет.

УРОК 12

Задание 254. (стр. 176)

КОЛЛЕ́ГА

У меня́ есть колле́га. Он рабо́тает у нас в фи́рме неда́вно, ме́ньше, чем я. И рабо́тает он, я ду́маю, ху́же, чем я. Его́ прое́кт в фи́рме ме́нее ва́жный и тру́дный, чем мой прое́кт.

Этот колле́га бо́лее молодо́й, чем я, и э́то зна́чит, что он зна́ет ме́ньше. Да, он, мо́жет быть, бо́лее энерги́чный и си́льный, чем я. И говори́т он бо́лее краси́во. Но я бо́лее у́мный, чем он. И рабо́таю я бо́льше и лу́чше! Не понима́ю, почему́ у него́ **зарпла́та** бо́льше, чем у меня́! И почему́ шеф лю́бит его́ бо́льше, чем меня́?!

Но рабо́та — э́то ещё не всё. Его́ кварти́ра бо́лее краси́вая и комфорта́бельная, чем моя́. Его́ автомоби́ль бо́лее дорого́й и прести́жный, чем мой ста́рый «фолькcва́ген». Его́ да́ча бо́льше и лу́чше, чем моя́. Да, он бо́лее **бога́т|ый**, чем я! Но э́то непра́вильно, потому́ что я рабо́таю бо́льше, чем он!

Да́же жена́ у него́ бо́лее молода́я, краси́вая и элега́нтная, чем у меня́! Не понима́ю, почему́ же́нщины лю́бят его́?! Да, он бо́лее **весёл|ый**, чем други́е мужчи́ны. Но я бо́лее у́мный, серьёзный и соли́дный челове́к! В ми́ре всё непра́вильно, всё не так…

Задание 264. (стр. 182)

ВСЁ НЕ ТАК, КАК ДОЛЖНО́ БЫТЬ

Сего́дня у́тром всё бы́ло не так, как должно́ быть. Не так, как бы́ло ра́ньше. И я не понима́ю почему́.

Где мои́ газе́ты, кото́рые я вчера́ не мог чита́ть, потому́ что хоте́л спать? Где они́? Я хочу́ знать, каки́е но́вости в ми́ре! Где мой ко́фе, кото́рый до́лжен стоя́ть на столе́ на ку́хне? Я не могу́ рабо́тать **без** ко́фе!

Где мой кот, кото́рый всегда́ хо́чет спать и есть, да́же когда́ уже́ не мо́жет? Обы́чно мы за́втракаем вме́сте. Я не хочу́ сего́дня за́втракать оди́н!

Где мой га́лстук, кото́рый до́лжен лежа́ть на сту́ле? В о́фисе я до́лжен быть в га́лстуке, потому́ что так хо́чет мой шеф — он лю́бит то́лько официа́льный стиль.

Где мои́ сигаре́ты, кото́рые должны́ лежа́ть на окне́? Я хочу́ кури́ть!

Где моя́ маши́на, кото́рая должна́ стоя́ть на у́лице? Где мои́ де́ньги, кото́рые должны́ лежа́ть на **холод**и́льнике? Где моя́ ку́ртка, кото́рая должна́ быть в коридо́ре? На у́лице сего́дня хо́лодно!

Я хочу́ знать, где все мои́ ве́щи!!! И где моя́ жена́, кото́рая всегда́ зна́ет, где мои́ ве́щи? Она́ должна́ быть здесь. Но где она́?..

УРОК 13

Задание 274. Аудиоконтроль (стр. 187).

СТРА́ННЫЙ МУЖЧИ́НА?

Я люблю́ гото́вить и спать. Мо́жет быть, поэ́тому я всегда́ хочу́ есть и спать. Ку́хня — моё люби́м|ое ме́сто в до́ме. Когда́ я не сплю, я гото́влю. К сожале́нию, я до́лжен эконо́мить. Вчера́ я обе́дал в кафе́, зна́чит, я эконо́мил вре́мя. Но е́сли у меня́ фина́нсовые пробле́мы и я эконо́млю де́ньги, то я обе́даю до́ма.

Я хорошо́ гото́влю сала́ты, супы́, десе́рты. А моя́ сестра́ лю́бит де́лать безалкого́льные коктéйли. Я и моя́ семья́ не лю́бим алкого́льные коктéйли, потому́ что **по́сле** них мы пло́хо спим. И поэ́тому никто́ в семье́ их не гото́вит.

До́ма я сплю на дива́не. А на да́че я люблю́ спать в гамакé.

У меня́ есть кот. Он то́же лю́бит спать. Я ду́маю, что все коты́ мно́го спят. Мой кот обы́чно спит в крéсле. (← **крéсло**) Но когда́ на у́лице бы́ло хо́лодно, он спал у меня́ на дива́не.

УРОК 14

Зада́ние 291. (стр. 200)

МУЖ И ЖЕНА́

Часть 1

— Мой муж — инженéр-строи́тель. Он о́чень хорошо́ рабо́тает. Так говоря́т все его́ коллéги. Год наза́д его́ фи́рма стро́ила дом. Но да́же сейча́с он по́мнит все дета́ли: как, что и когда́ они́ дéлали. Он всегда́ по́мнит все проéкты. Он по́мнит информа́цию, кото́рую никто́ ужé не по́мнит. И всегда́ отвеча́ет на все вопро́сы, когда́ коллéги-строи́тели спра́шивают его́. Они́ говоря́т, когда́ рабо́тают, когда́ обéдают, когда́ отдыха́ют. Они́ всё вре́мя говоря́т. Но до́ма...

До́ма он всегда́ молчи́т. Весь ве́чер лежи́т на дива́не и смо́трит телеви́зор. Или ку́рит, смо́трит в окно́ и ду́мает. На все мои́ вопро́сы он всегда́ отвеча́ет то́лько «да» и́ли «нет». А когда́ я спра́шиваю: «Как у тебя́ дела́? Что ты сего́дня де́лал?» — он отвеча́ет: «Всё норма́льно. Рабо́тал». Но э́то не отвéт! Я не понима́ю, почему́ он никогда́ ничего́ не расска́зывает. Э́то для меня́ ужа́сно!

Часть 2

— Моя́ жена́ — программи́ст. Она́ рабо́тает одна́. В о́фисе то́лько она́ и её компью́тер. **Да́же** обéдает она́ обы́чно одна́. Весь день она́ дéлает програ́ммы, чита́ет, ду́мает. Весь день она́ молчи́т. Но до́ма...

До́ма она́ всё вре́мя говори́т. Мои́ коллéги расска́зывают, что их жёны ве́чером всегда́ смо́трят сериа́лы по телеви́зору и́ли говоря́т по телефо́ну. Но моя́ жена́ никогда́ не смо́трит сериа́лы. И весь ве́чер она́ говори́т, говори́т, говори́т... Расска́зывает, что она́ дéлала, и спра́шивает меня́, что я дéлал. Она́ спра́шивает сли́шком мно́го. Иногда́ я ду́маю, что она́ нигдé никогда́ не молчи́т. Когда́ я отвеча́ю, она́ спра́шивает, почему́ я говорю́ то́лько «да» и́ли «нет». А когда́ я отвеча́ю: «Не зна́ю», — она́ спра́шивает, почему́ я не зна́ю. Э́то кошма́р! Да́же до́ма ве́чером я не отдыха́ю!

УРОК 15

Зада́ние 302. (стр. 208)

ТЕЛЕФО́ННЫЙ РАЗГОВО́Р

— Алло́!
— До́брый день, Ни́на Петро́вна. Э́то Ви́ктор. Олéг до́ма?
— Здра́вствуй, Ви́тя. Олéг в университéте. А ты где? Почему́ не в университéте?
— Я сейча́с не в Петербу́рге, а в Москвé — на пра́ктике.
— Интерéсно. А мой Олéг был на пра́ктике в Я́лте, на мо́ре. А где ты в Москвé живёшь?

— В Москве́ жил мой брат, сейча́с он рабо́тает на се́вере, в Му́рманске. Я живу́ в его кварти́ре.

— О́чень хорошо́. А когда́ у тебя́ бу́дут экза́мены?

— Ещё не зна́ю. А во ско́лько Оле́г бу́дет до́ма?

— В 6 и́ли 7.

— Спаси́бо. До свида́ния.

— Счастли́во!

Зада́ние 313. (стр. 213)

ГДЕ ЛУ́ЧШЕ ЖИТЬ?

Я живу́ в го́роде на Неве́, мой брат живёт в го́роде на Москва́-реке́, а на́ши роди́тели живу́т в го́роде на Во́лге. Это зна́чит, я живу́ в Петербу́рге, мой брат — в Москве́, а роди́тели — в У́гличе.

Мы ча́сто спо́рим, где жить лу́чше. Когда́ мы (я и мой брат) бы́ли ма́ленькие и жи́ли в У́гличе, мы ду́мали, что э́то лу́чший го́род в ми́ре. У́глич — небольшо́й, но чи́стый и краси́вый городо́к. В У́гличе чи́стый **во́здух**. Во́лга — краси́вая река́. На́ши роди́тели и сейча́с так ду́мают. Но я тепе́рь ду́маю, что лу́чше жить в Петербу́рге, а мой брат говори́т, что хорошо́ жить в Москве́.

Вот мой аргуме́нты. Петербу́рг не сли́шком большо́й (как Москва́) и не сли́шком ма́ленький го́род. В Петербу́рге архитекту́ра бо́лее краси́вая, чем в Москве́. Во́здух у нас, коне́чно, ме́нее чи́стый, чем в У́гличе, но **не тако́й** гря́зный, **как** в Москве́. Кафе́ и рестора́ны в Петербу́рге и в У́гличе ме́нее дороги́е, чем в Москве́. Кварти́ры в Петербу́рге ме́нее дороги́е, чем в Москве́ (но, к сожале́нию, не таки́е дешёвые, как в У́гличе).

Есть, коне́чно, и ми́нусы. Наприме́р, в Петербу́рге не так тепло́, как в Москве́ и́ли в У́гличе. Да, кли́мат у нас ужа́сный. Ещё в Петербу́рге зарпла́та не така́я больша́я, как в Москве́. А в У́гличе у меня́ была́ ме́нее интере́сная рабо́та, чем в Пи́тере, потому́ что у меня́ ре́дкая профе́ссия.

Но всё э́то для меня́ не так ва́жно. Для меня́ бо́лее ва́жно, кака́я в го́роде атмосфе́ра — не пого́да, коне́чно, а культу́рная, психологи́ческая, энергети́ческая атмосфе́ра. Не зна́ю почему́, но когда́ я в Москве́, я ду́маю, что э́тот мир — э́то чуть-чуть ха́ос. А когда́ я в Петербу́рге, я зна́ю, что в ми́ре есть **поря́док**... Когда́ я говорю́ об э́том, мой брат отвеча́ет, что э́то то́лько мой иллю́зии и что я ненорма́льная... И мы начина́ем спо́рить о филосо́фии. Мы всегда́ обо всём спо́рим.

Зада́ние 322. (стр. 218)

ЗООПА́РК

1. Я се́рый, я о́чень большо́й и си́льный. Живу́ я в А́фрике и́ли в И́ндии. Лю́ди говоря́т, что я могу́ хорошо́ рабо́тать. У меня́ о́чень больши́е у́ши, э́то мой «вентиля́торы», и осо́бенный нос: о́чень дли́нный. Иногда́ мой нос рабо́тает как душ, а иногда́ как рука́.

2. Я живу́ в А́фрике. Обы́чно я лежу́ в воде́. Я дли́нный и зелёный. У меня́ о́чень хоро́шие **зу́б**ы. Лю́ди ду́мают, что я злой. Но э́то непра́вда. Они́ де́лают **из** меня́ су́мки и о́бувь, поэ́тому я не люблю́ их, но иногда́ лю́ди — э́то вку́сный за́втрак.

3. Челове́к говори́т, что я его́ друг. Я то́же так ду́маю. Други́е живо́тные не рабо́тают в мили́ции и́ли поли́ции, то́лько я рабо́таю, потому́ что я о́чень у́мн|ая. У меня́ то́лько одна́ пробле́ма — ко́шки.

4. Я кори́чневый, я большо́й и си́льн|ый. Обы́чно я живу́ в лесу́. Зимо́й я сплю. Я о́чень тала́нтливый и поэ́тому иногда́ рабо́таю в ци́рке. Ещё я люблю́ **мёд**. Мой бе́лый брат живёт на Се́вере. Он живёт на по́люсе, но не там, где пингви́ны.

5. Иногда́ я бе́лая, иногда́ се́рая, иногда́ чёрная. Но глаза́ у меня́ обы́чно зелёные. Я о́чень хорошо́ **ви́жу** но́чью, когда́ темно́. Меня́ о́чень лю́бит челове́к, я то́же его́ люблю́. Не понима́ю, почему́ соба́ки и мы́ши так не лю́бят меня́?

6. Обы́чно я кори́чневая и́ли чёрно-бе́лая. Могу́ гуля́ть весь день. Я ду́маю, что лу́чший за́втрак, обе́д и у́жин — зелёная **трава́**. Я о́чень до́брая. Моё молоко́ лю́бят не то́лько мои́ де́ти, но и други́е живо́тные и да́же лю́ди.

7. Обы́чно я бе́лая и́ли ро́зовая, иногда́ чёрная. Когда́ я не за́втракаю, не обе́даю и не у́жинаю, я сплю. Мо́жет быть, поэ́тому я о́чень **то́лстая**. Снача́ла я ду́мала, что лю́ди лю́бят меня́, но тепе́рь я понима́ю, что они́ лю́бят то́лько моё мя́со…

8. Обы́чно я кори́чневая. Я о́чень весёлая и акти́вная. Ча́сто рабо́таю в ци́рке. Челове́к иногда́ ду́мает, что я его́ прапрапраба́бушка. Обы́чно я живу́ там, где тепло́, люблю́ бана́ны и люблю́ де́лать грима́сы.

9. Я ма́ленькая и се́рая. Я о́чень у́мная и бы́страя. Я люблю́ сыр. К сожале́нию, ко́шки сли́шком лю́бят меня́, но я их не люблю́.

УРОК 16

Зада́ние 336. (стр. 229)

ЛУ́ЧШЕ ПО́ЗДНО, ЧЕМ НИКОГДА́

Я всегда́ и всю́ду опа́здываю. Коне́чно, я не люблю́ опа́здывать, осо́бенно на рабо́ту. И осо́бенно когда́ мой шеф ви́дит, как я опа́здываю. Обы́чно он уже́ ничего́ не говори́т, а то́лько пока́зывает на часы́. К сча́стью, у него́ **споко́йный** хара́ктер и он ви́дит, что я отли́чно рабо́таю.

Хорошо́, что тепе́рь у меня́ есть моби́льный телефо́н. И **е́сли** я, наприме́р, стою́ в про́бке, **то** звоню́ на рабо́ту и говорю́, что бу́ду по́зже. Так я ме́ньше не́рвничаю.

Ещё я ненави́жу опа́здывать на о́перу и́ли на бале́т! Осо́бенно е́сли в теа́тр меня́ приглаша́ют мои́ колле́ги и мой биле́т у них и́ли их биле́ты у меня́. Когда́ я ви́жу их ли́ца, я понима́ю, что моё «извини́те, пожа́луйста», кото́рое я **повторя́|ю** де́сять раз, для них ничего́ не зна́чит. И э́то для меня́ ужа́сно! Я не хоте́ла опа́здывать, но тра́нспорт рабо́тает пло́хо, и́ли мои́ часы́ стоя́ли, и́ли я до́лго покупа́ла жето́н в метро́, и́ли… Но для них э́то, к сожале́нию, абсолю́тно нева́жно…

Моя́ ма́ма говори́т, что я опа́здываю, потому́ что люблю́, когда́ лю́ди меня́ **жд|ут**. Э́то со**все́**м не так! Я ненави́жу, когда́ меня́ ждут други́е лю́ди. Но что де́лать, е́сли я така́я неорганизо́ванная?! То́лько Воло́дя понима́ет меня́. Он никогда́ никуда́ не опа́здывает. Но он ду́мает, что, когда́ же́нщина опа́здывает, э́то норма́льно. И когда́ я опа́здываю, он никогда́ не смо́трит демонстрати́вно на часы́, как э́то де́лают други́е. Он про́сто говори́т: «Приве́т, **со́лн**ышко! Лу́чше по́здно, чем никогда́». Мо́жет быть, он и пра́вда меня́ лю́бит?

УРОК 17

Зада́ние 372. (стр. 245)

ПОДРУ́ГИ

У меня́ есть подру́га. Я о́чень хорошо́ понима́ю её, а она́ — меня́. Мы как сёстры. Мою́ подру́гу зову́т Маргари́та, но я зову́ её Марго́. Мы студе́нтки. Изуча́ем англи́йский язы́к и литерату́ру. И сейча́с мы вме́сте снима́|ем кварти́ру. У́тром мы обы́чно хо́дим на ле́кции в университе́т, а ве́чером у нас есть вре́мя, потому́ что сейча́с мы не рабо́таем.

Обы́чно мы отдыха́ем вме́сте. Ча́сто хо́дим на дискоте́ки, в кино́, на конце́рты, иногда́ хо́дим в теа́тр. Мы о́чень лю́бим ходи́ть в го́сти и́ли приглаша́ть их домо́й. Марго́ отли́чно гото́вит! Все на́ши друзья́ лю́бят быва́ть у нас.

Вчера́ бы́ло воскресе́нье, но мы никуда́ не ходи́ли. Сиде́ли весь день до́ма, потому́ что на у́лице бы́ло о́чень хо́лодно, а у Марго́ была́ анги́на. Но послеза́втра мы идём в ба́ню! Ба́ня — э́то то́же хоро́ший о́тдых, поэ́тому ми́нимум раз в ме́сяц мы хо́дим туда́.

Ско́ро Но́вый год, и, коне́чно, у нас уже́ есть пла́ны на э́ту ночь. Мы идём в но́вый ночно́й клуб. Лёша и Серёжа нас приглаша́ют. Мы никогда́ ра́ньше не ходи́ли в э́тот клуб, но говоря́т, что там о́чень кла́ссно!

УРО́К 18

Зада́ние 383. Аудиоконтро́ль (стр. 249).

— Вы здесь у́читесь?
— Нет, я здесь рабо́таю.
— Ой, извини́те, я ду́мала, что вы студе́нт.
— Нет, я преподава́тель. Я преподаю́ **англи́йский язы́к**.
— Пра́вда? Я о́чень хочу́ изуча́ть э́тот язы́к! Вы мо́жете учи́ть меня́?
— Ну, е́сли вы хоти́те... Вы уже́ изуча́ли англи́йский ра́ньше?
— Да.
— Как до́лго? Где вы учи́лись?
— Я изуча́ла англи́йский год, в университе́те в Петербу́рге.

Зада́ние 404. Аудиоконтро́ль (стр. 257).

1. Вчера́ и позавчера́ бы́ли выходны́е. А сего́дня я опя́ть рабо́таю, потому́ что сего́дня понеде́льник. 2. Э́та неде́ля о́чень тру́дная, но за́втра, сла́ва Бо́гу, после́дний рабо́чий день. Сего́дня четве́рг. 3. Ура́! Сего́дня пя́тница. За́втра суббо́та, па́па и ма́ма не рабо́тают и у нас бу́дут го́сти. 4. За́втра пе́рвый рабо́чий день, а сего́дня воскресе́нье. 5. Сего́дня то́лько тре́тий рабо́чий день, то́лько среда́, а я уже́ хочу́ отдыха́ть. 6. «Понеде́льник — день тяжёлый», поэ́тому мы начина́ем э́тот прое́кт за́втра, во вто́рник.

УРО́К 19

Зада́ние 421. (стр. 267)

СА́МОЕ ЖА́РКОЕ МЕ́СТО В МИ́РЕ

Стаби́льная жа́ркая пого́да быва́ет в Эфио́пии (в Далло́не). Сре́дняя температу́ра в году́ здесь 35 гра́дусов Це́льсия. Но са́мый жа́ркий день — 58 гра́дусов в **тени́** — был в Ли́вии (в Эль-Азизи́и). Счита́ют, что Эль-Азизи́я — са́мое жа́ркое ме́сто на плане́те Земля́.

Та́кже о́чень жа́рко — 48 гра́дусов — бы́ло в Аме́рике (в Калифо́рнии) и Австра́лии (в Марбл-Ба́ре).

Задание 425. Аудиоконтроль (стр. 270).

— Мой сын так хорошо играет на флейте! А на чём играет ваш сын?
— Мой сын ни на чём не играет. Он не любит музыку. Но он играет в волейбол.
— Да, спорт — это хорошо. А наш мальчик совсем неспортивный. Он думает только о музыке…
— Ну что вы! Музыка — это прекрасно.

УРОК 20

Задание 435. Аудиоконтроль (стр. 277).

ЧТО Я ЕМ?

Утром, когда я встаю, я сначала **пью** сок. Обычно я пью апельсиновый сок, но иногда грейпфрутовый или яблочный. Потом я завтракаю. Иногда люди не завтракают. Моя подруга, например, никогда не **ест** утром, но я не могу работать, если я голодная.

Обычно на завтрак я **ем** мюсли, йогурт и **пью** чёрный кофе. Иногда я **ем** утром яблоко или банан. Моя кофеварка сейчас не работает, поэтому сегодня я готовила кофе в турке. Я люблю и кофе, и чай. Но кофе тонизирует меня лучше, он даёт энергию, поэтому, когда я работаю, я **пью** на завтрак кофе. А в субботу и воскресенье я готовлю ароматный чай. Особенно я люблю зелёный или жасминовый чай.

Днём я обедаю в кафе. Я всегда **ем** на обед суп и салат, иногда **ем** второе. Когда у меня маленький перерыв на обед, я покупаю бизнес-ланч: это быстро и недорого. И почти всегда я покупаю на десерт мороженое или пирожное и опять **пью** кофе.

Ужинаю я всегда дома. Я люблю готовить. Когда я вечером готовлю ужин, я отдыхаю. Особенно я люблю делать овощные салаты: это быстро, вкусно, красиво и полезно. Обычно я делаю лёгкий ужин, потому что я ужинаю поздно: не раньше чем в восемь. Иногда я просто **ем** фрукты и **пью** йогурт или кефир, и это весь мой ужин. Если вечером я **ела** мало, утром у меня обычно хороший аппетит, и я ем на завтрак не только мюсли и фрукты, но и бутерброд.

А вчера вечером дома я ничего не **ела**, потому что у нас на работе была вечеринка. На вечеринке я **ела** бутерброды, сыр, оливки и **пила** вино. И дома вечером я совсем не хотела **есть**, я хотела только спать. Но сегодня на ужин я буду готовить суши, потому что у меня будут гости. Мы будем **есть** суши и **пить** зелёный чай.

Задание 442. Аудиоконтроль (стр. 281).

ВЕГЕТАРИАНКА

Меня зовут Миша, у меня есть подруга Маша. Все говорят, что мы хорошая пара. Да, но в последнее время у нас есть небольшая проблема.

Уже год моя подруга Маша — вегетарианка. И она не просто не **ест** мясо, она строгая вегетарианка. Это значит, что она также не ест **рыбу**. Мясо она и раньше ела редко, не любила она его. А вот рыбу она очень любила! Всегда, когда я приглашал Машу в ресторан, она ела рыбу. Но это ещё не всё.

Она ещё не ест яйца и **икру**. Раньше, когда я приглашал её в гости, мы всегда готовили омлет и вместе его **ели**. А теперь мы готовим только салаты. Она не ест даже торт, если в нём есть яйца. И теперь, когда мы покупаем торт, она долго смотрит на этикетку — читает, какие в нём продукты. Если там есть яйца или молоко, которое она тоже не пьёт, я **ем** торт один. А я ненавижу есть один! Поэтому обычно мы покупаем

Уровень А1. Задания для аудирования

311

еду́, кото́рую мо́жем есть **о́ба**. Не понима́ю! Ма́ша ра́ньше так люби́ла все э́ти проду́кты! Как она́ сейча́с мо́жет их не есть?

Я понима́ю, когда́ же́нщины не едя́т не́которые **проду́кты**, потому́ что у них плоха́я фигу́ра. Но у неё фигу́ра идеа́льная! Почему́ она́ де́лает э́то? Э́то всё так **глу́по**! Она́ говори́т, что сейча́с, когда́ она́ не ест мя́со, она́ ме́ньше устаёт. Но э́то абсу́рд! Коне́чно, она́ мо́жет жить, как она́ хо́чет. Я да́же могу́ приглаша́ть её то́лько в вегетариа́нские рестора́ны. Пра́вда, где обе́дать и́ли у́жинать — э́то не пробле́ма. В рестора́не она́ обы́чно ест **о́вощи**, а я ем мя́со и́ли ры́бу. К сча́стью, она́ не говори́т, что я то́же, как и она́, до́лжен есть то́лько о́вощи. Да, коне́чно, я то́же ем фру́кты и о́вощи. Но е́сли я не ем мя́со, то я **голо́дный**! Я не могу́ есть то́лько о́вощи! Почему́ она́ мо́жет?

Приложение 5

КЛЮЧИ 🗝

УРОК 1

Задание 14. Кроссворд «Кто это?» (стр. 29).

```
                                    л
                                    ю
                            р       д
                          д е т и
      д
ч е л о в е к             б
      в                   ё
      у         м у ж ч и н а
      ш         а         е       о
      к     д   л         н       к
    п а р е н ь           щ
            в             и
            о             н
            ч             а
            к
            а
```

УРОК 3

Задание 52.

Рис. 1 — диалог 8, рис. 2 — диалог 1, рис. 3 — диалог 6.

Задание 63. БИНГО! (стр. 62).

0–20			
3	1	11	19
12	2	20	9
13	0	16	7
18	4	10	5

15–35			
15	25	35	28
20	30	29	18
23	21	22	29
31	16	32	27

40–70			
40	54	55	59
50	47	66	49
60	46	69	63
70	51	44	48

80–120			
80	82	98	92
90	84	103	95
100	99	110	109
120	112	119	102

УРОК 4

Задание 80. (стр. 73)

а) Тест.

1. Что это? 2. Как вас зовут? 3. У вас есть компьютер? 4. Чья эта книга? 5. Кто он? 6. Как у вас дела? 7. Кто это? 8. Сколько? 9. У тебя грипп? 10. Где дом? 11. Что они делают? 12. Она понимает?

б) Кроссворд «Вопросы».

	к	о	г	д	а	
	т		д			
п	о	ч	е	м	у	
			т			
с	к	о	л	ь	к	о
	а					
	к					

УРОК 5

Задание 90. (стр. 78). См. стр. 300.

УРОК 6

Задание 104. (стр. 91). См. стр. 301.

УРОК 7

Задание 123, 1 б). (стр. 100). См. стр. 301–302.

Рисунки/подписи в задании.
22:00 (брат и сестра или семейная пара, ситуация 5)
10:00 (студенты или коллеги, ситуация 1)
7:00 (мужчина с будильником, ситуация 3)
12:30 (муж и жена, ситуация 2)
16:00 (отец и ребёнок, ситуация 4).

Задание 148. Кроссворд «Глаголы» (стр. 115).

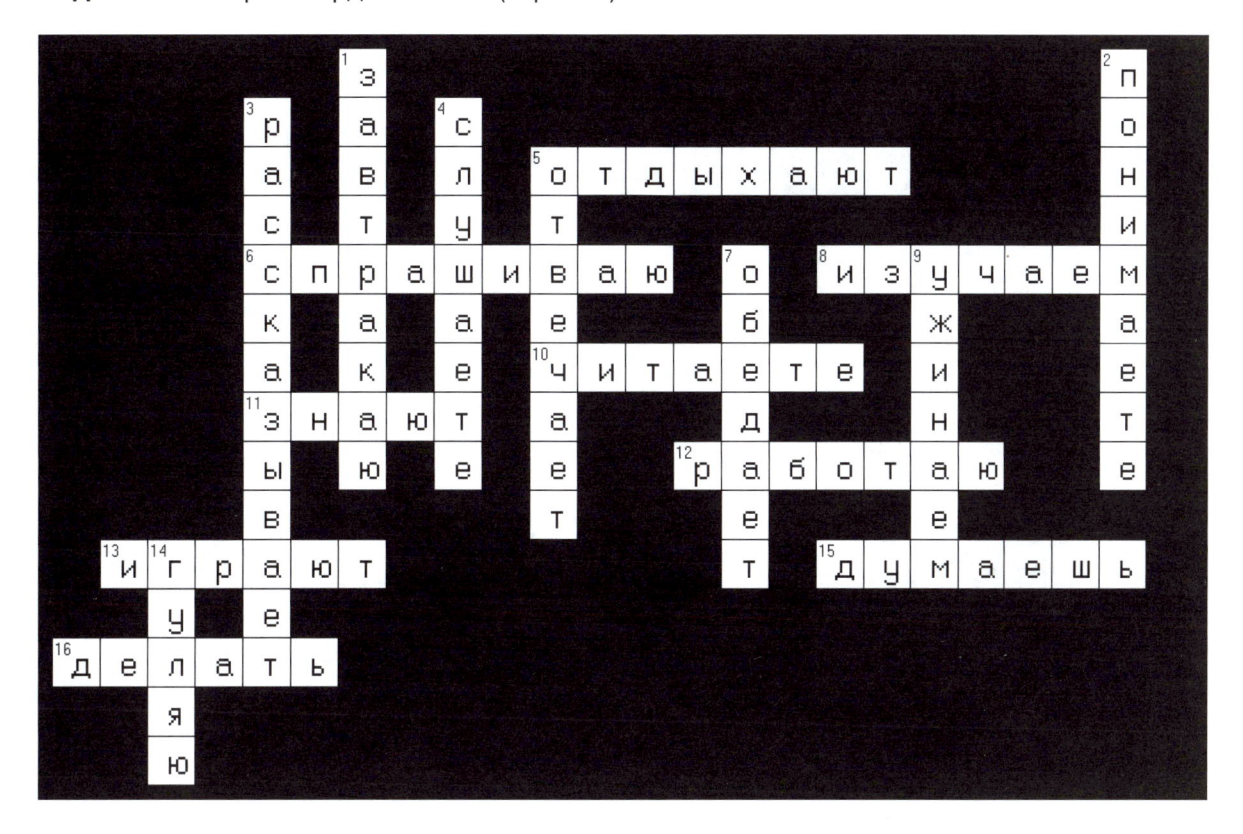

Вертикаль:
1. Утром, когда я **завтракаю**, я слушаю радио. 2. Это хорошо, что вы **понимаете** мои проблемы. 3. Мой друг хорошо **рассказывает** анекдоты и истории. 4. Алло! Вы **слушаете**? 5. Преподаватель **отвечает** на наши вопросы. 7. Она не **обедает** и не ужинает, потому что у неё диета. 9. Мы **ужинаем** в 19:30. 14. Это парк. Я здесь **гуляю**.

Горизонталь:
5. Когда у них перерыв, они **отдыхают**. 6. Когда я не знаю, я **спрашиваю**. 8. Мы **изучаем** русский язык. 10. О! Вы уже хорошо **читаете** по-русски! 11. Они **знают** мой адрес? 12. Уже 23:00, но я ещё **работаю**. 13. Родители работают, а дети **играют**. 15. Это хорошо или плохо? Как ты **думаешь**? 16. У него проблема. Он не знает, что **делать**!

УРОК 9

Задание 170. (стр. 130). Стереотипы: «Мужчины и женщины». См. стр. 304.

Задание 183. (стр. 138). См. стр. 304.

УРОК 10

Задание 201. Кроссворд «Национальности» (стр. 148).

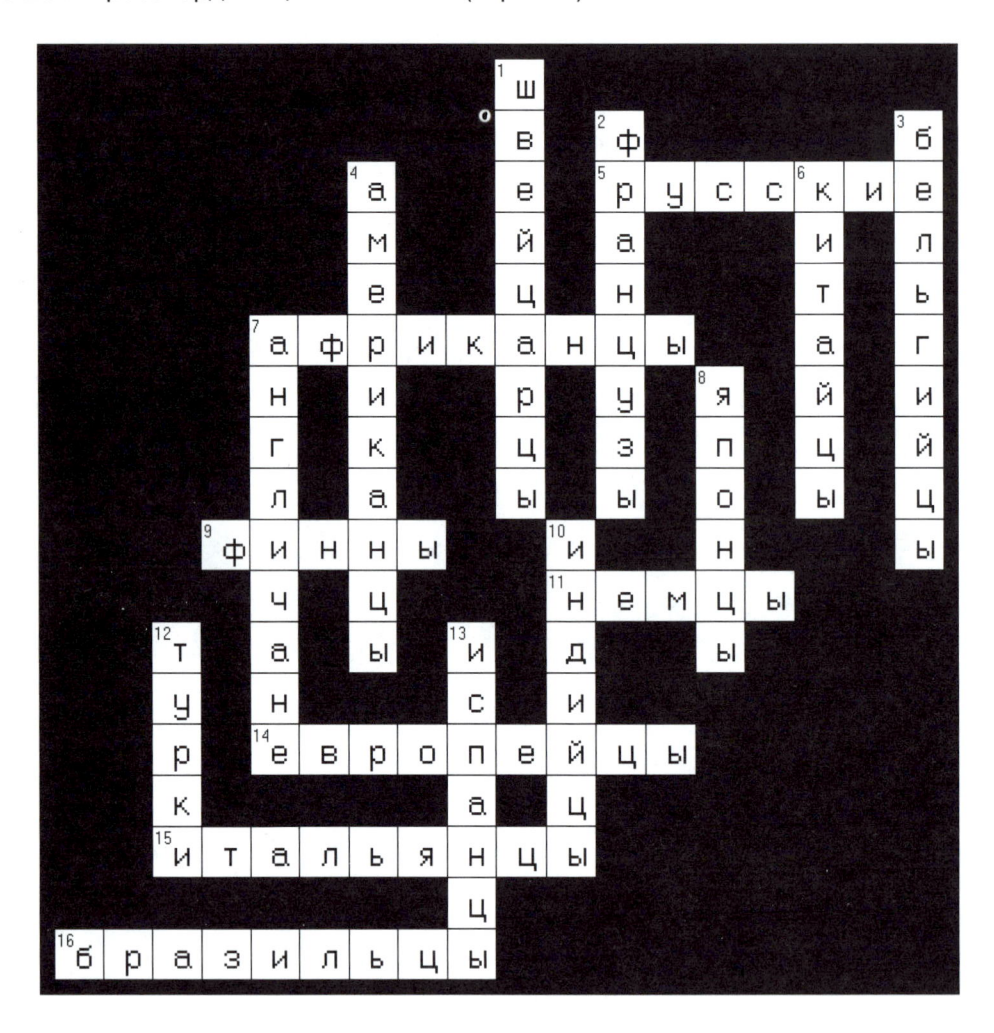

Задание 204. Стереотипы. Рай или ад? (стр. 150).

Рай — это когда
   повар — итальянец,
   механик — немец,
   милиционер — англичанин,
   любовник — француз,
   организатор — швейцарец.

Ад — это когда
   повар — **англичанин**,
   механик — **француз**,
   милиционер — **немец**,
   любовник — **швейцарец**,
   организатор — **итальянец**.

Задание 212. Кроссворд «Исключения» (стр. 153).　**Задание 220.** (стр. 156)

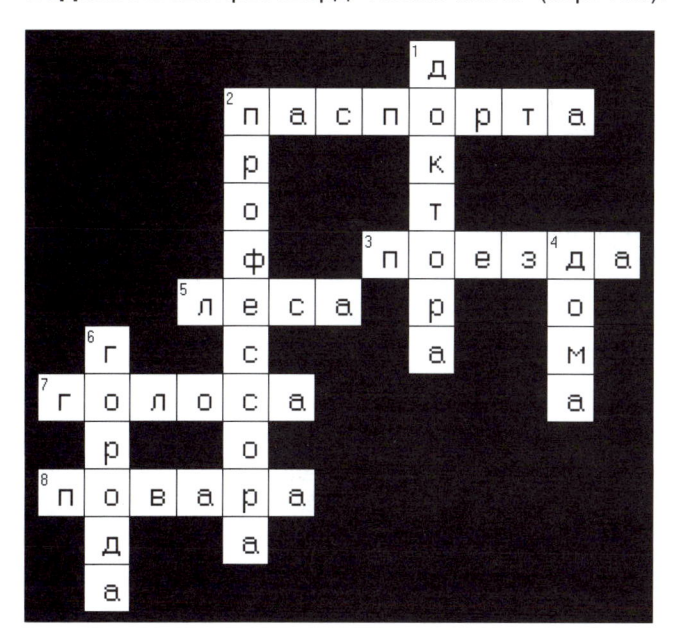

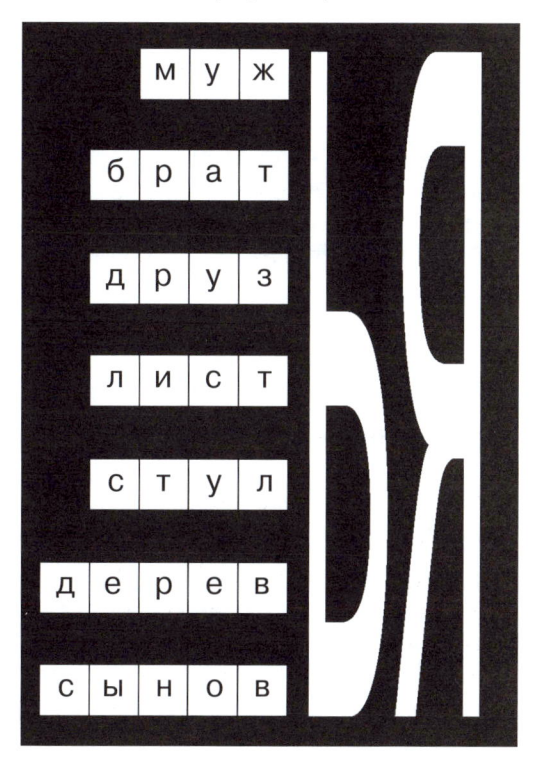

УРОК 11

Задание 234. Кроссворд «Антонимы» (стр. 167).

Уровень А1. Ключи

317

УРОК 14

Задание 292 б). (стр. 202)

1. У неё амнезия, она ничего не помнит.
2. Что ты говоришь? Это абсурд! Я ничего не понимаю.
3. — У него есть прогресс?
   — Нет, потому что он ничего не делает.
4. Что они делают? Это странно! Мы ничего не понимаем.
5. Сегодня они отдыхают, они ничего не делают.

УРОК 15

Задание 321.

а) Молоко белое. Кока-кола коричевая. Лимонад жёлтый. Помидор красный. Огурец зелёный. Лимон жёлтый. Шоколад коричневый (чёрный), белый. Чай чёрный, зелёный, красный. Вино белое, красное, розовое. Виноград белый, красный. Морковь оранжевая. Соль белая. Перец чёрный, красный, белый.

б) 1. Земля — голубая планета. 2. Летом в Петербурге белые ночи. 3. Сегодня у меня весь день проблемы, сегодня — чёрный день. 4. Говорят, что Марс — красная планета. 5. В озере Байкал очень чистая голубая вода. 6. Когда на улице лежит снег, всё вокруг белое. 7. Деревья — наши зелёные друзья. 8. Я люблю чёрный кофе и чёрный или зелёный чай. 9. Летом листья на дереве зелёные, а осенью — жёлтые, красные, коричневые. 10. Когда на улице солнце, асфальт серый. А когда дождь, он почти чёрный. 11. Вчера была прекрасная погода: голубое небо и жёлтое солнце. Но сегодня небо опять серое. Когда будет лето?

УРОК 16

Задание 345. (стр. 233)

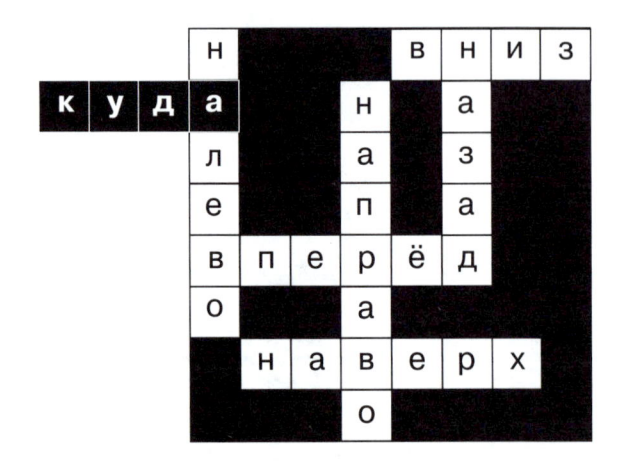

УРОК 20

Задание 433. (стр. 276)

ЛЕКСИКО-ГРАММАТИЧЕСКОЕ СОДЕРЖАНИЕ

Существительное
Стр.

Категория рода 38
Множественное число
    мужского и женского рода 38
    всех родов с исключениями 143
Именительный падеж (субъект)
    в конструкциях *это кто/что, он/она/они кто* 27, 33
    в конструкции *кто/что — это кто/что* 12, 28
    в конструкции *у кого есть/был(а, и) что/кто* 49, 118
    в простом полном предложении 53
    в конструкции *что значит что* 77
Предложный падеж ед. числа (→ *-е*) и со странами на *-ия* (→ *-ии*) 99, 135
    с существительными женского рода рода на *-ь* (→ *-и*) 204
    с существительными на *-ий, -ие, -ия* (→ *-ии*) 206
    с **исключениями** мужского рода (→ *-у*) 215
    с предлогом *о/об* в функции **объекта мысли** 138, 209
Винительный падеж ед. числа (объект и время процесса)
    неодушевлённых существительных м., ср. рода и мн. числа 55, 71, 101
    существительных женского рода 112, 188, 273
    в функции **направления** с предлогами *в/на* 225
    с предлогами *через / назад* для выражения **времени** 263
    с предлогом *за* («компенсация») 121
    с предлогом *в* для выражения **времени** 265

Местоимение

Личные местоимения
    в именительном падеже: *кто/что?* 31
    в винительном падеже: *кого/что?* 57, 111, 188
    в конструкции: *кого зовут как* 41
    родительном падеже после предлога: *у кого?* 47
    в предложном падеже: *о ком/чём?* 211
Притяжательные местоимения
    в именительном падеже: *чей?* 63
    в винительном падеже (кроме одушевлённых мужского рода) 191
Определительные местоимения: *весь, вся, всё, все* 130, 202
Указательные местоимения: *этот, тот, такой (такой же)* 169, 175, 271
Отрицательные местоимения: *никто, ничего, нигде, никогда* 202

Числительное

Количественные числительные 45, 100, 139
Порядковые числительные в именительном и винительном падежах 253

Наречие

Наречия образа действия: *хорошо... ужасно; важно... дорого; скучно... долго...* 47, 57, 94
Наречия времени: *сейчас... завтра; сначала, потом; днём... ночью, иногда...* 75, 100, 131, 153
Ещё и **уже** 79
Наречия места: *здесь, там; слева... сзади; дома, везде...* 67, 98
Наречия направления: *налево... назад, домой, обратно* 231, 238
Наречия, соотносимые с иностранными языками (*по-русски*) 167

319

Прилагательное

Именительный падеж (+ винительный, кроме ж. рода и одуш. м. рода):
    изменение по родам прилагательных с ударным окончанием 161
    основы на твёрдый/мягкий согласный.. 162
Компаратив (аналитический) прилагательных и наречий 173
Суперлатив (аналитический) прилагательных 177
Винительный падеж (кроме одуш. м. рода) 193
Цветовые прилагательные 217

Глагол (несовершенного вида)

Настоящее время глаголов **первого спряжения** на -*ать* без чередований в основе:
    делать... изучать; работать... ужинать 53, 90
Прошедшее время глаголов **первого спряжения** 77, 118
Глаголы **второго спряжения без чередований в основе** *строить... учить*,
    а также исключения на -*еть* (*смотреть*) и -*ать* (*молчать, лежать*) 125
    с чередованиями в/вл, б/бл, м/мл, п/пл; д/ж 186, 224
Глаголы **первого спряжения** с основой на согласный: *ждать, звать* 226, 231
Императив (повелительное наклонение) 194, 232, 282
Глаголы *начинать, кончать* + инфинитив 102
Глаголы *мочь* и *хотеть*; *быть должным* 179
Глагол *играть* с предлогами **в** (*во что?*) и **на** (*на чём?*) 267
Глагол **быть**
    в конструкции *у кого что/кто есть/был(а, и)* 49, 118
    отсутствие глагола быть в конструкциях *кто/что, где/какой* 99, 124
    в прошедшем и будущем времени 78, 139
Глагол *бывать* 155, 267
Глагол *писать* 209
Глаголы *учить, учиться, изучать* 246
Глагол *уметь* 252
Глагол *есть* 273
Глаголы **первого спряжения с чередованием гласного** в основе: *пить, мыть, петь* 273
Глаголы **первого спряжения с «исчезающим» суффиксом** -*ва*-: *давать... вставать* 261
Глаголы, управляющие **предложным падежом**:
    локализация (*где?*): *жить... работать* 136, 204, 225
    объект мысли (*о ком/чём?*): *мечтать... спорить* 209
    винительным падежом:
        без предлога (прямой объект) 111, 189, 274
        с предлогом: *смотреть... опаздывать* 113, 129, 225
Глаголы движения
    бесприставочные одно- и разнонаправленные *идти* и *ходить* 233, 239

Союзы и союзные слова (сложное предложение)

Причина: *потому что, поэтому, так как* 31, 133
Союзы *и, но, а* (*не... а*) в сложносочинённом предложении 69, 28, 170
Союзы и союзные слова в сложноподчинённом предложении 104
Сложные предложения с косвенной речью (*что; где, как, когда* и др.) 198
Конструкция *не только... но и* 155